KB136531

정치·경제·사회의 모든 것

일러두기

모든 인도어 표기는 힌디어를 기준으로 하고, 그 한글 표기는 외래어표기법을 존중하되 외래어표기법이 고려하지 않는 경음과 격음 등의 경우에는 현지어 발음을 따르는 것을 원칙으로 했다.

정치·경제·사회의 모든 것

한국인도사회연구학회 지음

한스컨텐츠

인도는 한국 사람들에게 오랫동안 명상의 나라나 성자의 나라 혹은 나를 찾아 떠나는 곳쯤으로 여겨져 왔다. 한국과 본격적인 교류가 시작된 1970년대 이후에도 우리에게 인도는 줄곧 그런 나라였다. 심지어는 1990년대에 그런 경향이 정점을 찍으면서 인도로 비즈니스 출장을 가는 기업인이 시인 류시화의 《하늘 호수로 떠난 여행》을 읽는 경우도 있었다. 그렇지 않으면 인도는 한국인들에게 더럽고, 무식하고, 게으른 사람들이 들끓는, 기업을 할 만한 사회적 토대가 전혀 되어 있지 않은 전형적인 후진국이었다. 카스트 때문에 사회 변화가 일어날 수 없고, 쇠고기를 먹지 않아 가난하며, 더러운 갠지스 강에서 죽기살기로 목욕을 하는 도저히 이해할 수 없는 나라로 각인되어 왔던 것이다.

그러나 2000년대 들어 인도는 한국 사람들의 주요 목적지로 급부상했다. 대학이나 대학원으로 유학이나 연수를 가는 학생들의 숫자가 한 해에 100명을 넘는 것은 예사이고 중고등학교를 인도에서 다니려는 어린 학생들의 숫자도 어림잡기 어려울 정도로 많이 늘었다. 델리나 첸나이 공항은 이제 서로 반가워할 필요가 없을 정도로 한국인 유학생과 비즈니스맨들로 북적거리고 있다. 두 나라 사이에 직항이 생긴 것은 말할 필요도 없고, 대사관과 총영사관을 비롯해 코트라(KOTRA, 한국투자진흥공사)의 무역관이 세 개나 문을 열고 성업 중이다.

2000년대 이후 교민도 많이 늘어 델리와 첸나이에는 어림잡아 각각 5,000명 이상의 한국인들이 살고 있다. 아예 한국인들만을 위한 상권이 형성되어 있을 정도다. 인도는 이제 한국인들에게 피해갈 수 없는 나라가 아니라 거치지 않으면 안 될 중요한 나라가 되었다. 경제적으로도 브릭스(BRICs)의 일원을 넘어 포스트-중국의 대표 주자로 세계 경제 발전의 견인차 역할을 하고 있으며, 국제정치의 역학 관계에서도 미국과 일본에 견줄 만한 위력을 보유하고 있는 나라로 떠올랐다.

그럼에도 한국인들에게 인도는 여전히 생소한 나라다. 무엇보다 인도를 연구하는 학계의 전문 인력이 부족하다. 역사학·사회학·인류학·정치학·경제학·경영학·무역학 등을 통해 현재의 인도를 연구하고, 그 성과를 일반인들에게 객관적으로 알릴 수 있을 만한 인력이 적다 못해 희박할 정도다. 그러다 보니 이와 같이 엄청난 위력을 가진 인도의 현주소를 전문적으로 소개하는 대중서 역시 전무한 상태다. 문학이나 철학 등 인문학 분야에서는 인력과 성과가 어느 정도 확보되어 있으나 안타깝게도 그러한 연구는 내부에서만 유통되고 소비될 뿐 인도에서 외교를 하거나 비즈니스를 하는 현실적인 사람들에게는 직접적인 영향을 끼치지 못한다.

이 책은 이와 같은 안타까운 상황에서 기획되었다. 그동안 인도에 관한 산업계와 학계의 교류가 소홀했음을 반성하면서 근현대 이후의 역사학에서부터 정치·경제·경영·사회·법 등에 대한 연구를 본격적으로 하고자 하는 몇 명의 연구자들과 산업계 종사자들이 뜻을 모아 2011년 4월 인도사회연구학회를 만들었다. 그 후 1년에 두 차례씩 학회의 회원들이 모여 논문이나 보고문을 발표하고 서로 토론하는 기회를 가지면서, 생각보다 더 많은 사람들이 인도의 실제 모습과 구조, 앞으로의 전망에 관심을 가지고 있다는 것을 알게 되었다. 이를 계기로 인도사회연구학회에서는 모두 열아홉 분의 전문가가 참여하여 인도의 정치·경제·사회의 실상과 앞으로의 전망을 총망라하여 책을 집필하기로 결의했다.

이 책은 크게 네 분야로 되어 있다. 제1부는 현대 인도의 토대라 할 수 있는 역사·정치·행정·법 등의 분야를 다루었다. 각 분야 모두 오랫동안 인도를 전문적으로 연구해 온 대학의 교수와 박사급 연구자들에 의해 집필되었다. 제2부는 사회를 다루었다. 그 안에는 무슬림과 해외 이주민에 관한 글도 포함되어 있다. 제3부는 현대 인도의 경제와 경영 구조를 다룬 글을 모았다. 경제 구조는 물론 최근 한국과 인도 양국 간에 타결된 자유무역협정에 관한 내용까지 총망라했다. 그리고 제4부는 인도에 진출해 비즈니스를 하려는 사람들이 가장 관심을 갖는 분야인 산업과 비즈니스 일반을 이해하기 위한 주제들을 모았다. 여기에는 기업에 관한 정보는 물론 투자 법규나 M&A 등에 걸친 매우 구체적이고 실질적인 정보가 모여 있다.

물론 열아홉 명의 필자와 마흔 개의 글이 현대 인도의 모든 것을 담고 있다고 생각하지는 않는다. 하지만 현재 한국에서 각 분야를 담당하는 연구자와 기업인들이 최대의 역량을 발휘한 글들이라고 자부한다. 이 책이 현대 인도를 연구하는 학문 후속 세대와 차세대 기업인들에게 큰 도움이 되기를 바라며, 몇 년 후에는 부족한 부분을 보충하고, 바뀐 부분을 수정하여 더 좋은 책이 나오기를 희망한다. 또한 그것이 밑거름이 되어 인도에서 한국인 연구자나 기업인이 바르고 깊이 있는 과업을 수행함으로써 양국 간의 관계도 함께 증진되기를 바란다.

귀중한 글을 아무런 대가도 바라지 않고 선뜻 내어주신 열아홉 분의 필자에게 감사드리며, 그들을 대신하여 이광수 쓰다.

2012년 7월

Contents

2부 인도의 사회

3부 인도의 경제와 경영

4부 인도의 산업과 전망

인도의 어제와 오늘

이광수[•]

인도공화국의 수립과 발전

인도공화국 초대 수상 네루는 의회민주주의와 세속주의 그리고 근대적이면서도 사회주의적인 사회를 강력히 신봉하는 인물이었다. 네루는 1952년 총선거에서 국민회의당(Congress Party)이 압승한 것을 시작으로 1964년 사망할 때까지 국민회의당과 정부 양쪽에서 누구도 도전할 수 없는 권위를 바탕으로 통치력을 행사했다. 1952년에 실시한 초대 총선거에서 국민회의당은 국민들의 절대적인 지지를 확보했다. 그것은 독립 이전부터 중앙은 물론 촌락 수준의 말단에 이르기

• 부산외국어대학교 교수, gangesh@bufs.ac.kr

까지 잘 갖춰진 조직 덕분이었다. 종교, 카스트, 계급, 지역을 망라하는 국민회의당의 전국적인 조직과 민주적인 운영체계는 인도 민주주의를 세속주의, 탈카스트주의, 탈지역주의로 유도했고 이를 기반으로 국민 통합을 이끌어낼 수 있었다.

네루 집권기에 잘 정비된 인도의 민주주의는 1960년대 후반 이후 쇠퇴하기 시작했다. 1964년 네루가 사망한 후 샤스뜨리(Bahadur Shastri)가 수상에 올랐으나 1966년 그마저 갑자기 사망하자 국민회의당 내부에서 심각한 정파 간 권력투쟁이 전개되었다. 권력 다툼의 승자는 네루의 딸인 인디라 간디(Indira Gandhi)였다. 인디라 간디의 국민회의당은 그동안 추진해온 농업개혁과 파키스탄과의 전쟁 승리에 힘입어 1971년 총선거에서 압승을 거두었다. 이후 인디라 간디는 선거 부정 사건으로 수상직에서 물러나야 했으나 1975년 대통령 비상통치를 선포하여 언론·집회·결사의 자유 등을 압살하고 정적들을 정치범으로 구속하는 등 권위주의 통치를 행하였다.

인디라 간디의 집권 기간 동안 인도에는 정치 불안이 가속되었다. 무엇보다 경제 성장이 멈추면서 노동자와 농민의 거센 저항이 지속되었다. 그중에서도 가장 눈에 띄는 사례는 마오쩌둥식 공산혁명을 실현하기 위해 무력투쟁을 외친 낙살(Naxalite)운동이었다. 1967년 서벵갈의 낙살바리(Navalbari)라는 한 작은 마을에서 시작된 이 마오쩌둥주의 기반의 공산혁명운동은 농촌의 빈곤층뿐만 아니라 진보적인 학생들과 소외 부족들로부터 상당한 지지를 받았다.

인디라 간디의 통치는 심각한 민주주의의 후퇴를 보여주었다. 이는 국민당(자나따당)이 집권했던 시기(1977년~1979년)를 제외한 1960년대 후반부터 1980년대 중반까지 민주적인 선거로 구성된 주 의회를 해산하고 연방 정부가 직접 통치권을 행사하는 대통령령의 횟수가 크게 늘어난 사실을 통해서도 잘 알 수 있다. 또한 인디라 간디는 지역에 기반을 둔 군소 정당들을 정치적으로 분열시켰는데, 이는 국민국가 전체의 주체성을 약화시키는 결과를 가져왔다. 대표적인 예를 뻔잡, 카슈미르, 앗삼 등에서 찾아볼 수 있다.

그 가운데에서도 정치적 혼란이 가장 극심한 지역은 뻔잡이었다. 1967년부터 실시한 녹색혁명 이후 경제적으로 크게 성장한 뻔잡의 시크교도들은 1970년대 후반부터 정부에 불만을 키워 왔다. 그들은 급기야 자신들만의 국가 칼리스탄(Khalistan)의 분리·독립을 기치로 내걸었고, 인디라 간디 정부는 정권 강화 차원에서 지역민들의 불만을 종교공동체의 문제로 비화시키는 정치 공작을 자행했다. 그로 인해 네루 이후 인도공화국이 견지해온 세속국가의 틀이 크게 흔들렸고 시크교도들의 분리 독립 주장이 힘을 얻었다.

인디라 간디는 1984년 뻔잡 주 분리운동을 펼치는 급진주의자들을 일소하기 위해 본거지인 아므리뜨사르(Amritsar)의 황금사원을 무력으로 공격하였고, 결국 시크교도에 의해 암살당한다. 그의 암살 직후 델리에서는 국민회의당(I) 정치가들의 사주를 받은 폭도들이 시크교도를 학살하는 만행이 자행되어 공화국 수도에서만 1,000여 명의 피해자가 발생했으나 재판에 회부된 자는 아무도 없었다.

변화하는 인도

인디라 간디가 암살당한 후 국민회의당(I)는 1984년 12월 총선거에서 하원 의석수의 80퍼센트에 달하는 415석을 차지하며 집권을 유지했고, 인디라 간디의 아들 라지브 간디(Rajiv Gandhi)가 수상이 되었다. 라지브 간디는 크게 두 가지 부분에서 인디라 간디의 정책을 탈피하려고 노력했다.

우선 뻰잡에서 아깔리 달(Akali Dal)과 협정을 맺고 평화를 유지하려는 듯한 태도를 보였다. 그러나 급진주의자들의 '칼리스탄' 분리운동은 멈추지 않았고 정부의 주 비상사태 선언과 무력 탄압의 악순환이 계속되었다. 라지브 간디의 또 다른 노력은 경제적인 면에서 이루어졌다. 그는 인도를 세계자본주의 경제에 개방하려고 시도했으나 스웨덴의 무기제조 회사인 보포르(Bofor)사의 뇌물 사건에 휘말려 분열되면서 결국 정권을 야당에게 넘겨주었다.

보포르 뇌물 사건 와중에 재무장관을 사임하면서 야당의 길을 택한 싱(V. P. Singh)의 민족전선(National Front)은 1989년 총선거에서 라지브 간디가 이끄는 국민회의당(I) 정부를 패배시키고 인도 역사상 두 번째로 비국민회의당 정부를 구성했다. 국민회의당(I)는 선거에서 하원 의석의 40퍼센트에도 미치지 못하는 결과를 얻었고, 다수당을 차지한 싱은 공산당과 신흥 힌두 우익인 인도국민당(Bharatiya Janata Party)과의 불안정한 연립을 통해 정권을 확보했다. 그러나 싱의 민족전선은 연립 정부 구성원들 간의 분파 싸움을 극복하지 못하고

1991년 선거에서 사라지고 만다.

1989년 총선거를 계기로 인도 정치는 새로운 국면을 맞이했다. 40여 년 동안 유지되어 오던 국민회의당의 일당 우위 정당체제와 소위 네루왕조가 끝난 것이다. 1989년부터 조짐을 보이기 시작한 국민회의당(I)의 쇠퇴와 새로운 정치문화 형성은 1996년 제11차 총선거에서 본격적으로 이루어졌다. 국민회의당(I)는 결국 패퇴하여 통일전선(United Front)과 인도국민당에 이은 제3세력으로 전락하고 말았고, 이로써 건국 이래 40여 년 동안 카스트, 계층, 종교공동체의 구분을 넘어 광범위하게 누려왔던 지지를 상실하게 되었다.

또 하나의 새로운 정치 상황은 힌두 우익 정당의 성장이었다. 힌두 우익 정당의 대표 격인 인도국민당은 1984년 처음 총선에 참여했을 때에는 의석을 단 두 석밖에 얻지 못한 군소정당이었다. 그러나 국민회의당의 일당 우위 정당체제가 흔들리면서 종교공동체주의를 지속적으로 제기하여 1989년 총선에서는 전체 545석 중 91석을, 1991년에는 119석을 차지하는 비약적인 성장을 거뒀다. 그리고 1992년의 아요디야 사태 이후 1996년 총선에서는 마침내 161석을 차지하며 제1당의 위치에 올랐다.

비록 13일 후에는 과반 연립 정부를 구성하는 데 실패해 집권당의 지위를 국민당(자나따 달) 중심의 통일전선에게 내주었지만 1998년에는 다시 182석을 차지하면서 제1당으로 연립 정부를 구성하여 명실상부한 집권당이 되었다. 그러나 연립 정부가 붕괴되면서 다시 치른 1999년 총선에서는 성장세가 한풀 꺾여 180석을 얻는 데 그치면서 과반수 의석 확보에 실패했다. 2004년에는 인도국민당이 이끄는 민족민주동맹(National Democratic Alliance)이 총선에서 패배해 정권이 교체되었다. 이 선거에서 국민회의당은 145석을 획득해 137석을 얻은 인도국민당을 누르고 연합 세력과 공산당의 협조를 얻어 정권을 교체했으며, 개혁경제주의자로 알려진 재무장관 출신의 만모한 싱(Manmohan Singh)이 총리로 선출되었다.

1985~1986년 이후 라지브 간디(Rajiv Gandhi) 정부는 지난 40여 년간의 계획경제체제하에서 발생한 인도 경제의 위상 추락과 불평등의 심화를 극복하기 위해 산업정책의 자유화, 무역정책의 자유화, 그리고 기업의 개혁정책을 포함하는 자유화 경제정책을 추진했다. 이는 그동안 경제 침체의 근본 원인이 과도한 국가 통제에 의한 경직된 제도 때문이며, 공공 투자의 확대를 통해서는 지속적인 공업 성장이 불가능할 것이라고 판명한 결과였다.

하지만 본격적인 자유화와 개방화에 기반을 둔 신경제정책은 라지브 간디 후임으로 총리가 된 나라신하 라오(Narasimha Rao) 수상에 의해 실시되었다. 라오는 1991년 취임 후 곧바로 대대적인 '경제자유화 및 개방화'를 위한 구조조정을 단행했다. 라오 정부가 신경제정책을 실시한 배경으로는 인도의 만성적인 재정적자와 무역적자에 따른 외채 증가, 외환보유고 격감에 따른 외환위기, 경제 개발에 필요한 국내 자본의 부족 및 취약한 기술 수준, 국제통화기금(IMF)과 세계은행(World Bank)이 주도한 개방 압력 등을 들 수 있다.

1990년대 이후 '브릭스'의 인도

신경제정책으로 1990년대 이후 인도 경제는 국내총생산, 산업 생산, 농업 생산 등에서 꾸준한 증가세를 보이고 있다. 이는 1980년대 초반 저성장으로 회귀하며 소위 힌두 성장률이라고 불렸던 불안정하고 취약한 성격의 성장과는 질적으로 다르다. 1990년대 이후의 성장은 임기응변적이고 개별적인 정책 수단에 의한 결과가 아니라 전체적인 주요 경제정책의 변화로 인해 생겨났기 때문이다.

라오 정권의 경제자유화는 중산층을 두텁게 했지만 그와 동시에 도시와 농촌에 거주하는 빈곤층을 심화시키기도 했다. 하루 1달러 정도로 생계를 유지하는 인구가 중산층의 두 배인 3억 이상으로 늘어났다. 경제자유화의 거시적 구조조정은 정부의 농업보조금 삭감, 중앙 정부의 빈곤 완화 프로그램 축소, 사회적 소비 증대에 대한 지출 감소 등의 결과를 가져 왔다. 특히 농촌의 빈곤이 심화된 반면, 도시의 중산층 이상의 사람들은 경제개혁의 혜택을 크게 입어 취업의 기회가 확대되고 고급 주택, 자동차, 휴대폰, 백색 가전 등을 애호하는 소비문화가 폭발했다.

또한 1990년대 말 세계적인 IT 산업의 붐을 타고 인도의 IT 소프트웨어 산업이 미국과 연계되면서 IT 및 관련 산업의 고속 성장이 두드러지게 나타났다. 많은 경제 전문가들은 IT 산업의 발전과 함께 풍부하고 우수한 노동력, 중산층의 성장과 시장 규모의 확대, 개방과 개혁을 통한 제조업 육성 노력, 민주주의체제의 안정성 등을 기반으로 하는 인도 경제가 향후에도 높은 성장률을 지속할 것으로 전망하고 있다. 이러한 인도 경제의 성장은 세계적인 투자자문회사인 골드만 삭스(Goldman Sachs)가 인도를 중국, 브라질, 러시아와 함께 '브릭스(BRICs)'라는 이름 아래 21세기 세계경제의 새로운 성장 지역으로 전망함으로써 더욱 주목받고 있다. 향후 인도 경제의 발전은 여전히 취약한 산업구조, 정책 집행의 비효율성과 규제, 사회간접자본의 부족과 취약한 투자 환경, 낮은 개방 수준, 만성적인 재정적자 누적과 같은 문제를 어떻게 극복해나가느냐에 달려 있을 것이다.

이 시기는 1992년 12월에 발발한 아요디야 사태의 후유증을 앓고 있던 때이기도 하다. 인도국민당을 비롯해 국가자원봉사단(Rashtriya Swayamsevak Sangh, 이후 RSS)과 세계힌두협회(Vishwa Hindu Parishad, 이후 VHP) 같은 힌두 극우 세력들이 아요디야에 있는 바브리(Babri) 모스크를 붕괴시키는 데 앞장섰다. 그들은 외부에서 들어온 무슬림들이 자신들의 신화《라마야나(Ramayana)》에 나오는 라마 사원을 파괴하고 그 위에 모스크를 세웠기 때문에 현재의 모스크인 바브리 마스지드를 파괴하고 그 위에 힌두 사원을 복원해야 한다고 주장했다. 그 과정에서 232명이 살해되었고 이후에도 유혈 사태가 계속되어 500명 이상이 사망했다.

이 사건은 종교공동체 간의 폭력을 심화시켜 힌두는 무슬림을 증오하고 그에 대한 폭력을 서슴지 않았으며 무슬림은 이에 대해 무차별 테러로 응수했다. 그 대표적인 것이 1993년의 뭄바이 폭탄테러와 2002년 구자라뜨 주의 무슬림 학살이다. 이러한 학살과 테러의 악순환은 2010년대에 들어서도 그 추세가 줄어들 기미를 보이지 않는다. 이것이 바야흐로 경제 성장과 폭력의 악순환이 교차하는 인도의 모습이다.

더 읽을거리

이광수, 《역사는 핵무기보다 무섭다》, 이후, 2010.
이옥순, 《인도에는 카레가 없다》, 책세상, 2007.
______, 《인도현대사 동인도회사에서 IT까지》, 창비, 2007.
조길태, 《인도와 파키스탄》, 민음사, 2009.

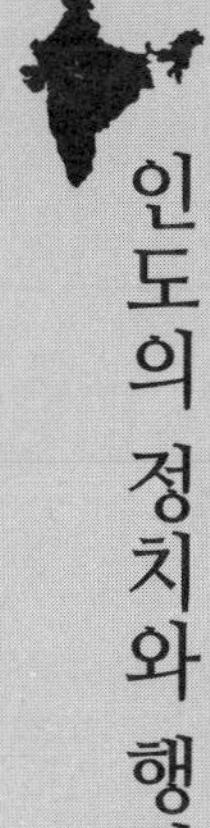

1

인도의 정치와 행정

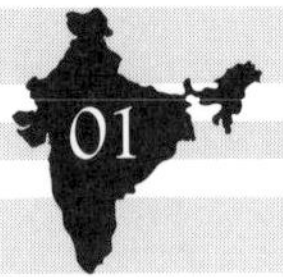

인도-파키스탄 분단

이광수•

파키스탄 건국 운동

시인이자 철학자인 이크발(Muhammad Iqbal)은 1930년 12월 29일 무슬림연맹대회의 회장 연설에서 무슬림이 많은 아대륙 서북부에 무슬림들만의 독립국가를 세워야 한다고 주장했다. PAKSTAN은 무슬림 인구가 다수를 차지하는 서북부 지역 다섯 개 주의 머리글자를 따서 만든 이름이다. P는 뻰잡(Punjab), A는 아프간(Afghania, '서북 변경주'로도 알려진 곳), K는 카슈미르(Kashmir), S는 신드(Sindh), 그리고 발루치스탄(Baluchistan)에서 따온 '스탄'까지. 이렇게 만들어진 '파키스

• 부산외국어대학교 교수, gangesh@bufs.ac.kr

탄'이라는 말은 우르두어와 페르시아어로 '청정한 땅'이라는 뜻을 가지고 있다. 이크발의 이 단순하고 희망적인 생각은 1935년 인도통치법에 의거해 1937년 실시된 지방선거 결과를 통해 구체화되었다.

인도통치법은 비록 식민 지배를 받고 있기는 했지만 인도 국민이 참정권을 획득했다는 점에서 의의가 있다. 재산을 소유하고 있어야 한다는 자격 요건 때문에 여성에게 크게 불리한 것이 사실이었지만 남녀평등 차원에서 성년 인구의 약 6분의 1이 투표할 수 있는 자격을 얻게 된 것은 분명 획기적인 것임에 틀림없었다. 하지만 이 통치법은 치명적인 결함을 가지고 있었다.

무슬림들은 신드나 서북 변경 주 정도에서만 다수 의회를 구성할 수 있었기 때문에 항상 힌두와 연립 정부를 구성해야 했다. 이는 뻰잡이나 벵갈 같이 무슬림이 다수인 주에서도 마찬가지였다. 따라서 무슬림 집단은 1935년 통치법이 인도 민족의 해방을 위해서가 아닌 힌두 집단의 이익을 위해서였다고 믿게 되었고, 점차 무슬림이 다수를 차지할 가능성이 있는 곳을 중심으로 새로운 국가를 건설해야 한다는 생각을 키워갔다.

이 생각을 구체적으로 실행에 옮긴 것은 초대 파키스탄 수상이 된 무함마드 알리 진나(Muhammad Ali Jinnah)였다. 진나는 1940년 3월 무슬림연맹(Muslim League)의 라호르 대회에서 이 이론을 구체화했다. 그는 인도아대륙 안에 있는 힌두와 무슬림은 별개의 민족이기 때문에 이런 상황에 의회제를 도입하는 것은 다수 민족인 힌두가 소수 민족인 무슬림을 지배하는 결과만 낳을 것이라고 주장했다. 두 개의 서로 다른 민족이 두 개의 서로 다른 국가를 세워야 한다는 주장이었다. 진나는 무슬림 다수 지역인 서북 지역의 뻔잡, 서북 변경 주, 신드, 발루치스탄, 동쪽의 앗삼, 벵갈의 여섯 개 주에 무슬림 국가인 '파키스탄'을 건국해야 한다고 제국 정부에 요구했다.

식민 지배의 종식과 분단

제2차 세계대전이 발발하고 일본이 버마를 점령하자 영국 수상 처칠은 참전에 대한 협조를 구하기 위해 1942년 내각 각료였던 스타포드 크립스(Stafford Cripps)를 단장으로 하는 크립스 사절단을 인도에 파견했다. 크립스 사절단은 전쟁이 끝난 후 인도연방에 완전한 자치권을 부여하고, 주나 토후국에게 연방에 속할 것인지 독립할 것인지 선택할 수 있는 권한을 주겠다고 제의했다.

하지만 간디를 중심으로 하는 인도국민회의 지도자들은 사절단을 거부했고 간디는 여세를 몰아 1942년 인도철수(Quit India)운동을 전개했다. 이 운동은 지주, 상인, 토후 세력, 무슬림 등의 지지를 얻지 못하면서 한계에 봉착한 채 약화되었다. 반면 종교공동체주의가 점차 세를 얻으면서 무슬림 세력이 크게 성장하자 파키스탄 건국운동이 큰 힘을 받았다. 이는 무슬림들의 열악한 현실을 적극적으로 고려하지 못한 민족운동 세력이 무슬림들의 지지를 끌어들이는 데 실패하여 생긴 결과이기도 하다.

제2차 세계대전이 끝나자 1946년 영국은 인도의 분리 독립 절차와 국가 건설에 관한 문제를 협의하기 위해 각료사절단(Cabinet Mission)을 파견하여 연방제를 골자로 한 인도의 독립과 권력 이양을 약속했다. 인도국민회의와 무슬림연맹 모두 영국 각료사절단의 제안을 받아들이기는 했으나 임시정부 구성 등 몇 가지 사항에는 합의를 보지 못한 채 회담이 결렬되었다. 이어 콜카타를 중심으로 힌두와 무슬림 사이에 대규모 폭력 사태가 발생하였고 소요가 이웃 주까지 번져 벵갈, 비하르, 웃따르쁘라데시 등에서 처참한 살육과 파괴가 몇 개월 동안 계속되었다.

상황이 급박해지자 당시 총독 마운트배튼(Louis Mountbatten)은 1947년 6월 3일 인도와 파키스탄을 분리 독립시킨다는 마운트배튼 재정을 제시하였다. 그리고 1947년 8월 인도와 파키스탄은 형식상으로는 분리 독립하였으나 내용상으로는 분단되었다. 이후 동파키스탄에서 인도로 260만 명의 힌두가, 인도에서 동파키스탄으로 70만 명의 무슬림이 각각 피난민으로 유입되었다. 서파키스탄에서 인도로 유입된 시크와 힌두는 750만 명에 달했고 인도에서 서파키스탄으로 이주한 무슬림은 650만 명 정도인 것으로 추정된다. 서로 간의 직접 충돌과 전염병, 영양 결핍 등으로 사망한 사람의 수는 약 100만 명 정도이며, 야만적인 성범죄의 횡행으로 7만 5,000명 정도의 여성이 납치되어 강간당한 것으로 추정된다. 여성의 강간과 납치가 다른 종교의 남성뿐만 아니라 같은 종교의 남성에 의해서도 자행되었다는 사실은 의심할 필요도 없다.

분단의 유산

인도-파키스탄 분단은 향후 인도 역사에 커다란 영향을 끼쳤다. 그중에서도 카슈미르는 두 나라 사이에 심각한 갈등의 진원지가 되었다. 앞에서 기술한 바와 같이 PAKISTAN의 'K'는 '카슈미르'를 뜻하는 글자다. 파키스탄 입장에서는 카슈미르 없이 국가를 완성할 수 없었고, 인도 입장에서는 정교 분리의 원칙이 무엇보다 중요했다. 무슬림 주민이 다수를 차지하고 있는 하이드라바드, 마이소르, 주나가드 등 여러 지역도 같은 맥락에서 인도연방에 편입되었기 때문에 카슈미르도 반드시 포함되어야 했다. 그러나 카슈미르는 무슬림 주민이 다수인 반면 주권은 힌두 왕에게 있었다.

1947년 10월 파키스탄 측 무장 세력이 카슈미르를 공격해오자 왕은 인도로 귀속하는 문서에 서명하고 인도 정부에 지원을 요청했다. 인도는 군대를 공수하며 반격했고 1948년 파키스탄 정규군이 개입하면서 제1차 인도-파키스탄 전쟁이 발발했다. 유엔의 개입으로 즉시 정전, 병력 철수, 주민투표를 통한 카슈미르의 귀속 결정이라는 세 가지 조건의 정전 합의가 성립되었다. 그러나 즉시 정전을 제외한 다른 합의사항은 실행되지 않았다. 지금까지도 카슈미르는 당시의 정전 라인을 유지한 채 양국의 분할 지배를 받으며 오늘에 이르고 있다. 1965년에는 카슈미르 문제를 둘러싸고 다시 전쟁이 발발해 제2차 인도-파키스탄 전쟁이 일어났다.

그러나 1989년 말부터 카슈미르 분쟁에 새로운 국면이 찾아왔다.

카슈미르 주민들의 주체적 투쟁이 전개되기 시작한 것이다. 그때까지 카슈미르 문제의 주요 이슈는 이 지역을 어느 나라에 귀속시키느냐 하는 것이었다. 인도는 카슈미르 주민이 1952년부터 인도 국정선거에 참여하고 있다는 것을 내세워 주민들의 의사가 이미 확인되었다고 주장하고, 파키스탄은 주민투표 실시를 계속 고집하고 있다. 그 와중에 이슬람 급진파가 인도 정부에 무력으로 도전하기 시작했다. 반정부 세력 중에는 카슈미르의 분리 독립을 요구한 이들도 있었고 파키스탄으로의 병합을 주장하는 이들도 있었다. 파키스탄은 이 두 세력이 모두 반(反)인도 정부 세력이라는 이유로 양자를 모두 지원했다. 이 작업에서 중요한 역할을 한 것이 최근 탈리반 양성 세력으로 알려진 통합정보국(Inter-Services Intelligence)이다.

인도와 파키스탄이 분단된 1947년 이래로 파키스탄은 항상 인도에 비해 군사적으로 열세에 놓여 있었다. 특히 1971년 방글라데시의 독립으로 영토가 절반으로 줄어들면서 파키스탄은 인도가 자국을 강제 병합하지 않을까 두려워했고, 이에 전략적으로 두 가지 방법을 채택했다. 그 중 하나는 핵무기 개발을 통한 군사력 증강이고 또 하나는 카슈미르에서 탈리반을 통한 대리전을 펴는 것이다. 파키스탄은 탈리반을 이용해 자기 손을 더럽히지 않고 인도를 괴롭히는 목표를 달성할 수 있었다.

9·11테러 이후 파키스탄 그 자체가 '탈리반화'되는 현상이 나타났지만 파키스탄은 카슈미르를 제거할 수 없었다. 카슈미르가 차지하는 인도에 대한 대리전의 의미를 축소시킬 수 없었기 때문이다. 결국

카슈미르는 인도-파키스탄 분단의 후유증으로 분쟁 지역이 되었다. 지금은 더욱 상황이 악화되어 테러와 학살로 점철된 남아시아의 정치 불안을 뿜어내는 저수지가 되고 있다.

남아시아 지역에서 힌두와 무슬림 사이에 벌어진 폭력은 단순히 분단으로 끝나지 않았고 카슈미르 분쟁 등과 맞물리면서 더욱 악화되었다. 1971년 제3차 인도-파키스탄 전쟁 때 벵갈 지역에서 서로를 학살하는 사건이 일어난 후 파키스탄에서는 남아 있던 힌두들이 죽임을 당하고 힌두 사원이 파괴되는 사건이 연이어 일어났다. 이러한 현상은 누가 먼저랄 것도 없이 서로 상승 작용을 일으켜 인도에서도 학살이 자행되었다. 그 대표적인 예로는 1992년 아요디야에서 일어난 바브리 마스지드 해체와 무슬림에 대한 학살, 2002년 구자라뜨 주에서 발생한 무슬림 학살 사건 등을 들 수 있다.

인도-파키스탄 분단으로 일어난 중요한 현상 가운데 또 다른 하나는 델리가 난민의 유입을 통해 대도시로 성장하면서 인도의 정치·경제·사회·문화·교육 등 여러 부문에서 명실상부한 중심지로 자리 잡았다는 사실이다. 분단으로 인해 서파키스탄으로부터 풍부한 노동력과 자본이 델리로 유입되는 과정에서 파키스탄 출신 난민들이 경제적 주도권을 확립했다. 그 사이에서 빈손으로 이주해 온 파키스탄 출신 난민, 특히 뻔자비 난민과 토착 델리인들과의 갈등이 적지 않게 표출되었으나 1970년대 이후 비교적 무난하게 융합되었다.

1984년 델리에서 발생한 시크 대학살 역시 인도-파키스탄 분단으로 시작되어 이어져온 비극이라 할 수 있다. 분단 당시 무슬림과 힌두 사이에서 비(非) 무슬림으로 힌두의 나라에 정착한 시크 세력은 40여 년이 지난 이후 무슬림으로부터 겪은 학살의 비극을 형제였던 힌두로부터 다시 겪게 된 것이다. 이 사건은 파키스탄 출신 뻰자비 난민과 델리 토착 주민과의 사회·경제적 갈등이 복합적으로 겹치면서 발생한 것으로 넓게 볼 때 인도-파키스탄 분단의 유산이라 할 수 있을 것이다.

더 읽을거리

이광수, 《침묵의 이면에 감추어진 역사: 인도-파키스탄 분단으로부터 듣는 여러 목소리》, 산지니, 2009.

조길태, 《인도와 파키스탄》, 민음사, 2009.

이광수, "인도아대륙 분단과 '파키스탄 난민'의 정체성 변화: 델리를 중심으로", 《역사비평》 81, 2007.

국가 건설

백좌흠•

다양성이 혼재하는 나라

인도(India)는 지리학적 용어로 영국인들에 의해 널리 사용되었다. 그러나 영국이 식민통치를 시작할 당시의 인도아대륙은 다양한 인종과 부족이 혼재하고 다른 수준의 문명을 향유하고 있어 하나의 국가라고 보기 어려운 상태였다. 그들은 서로 다른 언어를 사용하고 서로 다른 관습을 따랐으며, 다양한 신을 숭배하는 거대한 혼합체였다. 거기에 '인도 민족'은 없었다. 유럽식 행정에 정통한 영국의 식민당국은 처음으로 인도에 체계적이고 법적인 하나의 제국을 설립하고 유지하려

• 경상대학교 교수, jhbaek@gnu.ac.kr

했지만 그것은 명백히 하나의 민족국가가 아니었다.

식민당국은 대영제국의 지배권을 안정시키기 위해 인도의 인종적 다양성을 적극적으로 이용했다. 그들은 영토 안에 행정적 경계를 획정(劃定)하면서 인도의 인종적 다양성을 의도적으로 무시하거나 악용했다. 행정 경계는 경계 안에 거주하는 사람들의 인종문제를 고려하지 않고 제국 하위 지배자들의 세금 수납과 행정 편의를 위해 자의적으로 구획되었다.

인도의 인종적 다양성을 민족주의와 결합시킨 것은 마하뜨마 간디(Mahatma Gandhi)였다. 1920년에 인도 국민회의의 지도자로 부상한 간디는 국민회의의 지방 단위 조직을 영국 제국주의의 지도(地圖)에 따라 획정하지 않고 가능한 단일 언어를 사용하는 지방별로, 즉 '언어에 따른 지역 단위'로 구획했다. 이는 인도 민족주의를 대중운동으로 전환하기 위한 조치의 하나였다.

국민회의는 간디의 지도하에 인도의 자치를 확보하기 위한 비폭력·비협조 대중운동을 개시했다. 간디를 추종하는 민족주의자들은 출신 지방의 국민회의 지도자가 되어 지역적 연고와 신분을 이용해 그들의 언어로 민족주의운동에 참가할 대중을 충원했다. 이러한 충원의 수단은 민족주의의 메시지를 더 잘 전달하기 위한 것이었다. 인도인들이 다양한 언어를 사용하기는 했으나 언어의 다양성이 민족국가의 형성을 가로막았던 것은 아니다. 오히려 영국 제국주의와 분할통치 정책이 그것을 방해했다.

간디가 민족운동을 '언어에 따른 지역 단위'로 재편성한 것은 독립 후 실제 지방의 단위를 언어에 따라 재구성하겠다는 국민회의의 약속으로 이어졌고, 이 약속은 여러 차례 되풀이되었다. 그러나 영국으로부터 독립하는 과정에서 인도아대륙은 종교공동체주의(Communalism)의 광란에 휘말려 힌두교도와 무슬림 사이에 피의 살육이 벌어졌고 결국 인도와 파키스탄이 분할되었다. 네루(Jawaharlal Nehru)와 국민회의 지도자들은 더 이상의 분열을 막고, 더 나아가 세속주의(Secularism)를 기본으로 민주주의 이념을 구현하는 새로운 하나의 국가를 창설해야 한다는 메시지를 분명히 했다.

독립 당시 인도는 국민회의와 무슬림연맹 사이에 나타난 힌두교도와 무슬림 사이의 문제뿐만 아니라 영국 지배하의 토후국(Indian Princely States) 처리 문제, 그리고 배후에 자리한 언어·인종·경제적 상황 등에 기초한 소수민족 문제가 복잡하게 얽혀 있었다.

종교가 다르다는 이유로 인도와 파키스탄이 분리되는 상황에서 토후국들은 주민들의 종교와 영토의 인접성에 따라 병합국이 결정되었다. 대부분의 지역은 문제 없이 해결되었으나 남쪽의 하이드라바드와 북쪽의 잠무-카슈미르에서 문제가 발생했다. 하이드라바드(Hyderabad)는 무슬림 왕 니잠(Nizam)이 다수의 힌두인들을 지배하는 구조였으나 독립인도의 중앙에 위치하고 있었기 때문에 군대에 의해 간단히 인도에 병합되어 안드라쁘라데시 주에 편입되었다.

잠무-카슈미르는 힌두 왕조의 지배를 받았으나 주민의 대부분이 무슬림으로 카슈미르에 집중되어 있었다. 이 토후국은 남쪽으로 인도에 접하고 서쪽으로 파키스탄에 접해 있었기 때문에 독립 후 어느 쪽으로든 병합될 수 있었으나 토후는 완전한 독립을 꿈꾸며 머뭇거리고 있었다. 파키스탄은 토후를 폐위시키려는 무슬림 무장 부족민들에게 합세함으로써 이 문제를 힘으로 해결하려 했다. 이에 놀란 토후는 인도에 도움을 호소했다. 인도는 결국 카슈미르에 군대를 파견했고 두 국가 사이에는 1년 동안 교전이 이어졌다. 인도와 파키스탄은 1949년 말 유엔의 감시하에 주민의 의사를 결정하는 국민투표가 열릴 때까지 휴전하기로 합의했지만 투표는 아직까지 실시되지 않고 있으며, 카슈미르는 여전히 수차례 두 나라 간의 직접적인 군사대결을 일으키는 화약고가 되고 있다.

국민투표가 실시되면 카슈미르가 인도연방의 한 주로 남아있을 가능성은 거의 없다고 봐도 무방하다. 카슈미르의 분리는 인도의 나머지 지역, 예컨대 시크교도나 동북부 앗삼의 부족민, 그리고 따밀나두의 분리주의를 고무할 것이다. 이것은 인도의 민주주의와 더불어 인도연방의 통합에 엄청난 결과를 가져올 수 있다. 따라서 현재 약 500만에 불과한 카슈미르의 무슬림들이 인도연방의 운명을 결정하는 것은 허락되지 않을 것이 분명하다. 카슈미르에는 어떤 국민투표도 없었고 앞으로도 그럴 것이다.

연방국가의 형성

1947년 인도는 독립 후 국민회의 지도자들이 30년간 공언해온 '언어에 따른' 지방 단위의 편성이라는 이데올로기 아래 깔려 있는 인종적 현실에 직면하게 되었다. 독립인도의 연방 정부와 국민회의당(국민회의의 후신) 최고위급 인사들로 구성된 위원회는 종교공동체주의와 지역주의, 기타 모든 분리주의적이고 분열적인 경향에 단호한 대처를 요구했고, '시의적절한 때'까지 '언어에 따른 주'의 구성에 반대하였다. 그러나 많은 인도인들은 연방 정부가 국민회의의 오랜 약속을 파기했을 뿐만 아니라 국민회의당에 신뢰를 두고 있던 사람들의 기대마저 저버리고 있다고 생각했다. 이를 둘러싼 갈등이 표출됨에 따라 네루 정부는 오직 한 군데(뻔잡 주)만을 제외하고는 '언어에 따른 주'를 건설하려는 요구를 모두 인정하지 않을 수 없었다.

폭력 사태가 만연한 가운데 마드라스 관구의 뗄루구어 지방과 이전의 하이드라바드왕국으로부터 안드라쁘라데시 주가 서둘러 만들어졌다. 2년 후 남인도에서는 영국 치하에 있던 관구와 왕국이 합병하여 까르나따까 주(이전의 마이소르왕국)와 께랄라 주, 따밀나두 주(이전의 마드라스 관구)가 만들어졌다. 봄베이 지역은 아라비아 해안의 항구도시 봄베이(현재 '뭄바이'로 불림)가 위치하고 있는 '황금알을 낳는 거위'로 경제적 비중이 워낙 커서 이를 마라티어 주에 포함시킬 것인지 구자라띠어 주에 포함시킬 것인지에 대한 이해의 조정이 쉽지 않았다. 결국 1960년에 봄베이는 구자라띠어를 쓰는 구자라뜨 주와 마라티어를 쓰는 마하라슈뜨라 주로 양분되어 편입되었다.

그 결과 인도는 대부분의 지역이 언어와 인종에 따라 분포된 주들로 구성된 하나의 연방국가가 되었다. 그러나 네루는 유일하게 시크교도들의 '뻰자비 수바(Punjabi Suba, 뻰잡어 주)'에 대한 요구만은 받아들이려 하지 않았다. 시크교도 분파주의자들은 뻰잡 주 북쪽의 반을 칼사(Khalsa, 시크교도 공동체)의 통치주로 할 것을 요구했다. 1966년 시크교도들은 파키스탄과 중국과 벌인 전쟁에서 인도에게 충성했고, 어려운 선거에 직면한 국민회의당은 결국 그들의 요구를 수락했다. 뻰잡은 시크교도가 다수인 북쪽의 새로운 뻰잡 주와 힌두교가 다수인 남쪽의 하리야나 주로 양분되었다.

네루의 말년에 국민회의당은 '부족민(tribes)'이 고향땅에 그들의 주를 세우고자 하는 요구를 인정했다. 인도 정부에 대항하는 나가(Naga) 부족민의 게릴라전은 1963년 인도연방의 한 주로서 나갈랜드를 설립하는 것으로 끝났다. 인도 민족이데올로기와 헌법·법률에서는 400개 이상의 집단으로 구성된 6,000만 명 이상의 '지정 부족민(Scheduled Tribes)'에게 특별한 배려를 하고 있다. 그들은 영국 제국주의자들뿐만 아니라 정착 경작자, 고리대금업자, 목재상, 부패한 산림공무원 등 동료 인도인들에 의한 탐욕의 희생자로 인정받고 있다. 전략적으로 민감하고 군사적으로 취약한 오지에 군사 봉기가 일어나자 인도 정부는 이 '부족민 지역'을 주로 전환시켰다. 1970년대와 80년대 인도 동북부의 국경 지역에 아루나짤쁘라데시, 마니뿌르, 메갈라야, 미조람 및 뜨리뿌라 '부족민 주'가 만들어졌다. 나갈랜드를 포함한 부족민 주의 전체 인구는 800만 명도 채 되지 않으며 그들 중 절반 정도가 부족민으로 구성되어 있다.

1956년 인도연방은 정부의 '언어에 따른 주' 편성으로 14개 주

(State)와 6개 연방직할지(Union Territory)로 정비되었으나, 2001년 11월 찻띠스가르와 자르칸드, 우따란짤 주가 신설되어 현재 28개 주와 7개 연방직할지로 구성되어 있다.

사회·경제 정책의 추진

국민회의 지도부는 1930년 라호르 결의와 1931년 카라치 결의를 통해 미래의 인도를 정치·경제적으로 민주주의를 지향하는 자유롭고 평등한 사회로 구체화했다. 그러한 모델하에서 지도자들은 오래 전부터 인도가 기업의 사적 이윤 동기에 의해 지배되는 서구 자본주의 나라들의 복제품이 되어서는 안 된다는 것을 명백히 인식하고 있었다.

1938년 국민회의는 네루를 의장으로 하는 국민계획위원회(the National Planning Committee)를 설립하여 독립 후 인도의 사회·경제 변혁의 제반 문제를 검토하고 1946년 종합적인 계획안을 내놓았다. 한편 1944년에는 따따그룹과 비를라그룹의 대표를 포함해 당시 인도 재계의 주도권을 장악하고 있던 8인의 대기업 자본가들이 '봄베이 플랜'이라 불리는 '인도경제개발계획(A Plan of Economic Development of India)'을 발표했다.

이러한 논의들을 통해 인도의 발전 방향과 비전에 대한 두 가지 중요한 합의가 도출되었다. 우선 약 200년에 걸친 식민통치의 폐해를 신속히 극복하기 위해 독립인도의 경제·사회개발계획을 가속화한다는 것, 그리고 이를 구체화하기 위해 사회주의적 방안을 도입해야 한다는 것이었다. 아마도 논의가 진행되었던 1930년대의 상황이 목표를 정의하고 설정하는 데 심대한 영향을 미친 것으로 보인다.

당시 서구 자본주의 국가들은 착취적인 식민통치를 행하고 있었음에도 1929년에 시작된 대공황의 위기에 봉착해 대량 실업, 경기 침체 등 극심한 경제위기를 겪고 있었다. 반면 소련은 1917년 사회주의 혁명의 성공에 이어 제1차 5개년계획을 시작했다. 자본주의에 의해 야기된 심각한 경제위기 속에서 신생국 소련의 경제개발계획의 성공은 특히 제국주의의 식민 지배를 받고 있던 나라의 대중들에게 자본주의의 대안이자 신속한 사회·경제적 변혁을 달성하기 위한 새로운 방식으로 커다란 호소력을 얻고 있었다.

인도의 초대 총리 네루는 제1차 세계대전, 레닌의 소련혁명, 세계대공황, 스탈린의 반동, 제2차 세계대전 등을 목도하면서 식민지 독립운동을 하고 인도 국가 건설을 이룩한 인물이다. 그는 힌두 부르주아 가정에서 태어나 영국 유학 중에 당시 유행하던 페이비언사회주의(Fabian Socialism)에 매료되었다. 위기에 처한 자본주의와 대안적 사회주의의 대두는 네루에게 인도가 '사회주의형 사회'로 나아가야 한다는 생각을 하게 했다. 그러나 영국의 의회민주주의와 소련에서 일어난 스탈린의 반동 정치를 경험한 이후 그는 독립인도가 반드시 법의 지배에 기초한 의회민주주의 정치체제를 통해 유지되어야 한다는 신념을 갖게 되었다.

네루가 독립인도에서 실현하려던 '사회주의'는 슬로건에 불과했으며, 그가 추진한 '사회주의적' 계획경제체제의 본질은 국영중공업을 중심으로 하는 국가자본주의적 발전 방향이었다. 그러나 독립인도의 경제 전체를 움직이는 주도적인 힘은 사적 자본주의였다. 인도 경제에서 가장 큰 비중을 차지하고 있던 농업은 전적으로 사적 자본에 속하며 도·소매업도 마찬가지였다. 소비재를 생산하는 중소기업과 대기업 역시 기본적으로 사적 자본에 의해 운영되었고, 운송도 철도, 선박 일부, 공공버스 및 항공을 제외하고는 전부 사적 자본에 속했다. 국가가 주도하는 공공 부문은 거대한 재정투자를 필요로 하지만 그것이 인도 경제에서 차지하는 비중은 매우 작았다. 나아가 공공 부문은 경제적으로 큰 이익은 없으나 사회적으로 유익한 연구, 교육, 보건, 국방 등에 대한 투자를 담당한다.

더 읽을거리

박종수,《인도경제의 이해》, 경상대학교출판부, 1998.

백좌흠,《인도의 선거정치》, 경상대학교출판부, 2009.

백좌흠·이광수·김경학,《내가 알고 싶은 인도》, 한길사, 1997.

한국외국어대학교 남아시아연구소 편,《인도의 오늘》, 한국외국어대학교출판부, 2002.

샤시 타루르 지음, 이석태 옮김,《네루 평전》, 탐구사, 2009.

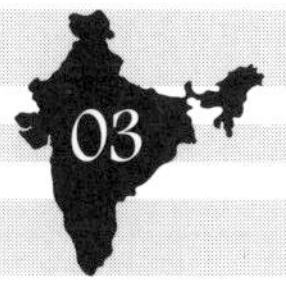

헌법

강경선[•]

헌법 제정 이전의 인도

1857년 세포이의 항쟁 이후 무굴제국시대는 종막을 고했고, 본격적으로 영국 정부에 의한 인도 통치가 시작되었다. 인도의 주권은 1877년 영국령 인도제국의 성립과 함께 상실되었다. 1892년 '인도참사원법(Indian Councils Act)'은 영국에 의한 인도 지배의 확실한 법적 표현이었다.

자치 정부를 요구하는 인도 국민의 소요를 진정시키기 위해 영국은 새로운 개혁 입법을 시도했다. 1909년 기존의 법을 개정한 '인도참사

[•] 한국방송통신대학교 교수, kangks@knou.ac.kr

원법'은 선거제를 통해 참사원 구성을 시도함으로써 의회주의 정부 형태를 도입했으나 인도인의 의사를 부분적으로 왜곡해서 반영하는 데 머물렀기 때문에 전체적으로 반발이 거셌다.

이후 종전과 현격히 다른 '인도정부법(The Government of India Act, 1919)'이 제정되었다. 이 법은 식민통치 시절 최초의 포괄적인 헌법문서라고 할 수 있다. 자치 정부를 향한 1단계 조치로 토후들에게 최대한의 자율을 강조했고, 주 정부 차원에서 인도인의 자치와 책임정치를 부분적으로 도입하고자 했다는 점이 특징적이었다. 지방 정부 차원에서 영국인과 인도인이 통치하는 쌍두정치체제가 도입된 것이다. 그 결과는 인도 국민들에게 권력을 실질적으로 이양하지 않았다는 점에서 실패로 끝났다.

1935년에 제정된 '인도정부법'은 현행 인도 헌법의 모태로 평가된다. 인도연방의 기본 구상이 처음으로 법제화되었기 때문이다. 그러나 이 법에는 영국에 의한 분할통치라는 제국주의적 책략이 짙게 깔려 있었기 때문에 대다수 인도인들의 반대에 부딪혔고 제2차 세계대전의 발발로 파행을 면치 못했다.

헌법 제정 과정과 특징

1947년 8월 15일 영국 의회는 '인도독립법(The Indian Independence Act)'을 통과시켰다. 영국의 결정에 의한 독립과 헌법제정회의는 정당성 측면에서 문제가 있었다. 제헌회의는 운영 규칙에서 "제헌회의 의원 정수 3분의 2 이상의 결의 없이는 해산하지 않는다"는 것을 결의함으로써 자주성을 확보했다. 제헌회의의 규모는 385명을 기준으로 약간의 지역 대표들을 추가했는데, 본질적으로는 국민회의가 주도하는 사실상의 일당회의체였다. 국민회의는 가급적 사회 전 분야의 요구와 좌우의 다양한 이데올로기를 대변하기 위해서 노력했다.

제헌회의의 4인방은 네루, 빠뗄, 쁘라사드, 아자드였다. 이들은 모두 인도 독립운동의 지도자들이었다. 가장 대표적인 인물인 간디는 헌법 제정에 참여하지 않았다. 네루는 연방 정부 수상이었고, 빠뗄은 부수상, 아자드는 장관, 쁘라사드는 제헌회의 의장이었다. 제헌회의는 여덟 개의 주요 위원회를 두었다. 그중 헌법기초위원회 위원장은 암베드까르였고 라우(B. N. Rau)는 헌법자문관으로서의 역할을 담당했다.

헌법의 기본 판형은 국민회의 전문가위원회(Congress Experts Committee)로 네루가 의장을 맡았다. 여기서 처음 마련한 '목적결의(Objects Resolution)'가 향후 헌법의 방향을 잡는 데 큰 역할을 했다. 헌법 초안에 대한 축조심의는 1948년 11월 15일부터 1949년 10월 17일까지 이루어졌고, 제3 독회까지 마친 후 1949년 11월 26일에 헌법을 채택하였다. 1950년 1월 24일 제헌 의원들이 서명한 후 1월 26일에 헌법이 공포·발효되었다.

인도 헌법은 모방 헌법이다. 헌법 제정자들은 세계 각국 헌법의 좋은 점을 취하여 이를 인도 현실에 적합한 구조로 변형하고자 했다. 기본권은 미국에서, 의원내각제는 영국에서, 국가정책의 지도 원리는 아일랜드에서, 비상사태 규정은 바이마르 독일 헌법과 '1935년 인도 정부법'을 참조했다. 비록 처음에는 모자이크 헌법으로 시작했지만 60여 년이 지난 지금은 인도의 고유한 문제의식이 반영된 '아름다운 조각보(beautiful patchwork)'로 그 내용이 채워졌다.

인도 헌법은 세계에서 가장 길고 상세한 헌법전으로 알려져 있다. 제헌 당시 395개의 조문과 8개의 부칙이 있었는데, 2003년 현재는 464개의 조문과 12개의 부칙을 담고 있어 단행본 교과서 분량에 해당한다. 또 다른 특징은 일반 법률과 같은 방식으로 의회에서 개헌이 가능한 부분이 많다는 점에서 연성헌법의 성격이 짙다는 것이다. 인도는 현재까지 헌법을 87번 개정했다.

헌법의 주요 내용

통치 구조

인도 헌법은 고전적인 의미의 연방제를 취하지 않고, 연방 우위의 연방국가체제를 취하고 있다. 현재 인도는 28개 주와 7개의 연방직할지로 구성되어 있는데, 헌법은 각 주들과 연방국가를 위한 것이다. 주는 자신들의 독자적인 헌법을 갖지 않는다. 따라서 하나의 동일한 헌법이 연방국가와 각 주들의 구조, 권력과 기능, 그리고 그 한계를 제시해준다.

연방국가는 중앙 정부의 수반인 대통령에 의해 대표된다. 대통령은 의회의 양원 의원 및 각 주의 의회 의원들로 구성된 선거인단에 의해

5년마다 선출되며, 헌법 위반 시 탄핵으로 파면될 수 있다. 또한 부통령제를 채택하고 있는데, 부통령은 당연직 상원의장이 된다. 부통령은 양원 합동회의에서 단기이양식 투표•로 비례대표제 원칙에 따라 선출된다. 대통령은 수상이 이끄는 내각에 '조력과 권고'를 하며, 수상과 내각의 장관들도 의회 의원들 중에서 직접 임명한다. 내각은 공동으로 하원(Lok Sabha)에게 책임을 지며, 의회의 신임을 잃은 경우 사퇴한다.

의회는 두 개의 원으로 구성된다. 상원(Rajya Sabha)은 연방국가의 각 주를 대표하며, 상설 기관으로 구성원의 3분의 1이 2년에 한 번씩 새로 선출된다. 하원은 각 지역구에서 선출된 국민의 대표자들로 구성된다. 하원의 임기는 보통 5년이다. 양원은 인도연방 내 모든 법의 입법 권한을 가지고 있다. 그러나 의회에 의해 가결된 법률은 최종적으로 대통령의 동의를 얻어야 한다. 주 정부도 같은 원칙에 따라 구성된다. 주지사는 대통령이 임명하고 주 정부의 내각 수반은 주의 수상이 된다. 통치기구의 세 번째 단위는 민주적 원칙에 의해 구성된 각 빤짜야뜨와 기초자치단체라고 할 수 있다.

또 하나의 중요한 국가기관은 사법부다. 헌법 중 제124조부터 제147조까지, 제214조부터 제237조까지가 사법부 관련 규정이다. 사법부는 통일적·단일적이며, 재판부에서 연방국가와 각 주의 법을 기

• 단기이양식 비례대표선거제는 전체 투표수를 의원 정수로 나누어 얻은 몫을 당선 기수(基數)로 하고 당선 기수 이상의 잉여투표를 선거권자의 지명에 따라 이양하는 방식이다. 여기서 다른 후보자에게 이양하는 표는 이미 당선된 자의 잉여표만으로 한다.

초로 법적 분쟁을 해결한다. 사법부의 정점은 뉴델리에 있는 인도대법원이다. 대법원은 대법원장과 일곱 명의 대법관으로 구성되지만 의회는 대법관의 수를 늘릴 수 있다. 그 결과 1986년부터는 대법관의 수가 25명이 되었다. 대법원장과 대법관은 대통령이 임명하며 정년은 65세이다.

헌법은 대법원의 독립을 보장하기 위한 장치를 마련하고 있다. 대법관은 대통령이 양원에 참석해서 비행이나 무능력 등의 사유를 설명한 다음, 양원에서 각각 재적 인원의 과반수 참석과 참석자 3분의 2 이상의 동의를 얻지 않는 한 면직되지 아니한다. 단, 대법관이었던 자는 인도에서 변호사로 개업할 수 없다. 각 주에는 각각의 고등법원과 민형사 사건을 취급하는 하급법원, 소액사건법원, 가정법원 등이 존재한다. 또한 모든 주에는 빤짜야뜨 법원이 기능하고 있으며, 일반적인 법원 외에도 행정심판소가 있다.

기본권

헌법은 개인의 기본권을 선언하고 있다. 어떤 것들은 인도 국민에게만 인정되고, 어떤 것들은 외국인에게도 동등하게 인정된다. 기본권은 중앙과 주의 집행부와 입법부, 지방의 모든 권력을 구속한다. 법률, 명령, 관습, 관행 그리고 행정명령도 기본권을 부인할 수 없다. 그렇다고 해서 기본권이 절대적인 것은 아니며 법률에 의해 제한될 수도 있다. 그러나 기본권은 헌법의 기본 구조를 형성하고 있어 사법심사제에 의해 엄격히 보장되며 헌법 개정에 의해서도 폐지될 수 없다.

기본권 조항 중 주요한 것은 다음과 같다. 법 앞의 평등(제14조), 인종·종교·카스트·성별·출생지 등에 의한 차별금지(제15조), 고용 기회의 평등(제16조), 불가촉천민제도의 폐지(제17조), 작위 수여 금지(제18조), 언론·출판·집회·결사의 자유(제19조 제1항, 제2항, 제3항), 거주의 자유(제19조 제4항, 제5항), 직업과 영업의 자유(제19조 제7항), 소급형벌의 금지(제20조 제1항), 이중위험의 금지(제20조 제2항), 진술거부권(제20조 제3항), 생명과 신체의 자유(제21조), 체포 사유를 알 권리(제22조 제1항 전단), 변호인의 조력과 방어권(제22조 제1항 후단), 체포의 경우 24시간 내에 법원의 판단을 받을 권리(제22조 제2항), 인신매매(제23조 제1항), 강제노동(제23조 제2항), 위험한 작업에 아동 고용 금지(제24조), 종교의 자유(제25조~제28조), 소수자가 자신의 언어, 글 또는 문화를 유지할 권리(제29조) 그리고 자신들의 선택에 의해 교육기관을 설립하고 관리할 권리(제30조), 기본권 보장을 위한 대법원의 접근권(제30조) 등이다.

국가정책의 지도 원리

헌법은 네루의 '대강결의'가 포함하지 않았던 모든 국민들의 평등, 특히 남녀평등에 관련된 내용들을 제4장의 제36조부터 제51조까지 16개 조항에 걸쳐 '국가정책의 지도원리'라는 제목 아래 규정하였다. 제39조에서는 ① 남녀의 동등한 생활 수단 보장, ② 공공복지 관점에 적합한 사회 자원의 소유와 지배의 적정 배분, ③ 공공에 유해한 경제적 조직과 운영의 공공복리성, 부와 생산 수단의 집중 방지, ④ 남녀의 임금 차별 금지, ⑤ 남녀 노동자의 건강과 체력 보장, ⑥ 아동 혹사 금지, ⑦ 연령과 건강에 적정하지 않은 직업 강요 금지, ⑧ 아동과 청소년 착취와 정신적·물질적 유기로부터의 보호가 규정되어 있다.

이외의 주요 내용으로 빤짜야뜨의 조직(제40조), 노동권과 교육권의 보장, 실업과 노령·질병·장애·빈곤에 대한 공공부조(제41조), 공정한 근로 조건과 산모의 휴가 보장(제42조), 농공산업에 종사하는 근로자의 생활 급여와 여가·문화생활 조건의 확보(제43조), 통일민법전 제정(제44조), 헌법 제정 후 10년 이내에 만 14세까지의 아동에게 무상 의무교육 실시(제45조), 지정 카스트나 지정 부족 등 사회적 약자에 대한 교육과 경제적 기회 증대(제46조), 영양과 생활 수준, 국민 보건의 향상(제47조), 영농과 축산업의 조직화(제48조), 환경과 수목, 야생동물 보호(제48A조), 문화재와 국가적 기념물의 보존(제49조), 사법부의 독립(제50조), 기타 국제 평화와 국제 법규의 존중(제51조)들이 있다.

더 읽을거리

백좌흠·이광수·김경학,《내가 알고 싶은 인도》, 한길사, 1997.
강경선, "인도헌법개정의 특징에 관하여",《인도연구》제15권 2호, 2010.
______, "네루와 인도헌법",《방송대논문집》제35집, 2003.
______, "인도헌법의 형성",《인도연구》제2권, 1997.

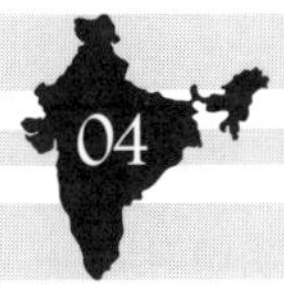

연방제

강경선•

인도는 사회가 워낙 다양하기 때문에 미국의 남북전쟁과 같은 전철을 밟지 않기 위해 분리의 가능성을 철저히 배제하고 통합을 중시했다. 인도는 주들 간의 합의와 조약을 통해 상향식으로 연방제를 만든 것이 아니라 단일국가에서 출발해 하향식으로 각 주에 권한과 책임을 배분한 형태라고 할 수 있다. 인도연방의 각 주는 분리된 권한이 없다. 왜냐하면 연방이 그들의 동의에 기초한 것이 아니기 때문이다. 헌법이 연방 정부를 'Federation' 대신 'Union'이라고 호칭한 것도 단일국가 경향의 특징을 반영한 것으로 이해해야 한다. 헌법 제1조는 인도를 'Union of States'라고 규정했다.

• 한국방송통신대학교 교수, kangks@knou.ac.kr

위어(Wheare) 교수는 기본적으로 인도를 단일국가로 이해하면서 연방제의 특징을 최소한만 보유하고 있기 때문에 준연방제(quasi-federal) 국가라고 말했다. 헌법학자 바수(D. D. Basu)도 인도 연방제는 순수한 연방도 순수한 단일국도 아닌 양자의 혼합형이라고 하였다. 만약 순수 연방제라면 두 개의 정치체가 배분된 권한 내에서 각각의 영역을 자율적으로 통치할 수 있어야 한다. 연방제에서 공통의 이해관계는 연방 정부에 귀속되고 나머지는 주 관할로 한다. 미국의 연방제를 순수 연방제라고 한다면 캐나다와 인도는 혼합형 연방제에 해당한다.

인도 헌법의 연방제적 특징

성문법의 존재

연방과 주의 권한 배분을 규정한 명문의 헌법을 가진다.

헌법 개정 절차

헌법 개정은 제368조에서 규정한다. 연방과 주의 관계에 대한 내용은 우선 개정안이 양원을 모두 통과해야 하고, 양원 모두 재적의원 과반수의 출석과 출석자 3분의 2 이상의 찬성을 얻어야 한다. 이것은 다시 주의 입법부로 보내져 전체 주 과반수 이상의 찬성을 얻어야 법률이 된다. 이런 점에서 인도 헌법은 개정이 매우 까다로운 경성헌법이라고 할 수 있다. 그러나 이런 경우를 제외하고는 일반 법률과 같은 형식을 거쳐 개정할 수 있다는 점에서 연성헌법의 성격을 강하게 띠고 있다.

사법부의 독립

최고 법원은 대법원이다. 대법원은 연방과 주, 주와 주 사이에 분쟁이 생겼을 때 이를 처리할 수 있는 권한과 연방법과 주법 모두에 대한 위헌 여부 심사권을 가진다. 이 점에서 대법원은 헌법의 수호자다.

중앙과 주의 개별 정부

현재 인도에는 28개의 주와 7개의 연방직할지가 있다. 이들에게는 별도의 정부가 존재한다. 중앙은 연방 정부(Union Government)를 가진다. 주 정부의 권위와 권한은 중앙 정부로부터 오는 것이 아니라 헌법에서 직접 연원한다. 연방 정부의 관할 사항은 국방, 군대, 외교, 전쟁과 평화, 철도, 운송, 통화 등이다.

연방과 주의 권한 배분

순수 연방제하에서 연방과 주는 각각 별도의 권한을 가진다. 인도는 캐나다의 예에 따라 모든 권한을 연방 목록, 주 목록, 공통 목록의 세 가지로 나누었다. 연방 목록은 99개이며 국가적으로 중요한 외교, 국방, 주 간 통상, 주화 및 통화, 우편과 전신 등이다. 주 목록은 61개이며 경찰, 사법행정, 감옥, 공중위생, 보건, 교육 등 공공질서에 관한 것이다. 공통 목록은 52개이며 연방과 주가 동시에 갖는 권한이다. 여기에 열거되지 않은 내용은 중앙의 권한에 속한다.

헌법의 우월성

연방과 주의 법들은 헌법에 부합되어야 한다. 모든 국가기관은 헌법의 우월성에 따라 정해진 관할권 내에서 기능한다.

양원제

의회는 두 개의 원(院)으로 구성된다. 상원은 연방국가의 각 주들을 대표하는 상설기관으로 구성원의 3분의 1이 2년에 한 번씩 새로 선출된다. 하원은 각 지역구 내에서 선출된 국민의 대표자들로 구성된다.

권력분립

헌법은 입법권과 집행권을 중앙과 주에 분산시키고 캐나다 헌법과 마찬가지로 잔여 권한은 연방에 귀속시켰다. 권력분립에 대해서 헌법은 세 개의 목록을 가진다.

인도 헌법의 단일국가적 성격

앞서 설명한 것과 같이 인도 헌법은 연방제적인 성격을 포함하고 있지만, 다른 부분에서는 단일국가의 성격을 띠고 있다.

강력한 연방

중앙 정부는 97개의 관할 사항에 대해 배타적 권한을 가진다. 국방, 군대, 평화, 전쟁, 외교, 국제무역, 수입과 수출, 철도, 우편과 전화, 라디오, 텔레비전, 소득세, 중공법 등이다. 그리고 동시 목록에 관한 47가지 권한도 있는데 이는 결국 중앙 정부의 사항이다. 왜냐하면 중앙과 주가 동시에 입법을 했을 때는 전자가 우선하기 때문이다. 인도 헌법은 잔여 권한을 중앙에 부여한다(제248조). 이것이 다른 연방국가와의 큰 차이점이다. 또한 헌법이 허용하는 범위 내에서라면 연방 의회가 주의 관할 사항에 대해서도 입법을 할 수 있다.

주 경계선의 변경권

연방 정부는 해당 주의 동의 없이도 주의 경계선을 변경할 수 있다. 1956년 연방 의회는 주재편성법(the States Reorganization Act)을 통해 엄청난 변화를 가져왔다. 미국이 주와 연방 모두를 불가침적인 존재(Indestructible Union of Indestructible States)로 전제하는데 반해, 인도는 '불가침적 연방과 침해 가능한 주(Indestructible Union of Destructible States)'의 모형이다.

비상조치권

헌법 제18부는 비상조치에 관한 규정이다. 외부의 침략, 전쟁, 내란의 경우 대통령은 제352조에 따라 비상사태를 선포할 수 있다. 일단 비상사태가 선포되면 단일국처럼 중앙 정부에 모든 권한이 집중된다.

유일한 헌법

잠무와 카슈미르를 제외하면 인도에서 각 주는 별도의 헌법을 가질 수 없다.

연방에 의한 개헌권

연방은 독자적으로 개헌을 발의하고 추진할 수 있다. 연방 의회가 독자적으로 개헌권을 가진다는 점에서 연성헌법의 성질을 다분히 내포하고 있지만 제368조 제2항에서 열거하는 내용은 주 의회의 비준을 받아야 한다. 반면, 주 의회의 개헌에 관한 권한은 제한적이다.

단일 시민권

인도 헌법은 국민들의 거소지(居所地)에 관계없이 단일한 국적을 인정한다. 미국은 이중시민권을 인정하므로 주의 시민권과 연방의 시민권을 동시에 보유하지만 인도는 국가의 통일성과 통합을 위해 단일 국적제도를 유지한다.

상원의 차별적 대표자 수

각 주에서 상원에 보낼 수 있는 대표자의 수는 헌법이 정한 인구 비례에 따른다. 이는 일반적인 연방국가의 예와 다른 것이다.

통합된 사법체계

연방과 주 모두에 단일한 사법제도가 존재한다. 대법원이 최상급법원이고, 주 차원에서 고등법원이 중간에 있으며, 지방(또는 구) 차원에 하급법원이 있다. 이것은 전형적인 단일국가의 모습이다.

연방의 주지사 임명권

주지사는 연방의 대통령이 임명하며 대통령이 허락하는 동안만 재임한다. 주지사는 연방의 대표로서 주에 파견되는데, 연방은 주지사를 통해 하자 없이 구성된 주 의회를 해산시킬 수 있다. 주지사는 주 정부 내에서는 아무에게도 책임을 지지 않는다.

대통령의 주 의회 법률안 승인권

주지사는 주 의회가 통과시킨 법률안을 보류할 수 있다. 그러나 대통령의 승인이 없는 경우 그 법안은 법률로써 효력을 가질 수 없다.

주 간 분쟁해결권

헌법 제정자들은 연방 정부가 주들 사이의 분쟁에 조정자 역할을 할 수 있게 했다. 재정위원회와 주간협의체(Inter-State Council), 지역협의체(Zonal Councils), 중앙수자원심판원(Central Water Tribunal) 등은 중앙 정부가 주들 간의 문제에 조정권을 행사할 수 있는 곳이다. 이렇게 해서 '강한' 연방이 지속적으로 나타난다. 바수 교수는 인도의 연방적 특색이 거의 사라졌다고 말한다. 오스틴(Granville Austin)은 인도연방제를 대표적인 '협력적 연방제(Cooperative Federalism)'로 보았다. 협력적 연방이란 연방과 주 사이의 협력과 조정을 달성하기 위해 고안된 제도와 절차를 말한다. 예컨대, 주간협의체(Inter–State Council)가 바로 그것이다.

연방 정부와 주의 관계

헌법 제6부와 제7부(제245조~제263조)에서는 중앙과 주의 일반적인 관계를, 제11부에서는 입법과 행정상의 관계를, 제12부에서는 재정상의 관계를 상세히 규정하고 있다.

입법 관계

입법권은 연방, 주, 공통의 세 개 목록으로 나뉜다. 연방 목록에는 98개 항목이 있는데 이는 연방 의회가 독자적으로 입법할 수 있다. 주 목록은 66개이며, 공통 목록은 47개이다. 제248조에서는 "연방 의회는 공통 목록이나 주 목록에 열거되어 있지 않은 사안에 대해서 배타적 입법권을 가진다", "그 권한은 이들 목록에 언급이 없는 한 조세부과를 위한 입법까지 포함한다"라고 언급하고 있다. 그리고 헌법이 정한 몇 개의 경우에는 연방 의회가 주 목록의 사안에 대해서도 입법을 할 수 있게 했다.

행정 관계

연방과 주와의 행정관계에서는 연방 우월적 경향이 현저하다. 주지사는 주민선거를 거치지 않고 대통령이 임명한다. 주의 행정은 연방의 법률에 합치되어야 하며, 이를 위해 연방 정부는 주 정부에 일정한 지시를 할 수 있다(제256조). 또한 주의 집행권은 연방의 집행권을 방해하거나 훼방해서는 안 되며, 이런 경우 연방은 주 정부에 필요한 지시를 내릴 수 있다(제257조 제1항). 연방은 국가적·군사적으로 중요한 사항의 경우 주 정부에게 일정한 조건하에서 통신시설의 설치나 유지와 관련한 지시를 할 수 있다(제257조 제2항). 주의 철도에 대해서도 같은 유형의 지시 권한을 가진다(제257조 제3항).

대통령은 ① 주들 사이의 분쟁해결을 위한 조사나 조언이 필요할 때, ② 전체 혹은 일부 주에 공통의 이익이 되는 조사나 토의를 위한 기구가 필요할 때, ③ 이와 같은 주제의 권고를 위한 조정이나 실행기구가 필요한 경우에는 주간협의체를 둘 수 있다. 특히 1956년의 '물분쟁법'은 주들 사이에 심각한 갈등의 원인이 되는 물분쟁 해결을 위해 중앙 정부가 심판원을 설치할 수 있게 했다.

재정 관계

연방 정부의 수입원은 연방 목록에 제시되어 있다. 몇 가지 예를 들면 소득세·농업소득세·관세·소비세·수출세·기업세 등이다. 주 정부의 세입원은 주 목록에 규정되어 있으며, 토지세·차량세·주택세·판매세·유흥세 등이다. 그리고 연방과 주의 세수를 연방과 주 전체에 적절히 배분하기 위해 재정위원회가 있다. 재정위원회는 제280조에서 규정하고 있는데 위원은 5년 임기로 대통령이 임명하고 위원장과 네 명의 위원으로 구성된다.

제360조에 따르면 재정 비상사태가 선언된 경우 대통령은 각 주에 재정명령을 발령할 수 있다. 주의 연간 예산은 연방을 고려해 잠시 유보하거나 연방 정부의 지침을 따른다. 대통령은 공무원의 봉급이나 수당을 감하는 조치를 취할 수 있다. 조세 수입의 분배 외에도 연방은 보조금과 차관을 통해 주의 재정을 지원할 수 있다.

이와 같은 세 가지 측면에서도 연방의 독주는 확연하다. 그리고 이러한 단일국가적 중앙집중화 경향은 더욱 심해지고 있다. 주 목록은 원래 66개였으나 61개로 줄어들었고, 연방 목록은 98개 항목에 한 개가 추가되었다. 공통 목록도 다섯 개가 추가되어 52개로 늘어났다. 주는 재정 자치의 확대를 요구하고 있다. 사르까리아(Sarkaria)위원회는 약간의 수정을 권고하기는 했지만 기본적으로는 강한 중앙권력을 지향했다. 인도의 통합력이 어느 정도 확보되었을 때 주의 자율적 권한을 확대하는 것이 인도연방제가 처음 목표로 했던 '다양성과 통일성'의 정신에 부합하는 것이라고 본다.

더 읽을거리

강경선, "캐나다, 인도, 미국의 연방제 비교", 《방송대논총》 제49집, 2010.
______, "인도 빤차야뜨의 헌법적 지위", 《방송대논문집》 제52집, 2009.
______, "인도의 제헌의회와 민주성 원칙", 《남아시아연구》 제11권 1호, 2005.
김찬완, "자치단체로서의 빤짜야뜨", 《남아시아연구》 제14권 1호, 2008.
박금표, "영국지배시기의 지방자치제도와 빤짜야뜨", 《남아시아연구》 제14권 1호,

2008.
이병진, "인도지방자치에 대한 일 고찰", 박사논문, 경희대학교, 2009.
이은주, "빤짜야뜨 정착에 미친 간디의 영향과 그의 정치이념, 그람스와라즈", 《남아시아연구》 제14권 1호, 2008.

입법부

박홍윤•

인도 의회는 인도 최고의 입법기관이다. 인도의 의회제도는 영국식 전통을 이어받아 헌법에 의해 하원(Lok Sabha, House of People)과 상원(Rajya Sabha, Council of States)으로 구성되어 있다. 현재의 의회체계는 독립과 함께 하원은 1952년, 상원은 1954년에 처음으로 구성되었다. 의회는 입법부 이외에 행정에 대한 통제, 예산심의 및 결정, 개발계획, 국제관계 및 국가정책에 대한 심의의 기능을 가진다.

• 한국교통대학교 교수, p5rk96@ut.ac.kr

상원

인도 상원의 기원은 1919년 영국 식민통치 시대의 인도정부법(Government of India Act)에서 찾을 수 있다. 상원은 모두 238명으로 주와 연방직할지의 대표와 대통령이 임명하는 12명의 의원으로 구성된다. 주와 연방직할지의 의원은 인구 규모에 따라 주 의회에서 간접 선거로 선출되며, 임기는 6년이고 2년마다 3분의 1씩 교체된다. 상원은 해산되지 않는다. 상원의 직권상 의장은 부통령이 되고 부의장은 상원의원 가운데서 선출한다. 대부분의 선임 각료는 상원 의원으로 수상이 임명한다. 주에서 선출하는 상원 의원은 주 의회의 지배 정당에 의해 임명되기 때문에 국민이나 주를 대변하기보다 정당을 대변하는 경향이 강하다.

상원은 예산법(Money Bill)과 관련된 것을 제외하고는 하원과 동일한 권한을 가진다. 그러나 실질적으로는 형식적인 권한만 가질 뿐이다. 상원은 각종 위원회를 구성하여 운영하는데, 이들은 의회에서 실질적인 역할을 수행한다. 상원위원회는 하원과 행정부, 일반 국민 사이를 연계한다. 위원회에는 임시위원회와 상설위원회가 있다. 임시위원회는 특별한 사안이 있는 경우에 구성되고, 상설위원회는 조사를 위한 윤리위원회나 행정부의 감시와 통제, 하원과의 일상적인 업무, 하원 운영 등의 사안에 의해 구성된다. 이외에도 하원과의 합동위원회가 있다. 현재 부처 업무와 관련된 상설위원회로는 산업위원회(Industry Committee) 등 여덟 개 위원회가 운영되고 있다.

상원위원회의 주요 기능은 다음과 같다.

- 관련 부·청의 예산 요구에 대한 검토와 보고서 제출(이 보고서에서는 예산의 삭감을 제안할 수 없음)
- 위원회 소관의 관련 부·청에서 제출한 법안의 검토
- 부처가 제출한 연차 보고서에 대한 검토 및 보고서 작성
- 의회에 제출한 국가 장기정책에 대한 검토

하 원

인도 하원은 헌법이 제정된 뒤 1952년 선거에 의해 초대 의회가 구성되었다. 하원은 헌법에 따라 최대 552명까지 의원을 가질 수 있는데, 그 중 530명은 주를 대표하여 국민이 직접선거로 선출하고, 나머지 22명 중 20명은 연방직할지에서, 두 명은 앵글로-인디안회의(Anglo-Indian Community)에서 대통령이 임명한다. 현재 하원의 정원은 545명으로 이 가운데 543명은 직접선거로 나머지 두 명은 임명을 통해 선출하고 있다(주: 530명, 연방직할지: 13명, 대통령 임명: 2명). 하원의 임기는 해산되지 않으면 5년이며, 의장과 부의장은 구성원에 의해 선출된다. 의장은 하원을 소집하고 정회하며 해산할 수 있는 권리를 가진다.

독립 이후 국민회의당(Congress Party)은 네루, 인디라 간디, 라지브

간디로 이어지며 정권을 독점했다. 그러나 1990년대 이후 인도국민회의(India National Congress, 이후 INC)와 인도국민당(Bharatiya Janata Party, 이후 BJP) 양대 정당과 군소 정당들이 합종연횡(合從連橫)하면서 지금까지 연립 정부를 구성해 오고 있다. 15차 의회의 정당별 구성 현황을 보면 INC가 207명, BJP가 115명이고, 나머지 의원들은 기타 37개 정당 소속으로 구성되어 있다. 여성 의원의 수는 현재 60명으로 지난 의회의 45명보다 늘어났다. 하원의 의석은 주의 인구 비례로 낙후 집단인 지정 카스트(Scheduled Castes)와 지정 부족(Scheduled Tribes)에게 할당제를 취하고 있다. 2010년에는 여성에게 의석의 3분의 1을 할당하는 제도를 도입하기 위한 법률이 상원을 통과했으나 하원에서 상정되지 않아 무산되었다.

의회의 주요 기능은 입법권에 있다. 의회는 법의 제정, 수정, 폐기를 통해 행정부의 활동을 통제한다. 모든 법은 하원과 상원을 통과하여 대통령이 공포해야만 효력을 가진다. 그러나 대부분 법률안은 내각이 제출하고, 관련 상임위원회에서 심의가 이루어지기 때문에 의회는 형식적인 기능을 하는 경향이 강하다. 하원은 헌법에 대한 수정안 발의권과 수상임명권, 내각에 대한 불신임권을 가지고 있다. 내각에 대한 불신임권은 내각책임제하에서 내각이 하원에게 집단책임을 가지고 있다는 점에서 제도화되고 있다. 불신임권이 내각 전체를 대상으로 하는 데 반해 의회는 개별 각료에게 견책(譴責)을 의결할 수 있다. 그러나 견책 의결이 있었다고 해서 관련 장관이 당연히 사임하는 것은 아니다. 이외에도 헌법이 정한 절차에 따라 대통령 탄핵권과 대법원·고등법원 판사, 중앙선거관리위원장, 회계감사원장의 해임권을 가진다.

의회의 또 다른 주요 기능은 예산심의권이다. 예산안은 상원과 하원에 동시 제출되지만 보조금과 관련된 예산은 하원에만 제출한다. 하원의 예산심의는 크게 총괄 심의와 부처별 예산심의로 나뉜다. 그러나 하원은 행정부가 제출하는 예산안에 새로운 항목을 추가하거나 지출 자금을 증액할 수 있는 권한이 없고, 단지 예산안 전체를 거부하거나 삭감할 수 있는 권한만을 가진다. 부처의 예산은 관련 상임위원회에서 검토하여 본회의에 제출하면 대부분 심의 없이 의결된다.

국가정책과 관련하여 의회는 대 정부 질의권, 정책심의권, 결의안 채택 등의 방법으로 내각의 활동을 권고하거나 통제한다. 그러나 의회의 다수당으로 구성된 내각의 활동에 대한 정책 분야의 개입에는 실질적인 권한을 가지고 있지 않다.

하원의 실질적인 업무는 각종 위원회가 중심이 되어 운영한다. 대표적으로 예산과 관련된 재정위원회(Financial Committees), 관련 부처별 상설위원회, 기타 상설위원회와 임시위원회 등이 있다. 부처별 상설위원회는 현재 16개로 구성되어 있다. 상임위원회는 1993년에 제도화되었는데, 소관 부처 예산안에 대한 심의와 본회의 보고, 관련 법률안의 심의와 보고, 연차별 보고서 검토와 제출 등의 활동을 한다. 그러나 상임위원회는 소관 부처의 일상적인 업무에는 관여하지 않고 단순히 권고나 조언만을 할 수 있다. 인도의 경우 상임위원회의 활동은 대부분 형식적이어서 상임위원회의 검토 보고서가 본회의에 제출된다 해도 거의 논의되지 않고 무시되는 경향이 강하다.

상임위원회에서 가장 강력한 권한을 가지고 있는 곳은 재정과 관련된 위원회로 세입세출위원회(Estimate Committee), 공공계정위원회(Public Account Committee), 공기업위원회(Committee on Public Undertaking) 등이 있다.

주 의회

주 의회는 주에 따라 서로 다른 형식을 가지고 있는데, 헌법 제168조에 의하여 현재 다섯 개 주—비하르, 마디야쁘라데시, 마하라슈뜨라, 까르나따까, 웃따르쁘라데시—만이 양원제를 운영하고, 그 외의 주에서는 단원제를 채택하고 있다. 양원제를 채택한 주에서는 상원(Legislative Council)은 간접선거 방식으로, 하원(Legislative Assembly)은 주민의 직접선거 방식으로 의원을 선출한다. 하원의 규모는 최대 500명에서 최소 60명으로 구성되는데 상원은 하원 총수의 3분의 1을 초과할 수 없다. 상원은 연방 의회와 마찬가지로 임기가 6년이며, 해산되지 않고 2년마다 의원의 3분의 1을 교체하도록 하고 있다. 하원의 임기는 5년이고, 주지사에 의해 해산될 수 있다.

주에도 각종 위원회가 있으며 공통적으로 열 개 정도의 상임위원회가 운영되고 있다. 의회는 주의 입법권, 주지사의 요청 승인, 비입법적인 결의안 채택 등의 권한을 가진다. 그 외에는 거의 연방 정부 의회의 역할과 비슷하다.

지방 정부

인도는 1993년과 1994년의 수정헌법에 의해 지방자치제를 실시하고 있다. 지방자치체는 도시와 농촌으로 나뉘어 각각 3계층제로 구성되어 있으며 그 수는 약 64만 5,000개이다. 도시 지역은 시 자치단체(municipal corporations), 자치단체(municipalities), 나가르 빤짜야뜨(nagar panchayats)로 구성되어 있으며, 농촌 지역은 지역 단위인 질라 빤짜야뜨(Zilla Panchayat), 중간 단위인 빤짜야뜨 사미띠(Panchayat Samiti), 마을 단위인 그람 빤짜야뜨(Gram Panchayat)로 구성되어 있다. 그리고 마을 단위에는 직접민주주의체제인 마을총회(Gram Sabha)가 헌법기구화되어 있다.

각 빤짜야뜨 라즈의 대표는 주민의 직접선거에 의해 선출된 의원을 중심으로 구성된다. 각급 의원은 인구 비례에 의해 지정 카스트와 지정 부족에게 의석과 의장직을 할당하고, 전체 의석의 3분의 1을 여성에게 할당하도록 의무화하고 있다. 빤짜야뜨들은 지역 경제 개발과 사회 정의 같은 문제를 관장한다. 헌법은 이들에게 이양할 것을 권고하는 29개의 업무를 규정하고 있지만 기능, 인력, 재정에 대해서는 주의 자유재량으로 하고 있다.

새로운 빤짜야뜨 제도로 구성된 빤짜야뜨의 실태를 보면, 2008년 3월 기준으로 인도 전체 인구의 약 70퍼센트가 거주하는 농촌 지역에 마을 빤짜야뜨 23만 2,855개, 블록 빤짜야뜨 6,094개, 질라 빤짜야뜨 633개가 존재한다. 이들은 5년마다 선거로 약 340만 명의 대표를 선출한다. 2008년 기준으로 마을 빤짜야뜨 의원은 총 264만 5,883명, 블록 빤짜야뜨 의원은 15만 6,794명, 질라 빤짜야뜨 의원은 1만 5,613명이다.

더 읽을거리

김윤곤 편저, 《인도의 행정과 공공정책》, 법문사, 2009.
박홍윤, 《인도행정개관》, 행정학회 춘계학술대회, 2009.

인도 정부 india.gov.in
인도 상원 rajyasabha.nic.in
인도 하원 loksabha.nic.in
인도 빤짜야뜨 부 panchayat.gov.in

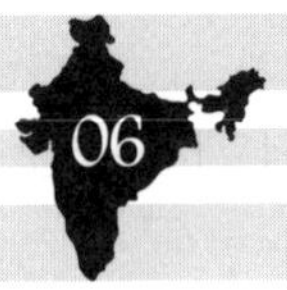

06 사법부

박홍윤•

인도는 식민지 시대를 겪으면서 형성된 앵글로-색슨계의 보통법(common law)체제를 가지고 있다. 기본적인 통치체제는 연방제이지만 사법체계는 연방과 주의 구분이 없는 단일한 체제이다. 사법부는 대법원(the Supreme Court of India), 고등법원(High Courts), 하급법원(Lower Courts)의 3계층제로 구성되고, 각 법원은 관할구역 내에서 모든 연방법과 주법에 대한 재판권을 가지고 있다.

• 한국교통대학교 교수, p5rk96@ut.ac.kr

대법원

대법원은 연방 법원으로 인도 헌법의 수호자이며, 인도 헌법 4장과 5장에 의해 설립된 인도 최고의 사법기관이자 최상위 항고법원이다. 1950년 헌법에 의해 대법원장(Chief Justice)과 7인의 대법관으로 구성되었으나, 업무가 증가하면서 대법관의 수도 증가하여 2008년에는 대법원장을 포함한 31인의 법관에 의해 운영되고 있다. 초기에는 모든 대법관이 심의와 판결을 하였으나 지금은 두세 개로 구분(Division Bench)하여 판결을 내리고 있다.

대법원장과 대법관은 대통령이 임명한다. 대통령은 대법관을 임명할 때 대법원과 상의하여 일반적으로 선임을 우선시하고 정치적 선호가 없는 자를 임명한다. 대법관의 정년은 65세이다. 대법관은 고등법원에서 판사로 5년 이상 근무했거나 고등법원의 변호사로 10년 이상의 경력을 가진 뛰어난 법률학자 가운데서 임명한다. 또한 지역과 소수자에게 정당하게 배분을 유지하고자 한다. 최근 여성 대법관의 수는 두 명에 이르며, 2000년에는 불가촉천민 달리뜨 출신인 발라끄리슈난(K. G. Balakrishnan)이 최초로 대법관이 되었다. 그는 2007년 최초로 달리뜨 출신 대법원장이 되었다.

인도 대법원은 배타적 재판권(original jurisdiction), 상소심 재판권(appellate jurisdiction), 권고적 재판권(advisory jurisdiction)을 가진다. 배타적 재판권은 연방과 주 또는 주들 사이의 분쟁에 대해 1심 재판권을 가진다는 것이다. 상고심 재판권은 고등법원의 결정에 대한 상고

그림 1-1 인도의 사법체계도

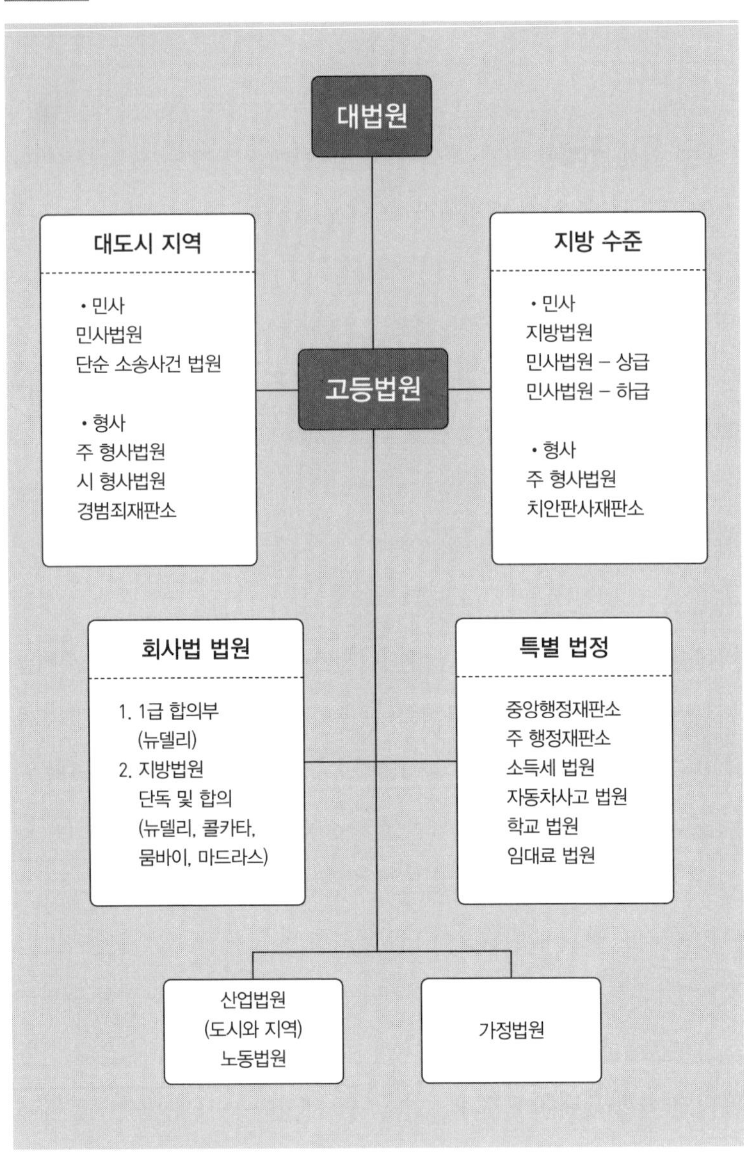

자료: 인도사법부 홈페이지

심 재판권을 의미한다. 권고적 재판권은 대통령이 요구할 때는 어떠한 법률적 문제라고 해도 권고적인 의견을 제시할 수 있는 권한을 의미한다.

인도 헌법의 제정 및 개정은 법률과 마찬가지로 의회를 통해 용이하게 이루어질 수 있다. 헌법 개정은 상·하원 재적 과반수의 찬성을 얻어야 하며 투표에 참가한 의원의 3분의 2가 찬성해야 한다. 이때 정치적 특성을 가진 지배 정당들이 자신에게 유리한 정책을 취하고자 사법부의 권한을 제한하는 일들이 일어나고 있다. 즉 의회가 헌법 개정을 통해 대법원의 헌법적 사법심사권을 견제하자 대법원이 판례를 통해 헌법 개정을 무효화시키려 한 것이다. 대표적인 예로 제1차 헌법 개정에서 부칙 제9조에 의회가 제정한 토지 관련 개혁 법률들은 법원의 사법심사에서 면책된다고 개정한 것을 들 수 있다.

고등법원

인도의 고등법원은 대법원의 하위 체계로 모두 21개다. 이들은 기본적으로 주와 연방직할지 혹은 두 개 이상의 주나 연방직할지를 관할로 한다. 고등법원은 인도 헌법 5장과 6장에 근거하고 있다. 일반적으로 하급법원의 상고심을 관장하지만 관할 영역에서 지역법원과 함께 민사사건에 대해 배타적 재판권을 가지기도 한다. 배타적 재판권은 하급법원의 관할권이 명확하지 않은 경우에만 민사와 형사에 대해 행사할 수 있다. 한 예로 뭄바이, 콜카타, 마드라스 고등법원은 2만 5,000루피 이상의 민사재판에 대한 제1심 재판권을 가진다. 그 외에도 회사법에 의한 사건 같이 주나 연방의 법이 고등법원에서 심판하도록 한 경우 1심의 배타적 재판권을 가진다.

고등법원 판사는 대통령이 대법원장과 주지사와 협의하여 임명한다. 고등법원장과 고등법원 판사의 정년은 62세이며, 고등법원장의 주내 서열은 14위다. 고등법원 판사의 수는 전국 소송 건수의 평균을 해당 지역에서 과거 5년간 일어난 소송 건수 등으로 나누어 결정한다. 전국에서 역사가 가장 오래된 고등법원은 1862년 설치된 캘커타고등법원(Calcutta High Court)이다.

하급법원

고등법원 아래에는 민사법원, 가정법원, 형사법원 그리고 가정법이나 회사법을 다루는 합의부 상사법원 등이 있다. 이외에 전문적인 사건을 다루는 특별 법정으로는 국가나 중앙 정부의 행정을 관장하고 주 정부를 다루는 행정재판소, 소득세를 다루는 법정, 임차료를 다루는 법정 등이 있다. 하급법원의 결정에 불복한 경우에는 상급의 지방법원에 항소할 수 있고, 이를 다시 고등법원에 항소할 수 있다. 민사재판의 경우 사실관계와 법률 적용에 대해 항소할 수 있는데 법률 적용에 대한 항소는 두 번까지 가능하다. 형사재판의 경우 경미한 사건은 시나 관할 지방법원에 항소할 수 있다. 특별법원으로는 소득세(Income tax) 법원, 회사법 법원(Company Law Board), 행정법원(Central and State Administrative), 임대료(Rent) 법원 등이 있다.

빤짜야뜨

빤짜야뜨(panchayat)는 기원전 1200년인 리그베다(Rig-Veda) 시대부터 그 존재를 확인할 수 있는 마을의 중요한 통치제도로 행정적·사법적 권리를 가지고 있다. '5인 회의'라는 의미의 빤짜야뜨는 마을의원로로 구성되어 있으며, 토지를 분배하고 세금을 거둬 일정액을 정부의 몫으로 바치고 마을 내에서 발생하는 분쟁을 조정하는 기능을 했다. 지금도 관습적으로 마을의 1차적 분쟁해결 기능을 담당하기도 한다.

인도 사법 활동의 특징

인도는 강력한 의회민주주의를 바탕으로 의회의 헌법 수정권과 사법부의 헌법 심사권 간에 지속적인 갈등을 보이고 있다. 사법부는 정치적·업무적으로 비교적 독립성을 확보하고 있다. 1950년 이후 대법관이나 고등법원 판사가 의회에 의해 탄핵당한 적이 한 건도 없었다는 것이 이를 대변한다.

인도에서는 한 사건을 처리하는 데 평균 5~15년이 걸린다. 재판의 지연은 판사 수가 절대적으로 부족하다는 점에 기인하는데, 2006년 기준으로 670명의 고등법원 판사가 33만 여에 달하는 사건을 처리하는 것으로 보고되고 있다. 한 예로 1984년 발생한 미국계 유니온 카바이드사(Union Carbide Corporation)의 보팔(Bhopal) 참사 사건은 거의 30년이 지난 지금도 완전하게 마무리되지 못하고 있다. 그뿐만 아니라 재판과 관련한 다양한 부패 역시 인도 사법체제가 해결해야 할 가장 중요한 이슈 중 하나다. 인도 국제투명성기구(Transparency International India)에 따르면 인도인의 77퍼센트는 사법제도가, 20퍼센트는 판사들이 부패했다고 느끼는 것으로 나타났다.

더 읽을거리

김윤곤 편저,《인도의 행정과 공공정책》, 법문사, 2009.

세계법제정보센터 world.moleg.go.kr
인도 사법부 indiancourts.nic.in
인도 대법원 supremecourtofindia.nic.in

07 행정부

박홍윤•

인도는 헌법에서 통치 형태 및 기본 이념으로 주권국(Sovereign), 사회주의(Socialist), 세속국가(Secular), 민주국가(Democratic), 공화주의(Republic)를 표명하고 있다. 인도 정부는 이를 바탕으로 연방 정부-주 정부-지방 정부(빤짜야뜨 라즈, Panchayat Raj)라는 3계층제 형태의 연방제를 취하고 있다. 즉 기본적으로 중앙 정부의 권한이 큰 준연방제를 택하고 있는 것이다. 또한 영국식 전통을 바탕으로 연방과 주 정부의 실질적인 행정권을 의회 다수당이 책임지는 의회중심주의 권력분립 형태의 내각제를 취하고 있다.

• 한국교통대학교 교수, p5rk96@ut.ac.kr

그림 1-2 인도의 정부체계도

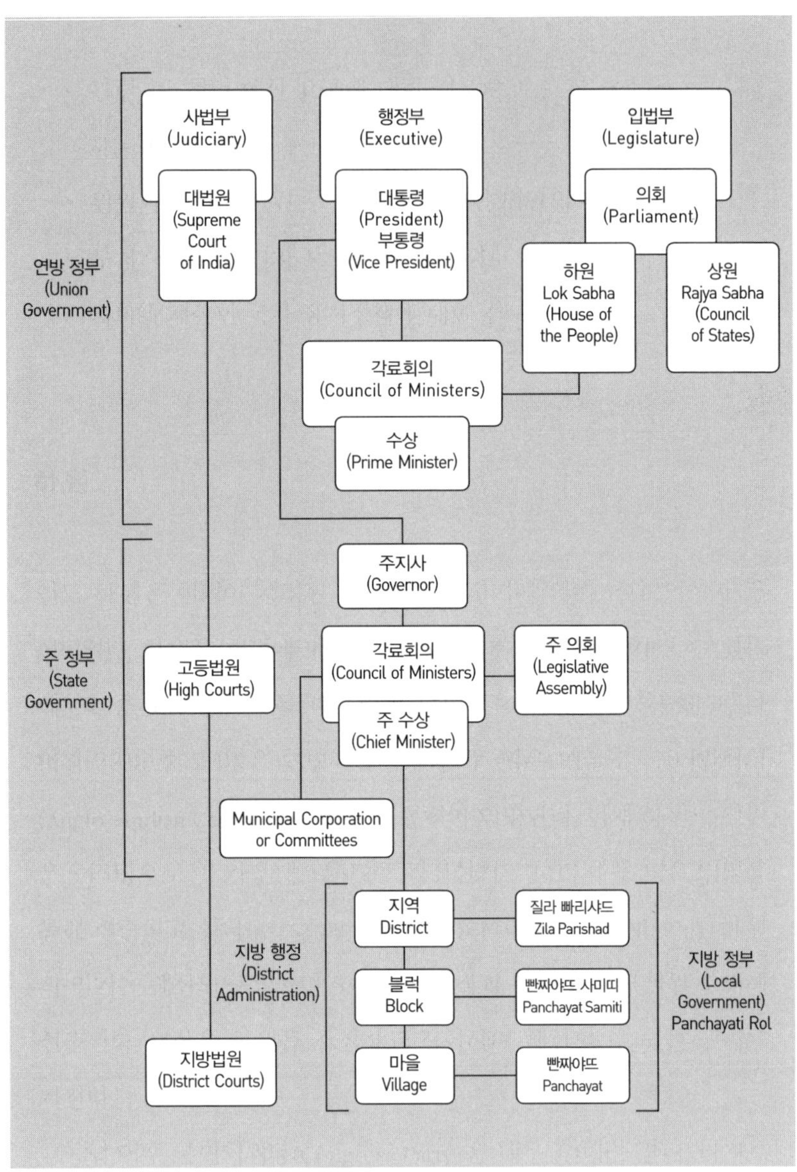

연방 정부

대통령

대통령의 임기는 5년이며, 형식적으로는 입법·사법·행정 3부의 수장이자 인도군의 최고 사령관이다. 대통령은 사면권을 가지고 있으나 의원내각제를 취하고 있기 때문에 실질적인 권한은 총리가 행사한다. 대통령은 선거인단에 의해 간접선거로 선출되는데, 선거인단은 연방정부의 하원과 상원 그리고 주 의회 의원으로 구성된다. 역사적으로 대통령은 특별한 경쟁 없이 의회의 지배 정당이 임명하는 사람으로 선출하는 것이 관행이다. 현 대통령은 2012년 7월 취임한 무케르지(Pranab Mukherjee)다.

내각

수상

수상은 일반적으로 의회 다수당이나 연립 정당에 의해 지명되고 대통령이 임명한다. 수상은 행정부의 실질적인 권한을 가지며, 내각을 구성하고 하원을 지휘할 뿐만 아니라 대통령에게 건의하여 하원을 해산할 수도 있다. 일반적으로 직속 비서실을 두어 자신을 보좌하게 하는데, 수상비서실은 '정부 속의 정부'라고 할 정도로 핵심적인 기능을 한다.

각료회의

인도의 실질적인 행정권은 수상이 이끄는 합의제 기관인 각료회의(Council of Ministers)에 집중되어 있다. 각료회의는 행정 계층의 최고 정점에서 정부의 일반 정책을 형성하고 부서 간 협력과 조정기능을 수행하며 전체 행정을 통제한다. 의회는 내각의 해산권을 가지고 있지만, 내각은 의회의 간섭 없이 독자적인 정책을 수행하고 이에 책임을 짐으로써 균형을 유지한다. 현재 각료회의는 중앙 정부 각료와 주 정부 각료, 연방직할지 각료 등 75명으로 구성되어 있고 분야별로 위원회가 조직되어 있다.

연방 정부의 부와 청

연방 정부의 행정기관은 현재 49개 부(Ministry)와 그 산하에 118개 청(Departments)로 구성되어 있다. 부는 장관(Minister)이 통괄하고 정책에 대해 스스로 책임을 진다. 각 부의 장관은 수상이 임명하나 의회 역시 개별 장관에 대해 해임결의를 할 수 있다. 부의 사무는 직업공무원이 책임을 지고 장관을 지원하는 행정실(Secretariat)에서 관장한다. 청은 청장(Secretary)이 운영하고 구성원들은 주 정부에서 선발한 공무원들로 충원된다.

중앙행정기관은 크게 3계층제로 구성되어 있다. 최상위에는 정책결정을 담당하는 장관(Secretariat)이 있고, 중간 계층에는 장관의 정책 결정에 기술적인 정보를 제공하고 하위 계층에 집행을 명령하는 부속기관이 있다. 그리고 마지막으로 집행 업무를 담당하는 하급기관이 존재한다.

합의제 행정기관

연방 정부 산하에는 중요한 합의제 행정기관들이 있다. 헌법기관으로는 공무원인사위원회(Public Service Commission)와 선거관리위원회(Election Commission)가 있고, 국가 자원의 효율적인 개발과 생산 증대, 고용 확대 등을 위해 설립한 국가기획위원회(The Planning Commission)와 각종 과학기술 부문의 위원회가 있다.

주 및 지방 정부

인도는 현재 28개 주와 7개 연방직할지로 구성되어 있다. 주 정부에는 대통령이 임명하는 5년 임기의 주지사가 있지만 실질적인 권한은 주 의회의 다수당에 의해 임명되는 주 수상이 장악하고 있다. 인도는 강력한 중앙 정부에 의해 주 정부의 권한이 제한되는 준연방제의 성격을 가지고 있지만, 일당 지배 현상이 줄어든 1990년대 이후부터는 주의 자율권이 확대되고 있다.

주 정부는 주의 법률에 따라 운영되기 때문에 구조가 다양하지만 기본적으로는 연방 정부와 유사한 구조를 가지고 있다. 기본적인 주 정부 서열은 주 수상, 각료회의를 구성하는 장관과 부의 장관(Ministers of State), 차관(Deputy Ministers) 순서로 이루어진다. 부는 주별로 11~34개로 구성되어 있다. 주의 행정도 정치적으로 임명되는 장관과 직업 관료인 행정관(Chief Secretary)의 지휘하에 있는 집행기관이 존재한다.

주 밑으로는 지방자치단체가 조직되어 있다. 지방자치단체는 도시 지역과 농촌 지역으로 구분되고 각각 3계층제로 구성된다. 그러나 현재 지방자치단체는 자치단체로서의 기능보다는 중앙 정부나 주 정부의 집행기능을 중심으로 운영되고 있다.

관료제

인도의 관료제는 익명성과 중립성을 특징으로 하며, 직업공무원제도에 의해 그 지위를 보호받는다. 정부의 정책결정은 장관책임제를 통해 유지하고 관료는 주로 집행 역할을 수행한다. 그러나 전문성과 영속성을 특징으로 하는 인도 관료제는 실질적으로 정무관인 장관보다 큰 권한을 가진다. 대부분의 발전도상국이 군부 관료와 밀접하게 연계되어 있는 데 비해 인도는 독립 이후 군이 엄격한 정치적 중립을 유지하고 있어 군부가 정치에 개입한 사례는 없다.

인도의 공무원제도는 영국의 식민지 전통에 의해 계급적 성격이 강하며 일반주의자(generalist) 중심의 운영체제를 특징으로 한다. 인도의 공무원은 크게 국가공무원(All India Services), 중앙공무원(Central Services), 지방공무원(State Services)으로 구분된다. 고위공무원의 충원은 연방인사위원회(Union Public Service Commission, UPSC)에서 관리한다. 인도의 공공 부문 인력은 인도 전체 고용자의 69퍼센트인 1,874만 명으로 민간 부문보다 월등히 높은 수준이다. 이는 총인구(약 11억 명) 대비 1.7퍼센트가 공공 부문의 조직에 종사하고 있다는 뜻이지만, OECD 평균인 인구 100명당 7.7명과 비교하면 1.8명 수준으로 그리 높지 않다.

중앙 정부 공무원은 'A'에서 'D'까지 네 개의 그룹(Group, 직군)으로 구분되어 있다. 상위의 행정서비스를 담당하고 있는 집단은 '그룹 A'와 '그룹 B'로서 '그룹 A'는 정책결정직(Policy-Making Positions)의 업무를 수행하고 '그룹 B'는 행정 일선에서 관리·감독직이나 비서직의 업무를 수행한다.

인도에서는 공무원 관료제의 대표성을 확보하기 위해 지정 카스트와 지정 부족, 낙후계급(OBC)에게 인구학적 비율에 의한 할당을 주어 충원하고 있다. 인도 공무원 관료제는 강한 계층제, 권위주의, 형식주의, 번문욕례, 카스트 지배, 일반 행정가 중심주의 등의 특징을 가지고 있다. 국제투명성기구(Transparency International, TI)의 조사 결과 2008년 인도의 부패인식지수(Corruption Perceptions Index)는 10점 만점에 3.4점으로 180개 조사 대상국 가운데 85위였다. 공무원의 보수체계는 36단계로 구성되어 있는데, 2011년 현재 S-1 등급은 1만 5,600~3만 9,100루피(한화 33만 9,000원~97만 7,500원)이고 S-16 등급은 9만 루피(한화 250만 원)다.

재정

인도의 회계연도는 4월 1일부터 시작된다. 2010~2011년 회계연도의 연방 정부 예산안의 총지출 규모는 11조 900억 루피였고 2011~2012년 회계연도에는 12조 6,000억 루피를 편성하고 있다. 연방 정부의 예산은 재무부(Financial Department)와 기획위원회가 주도적으로 편성한다. 예산제도는 기존의 품목별 예산에 성과예산제도를 도입하여 기능별로 운영한다. 최근에는 국방 예산의 급격한 증가가 이슈가 되고 있다.

더 읽을거리

김윤곤 편저,《인도의 행정과 공공정책》, 법문사, 2009.
박홍윤,《인도행정개관》, 행정학회 춘계학술대회, 2009.

인도 정부 india.gov.in

정당체제

정호영•

국민회의당 독주의 일당우위체제

국민회의당은 세계에서 가장 많은 당원과 가장 오랜 역사를 지닌 보수정당이다. 1885년 영국의 인도 통치를 위해 조언을 하는 친영 조직으로 시작된 국민회의당은 띨락와 랄라 라즈빠뜨 라이 등의 활동에 의해 독립운동 조직으로 변화하기 시작했다. 그리고 간디의 지도 아래 영국과 정치적 협상을 할 수 있는 조직으로 성장하면서 독립 이후 권력을 획득했다.

독립 이전 계속된 힌두-무슬림 간의 반목으로 인도는 결국 분리

• 인도 자다뿌르대학교 박사과정, idlb7773@gmail.com

독립하였고, 힌두-무슬림 갈등을 막으려 했던 간디는 힌두 극우주의자에게 암살당했다. 간디의 죽음은 국민회의 지도자들에게 정치적인 기회였다. 간디는 국민회의인들에게 "이제 독립을 이루었으니 권력에 집착하지 말고 정당이 아닌 국민을 위한 봉사조직으로 국민회의를 재결성할 것"을 요구하는 도덕적 권고를 했다. 간디의 암살로 국민회의는 간디와의 충돌 없이 그의 정치적 후광을 이용할 수 있게 되었다. 또한 힌두-무슬림 간의 종교공동체(communal) 폭동을 부추기면서 정치세력으로 크게 성장했던 힌두 극우 조직들을 불법화할 수 있었다. 힌두 극우 조직들이 인도 전역에서 지탄받는 세력으로 몰락함에 따라 대적할 만한 정치세력이 존재하지 않게 된 것이다.

초대 수상인 네루는 '네루적 합의의 원칙'으로 '세속주의·사회주의·민족주의'를 천명하고 온 국민이 화합할 것을 호소했다. 세속주의는 국정이 종교와 무관하게 운영되어야 한다는 내용으로 인도 내 무슬림의 지지를 얻을 수 있었다. 사회주의는 마르크스-레닌주의가 아닌 페이비언사회주의로 계급투쟁에 반대하고 노동자와 기업이 합의를 통해 함께 시민사회를 구성해 간다는 내용이었기에 기업인을 포함한 중산층의 지지도 얻을 수 있었다. 네루의 계획경제는 사회주의를 명분으로 했지만, 한국의 박정희 정권과 마찬가지로 기본 인프라가 부족한 독립 직후의 상황에서 국가가 계획경제를 통해 기업들에게 필요한 인프라를 구축해주는 것이었다. 따라서 기업과 정부 간에 큰 갈등 없이 신생독립국으로서는 드물게 10퍼센트에 가까운 경제성장률을 기록할 수 있었다. 민족주의는 다양한 언어와 문화를 가지고 있는 각 지역들이 하나의 인도로 융합해야 한다는 내용이었다. 독립 직후에는 각각의 문화권과 행정구역이 달라 충돌이 있었지만, 언어권에 따라 따밀나두, 께랄라, 마하라슈뜨라 등 새로운 주들을 만들어내는 협의 과정에서 국민회의당이 다양한 민족들을 포괄할 수 있는 전국정당으로서 일당우위를 점하는 기반이 되었다.

1964년 네루의 사망 이후 경제위기가 본격화되자 국민회의당은 극렬한 파벌 경쟁에 휩싸이게 된다. 1966년 네루의 딸인 인디라 간디를 앞세운 파벌이 국민회의당을 장악했지만 이 파벌이 다시 인디라 간디에게 장악되면서 국민회의당은 네루 가문만의 세습정당으로 변모했다. 국민회의당 내의 파벌들은 아예 국민회의당을 나와 별도의 정당을 결성했다. 1975년부터 1977년까지의 '비상사태'는 민주주의와 반독재라는 명분하에 흩어져 있던 국민회의의 정치적 라이벌들을 하나로 결집시켰다. 국민들이 자신의 독재를 지지한다고 믿고 있던 인디라 간디는 1977년 총선을 실시하여 정당성을 확보하고자 했으나 선거를 위해 급조된 자나따당에 의해 권력을 잃어버리게 된다.

자나따당은 독립운동 시기에 이미 전국적인 명성을 얻고 있던 간디주의자 나라얀(Jaya Prakash Narayan)을 중심으로 간디를 암살했던 조직과 연계된 힌두 극우주의자부터 이들과 극단에 서 있던 사회주의자까지 모두 모여 있는 정당이었다. 오직 반독재라는 명분 하나만으로 모인 정당이었기에 이미 분열의 씨앗을 안고 있었다. 1978년 나라얀의 사망 직후 분열이 본격화됨에 따라 1979년 결국 의석 부족으로 권력을 내놓게 되었고 국민회의당은 1980년 선거를 통해 다시 집권하게 된다.

자나따당에 모인 지역, 카스트, 종교에 기반한 정당들은 자나따당을 빠져나와 다양한 정당들로 발전해갔다. 인도의 다당체제가 본격적으로 시작된 것이다. 국민회의당을 비롯한 어떠한 정당도 이제는 단독으로 중앙 정부를 장악할 수 없게 되었다. 이후 국민회의당의 인디라 간디는 시크만의 독립국가를 요구하던 뻔잡의 시트교도를 탱크로 진압한 후 시트교도인 경호원에게 암살되었다. 이 사건으로 국민들의 동정을 얻은 라지브 간디는 선거에서 압승을 거두면서 화려하게 정치계에 등장했지만 부정·부패에 휩싸이며 국민회의당은 다시 지지율을 잃기 시작했다. 다양한 정당의 난립은 더욱 심해지게 되었다.

일당우위체제에서 다당체제로

다양한 정당들은 각각 종교, 카스트, 지역적 기반을 가지고 있는데 이 과정에서 가장 크게 성장한 정당은 무슬림을 적대시하는 힌두 기반의 인도국민당(Bharatiya Janata Party, 이후 BJP)이다. BJP는 인디라 간디의 독재시기에 대중들에게 반독재투쟁의 이미지를 심어주면서 간디 암살과 관련된 어두운 이미지를 버리기 시작했다. 그리고 상층 힌두만이 아니라 하층 힌두도 포섭하기 위해 불가촉천민들과 함께 식사를 하는 종교행사를 진행했다. BJP는 힌두 내부의 단결을 고취하고 힌두–무슬림 폭동에 직·간접적으로 관여하면서 힌두의 무슬림에 대한 증오를 기반으로 성장해 갔다. BJP는 현재 종교적 증오만이 아니라 경제 발전을 내걸고 기업가들과 중산층의 폭넓은 지지를 얻으면서 명실상부하게 국민회의당과 대등한 전국적인 정당으로 성장했다.

카스트를 기반으로 하는 대표적인 정당은 바후잔사마즈당(Bahujan Samaj Party, 이후 BSP)이다. BSP는 1984년에 결성되어 암베드까르(Bhimrao Ramji Ambedkar)의 유지를 받드는 달리뜨의 정당임을 전면에 내세우면서 웃따르쁘라데시를 중심으로 성장했다. 지역에 기반을 두고 성장한 정당으로는 따밀나두의 DMK(Dravida Munnetra Kazhagam)와 AIADMK(All India Anna Dravida Munnetra Kazhagam)가 있다. 이 정당들은 독립 이전에 뻬리야르(Periyar)를 중심으로 시작되었다.

따밀인들은 북인도의 아리얀 브라만이 따밀 지역에 내려와 토착민인 드라비다를 하층민으로 만들었기에 브라만을 몰아내기 위한 드라비다 건국운동을 시작했다. 그리고 따밀에 고유 언어인 따밀어가 있음에도 불구하고 국민회의당이 힌디어를 공용어로 하는 정책을 펴자 DMK와 AIADMK는 이에 반대하는 운동을 전개하면서 따밀 내에서 광범위한 지지를 이끌어냈다. 그 후계자들 중 온건한 이들은 1967년 국민회의당에서 분리되어 DMK를 결성했다. AIADMK는 DMK에서 분리된 정당이다. 이들은 운동 조직이 아닌 정치 조직으로 따밀인들의 국가가 아닌 따밀인들만의 독립된 주를 요구하며 따밀나두 주를 만들었다. 따밀인들의 뿌리 깊은 북인도인에 대한 불신으로 따밀에서는 드라비다 민족주의에 기원을 둔 이 두 정당만이 정권을 차지할 수 있게 되었다.

안드라쁘라데시의 지역 정당인 뗄루구데삼당(Telegu Desam Party, TDP) 역시 뗄루구 문화의 자부심에 뿌리를 두고 북부 인도 문화를 경계한다. 종교와 지역이 결합된 경우도 있다. 뻰잡 지방의 아깔리 달(Akali Dal)은 시크교도의 나라를 요구하던 이전의 과격파들과는 달리 독립된 주로서 뻰잡의 정체성을 유지하고자 했다. 마하라슈뜨라의 토착민들로 구성된 쉬브세나(Shiv Sena)당은 마라티(Marathi)의 지역 정당임을 자처하고 있다. 그들은 힌두-마라티에 자부심을 느끼며 무슬림과 다른 주에서 이주해 온 이들에게 적대감을 보인다. 무슬림들이 다수인 잠무-카슈미르 내셔널 컨퍼런스(Jammu & Kashmir National Conference)도 종교와 지역이 결합된 정당이다. 마니뿌르의 마니뿌르인민당(Manipur People's Party), 시킴의 시킴민주전선(Sikkim Democratic Front) 등도 지역 기반 정당이다. 인도 공산당들은 지역 정당을 자처하지도 않고 종교와도 상관이 없지만 께랄라, 서벵갈, 뜨리뿌라 외의 지역에서는 집권하지 못하고 있어 지역 정당으로 분류될 수도 있을 것이다.

인도의 연방제는 엄밀히 따지면 연방제가 아니다. 미국과 달리 인도의 주들은 주 헌법을 따로 가지고 있지 않으며, 중앙의 권력이 지방의 권력을 압도하고 있다. 주 정부는 중앙 정부의 지원 없이 자체 예산만으로 행정을 꾸려나갈 수 없다. 반면, 중앙 정부는 주 정부와 상의 없이 주 정부의 경계선을 바꿀 수 있으며 주 정부를 해산시킬 수도 있다. 단일한 정당만으로 중앙 정부를 구성할 수 없는 현재 인도의 상황은 이런 유사 연방제와 맞물려 더욱 복잡해졌다. 양대 정당인 BJP와 국민회의당은 단독 집권이 불가능하기 때문에 여러 정당들을 결집하여 선거와 집권을 위한 정치 플랫폼을 구성한다. BJP는 전국민주연맹(National Democratic Alliance, NDA)을 구성하고 국민회의당은 연합진보연맹(United Progressive Alliance, UPA)을 구성한다.

중앙 정부를 구성한 이후에도 소속 정당들이 이탈하면 바로 중앙 정부를 해산해야 하므로 집권한 플랫폼 내 최대 정당은 소속 정당들과 지속적으로 정치적 협상을 해야 한다. 여타 정당들의 기반은 지역이나 종교, 특정 카스트이기 때문에 국가 전체를 생각하는 정책보다는 지역, 종교, 카스트와 관련된 정국 운영을 플랫폼에 요구할 수밖에 없는 구조적인 문제를 안고 있다. 다만 인디라 간디식의 독재가 불가능해졌다는 점은 일당우위체제 때보다 나아졌다고 할 수 있다.

영웅 숭배

정당이 특정 인물에 의해 좌지우지되는 영웅 숭배는 인도 정치의 특징이다. 국민회의당의 예만 보더라도 독립 이전에 국민회의인들이 선출한 의장 네따지 보스를 간디 개인의 결정만으로 쫓아낼 수 있었다. 독립 이후에도 네루 가문 이외의 인물이 국민회의당을 지도하는 것은 생각조차 할 수 없었다. BSP의 당수인 마야와띠(Mayawati)는 암베드까르의 동상과 함께 자신의 동상을 곳곳에 세우고 있으며, 지지자들에게 후계자를 자신의 카스트인 '짜마르(Chamar)' 중에 지명한 후 봉인해두었으니 자신의 사후에 봉인을 풀어 그를 따르라고 말해둔 상태다. 남인도에서는 많은 영화배우들이 정치에 입문하여 성공을 거둔다. 따밀 영화의 스타였던 라마짠드란(M. G. Ramachandran)이 만든 정당인 AIADMK는 그의 영화 속 이미지를 정치에 이용했다. 당의 권력은 그가 후계자로 지명한 따밀 영화의 스타 자야랄리따(J. Jayalalithaa)에게 계승되었고, 현재 그녀가 없는 AIADMK는 상상조차 할 수 없다.

이러한 사실은 몇 가지 두드러진 예일 뿐이다. 암베드까르는 1949년 11월 25일 자신이 책임을 맡았던 정당체제를 근간으로 하는 헌법 초안을 제출한 후, 한 연설에서 새로 태어난 민주주의의 잠재적 위험 세 가지를 들었다. 사회·경제적 불평등, 불법적인 방법의 사용 그리고 영웅 숭배다. 암베드까르가 특별히 영웅 숭배를 인도 민주주의의 위험 요소로 거론한 것은 독립 이전의 간디와 국민회의를 통해 얻은 혜안이었겠지만 이 경고는 아직까지도 유효하다.

더 읽을거리

고경희,《현대 인도의 정당 정치》, 인간사랑, 2003.

백좌흠,《인도의 선거정치》, 경상대학교출판부, 2009.

정호영,《인도는 울퉁불퉁하다》, 한스컨텐츠, 2011.

P. M. S. 그레왈 지음, 정호영 옮김,《인도 독립의 불꽃 바가트 싱》, 한스컨텐츠, 2012.

애차라 배리얼 지음, 김수아 옮김,《아버지의 기억》, 아시아인권위원회, 2006.

녹색혁명

백좌흠•

신농업 전략의 채택과 시장 개방

독립 후 인도의 농업 문제를 해결하기 위한 최우선 과제로 추진된 토지개혁은 영국의 식민 지배 당시 중층적으로 기생하며 과도한 토지세를 수취하던 자민다리(Zamindari) 등 중개인의 법적 철폐를 가져왔으나 지주와 부농층의 토지 소유 집중은 여전히 해결하지 못했다. 토지개혁 이후에도 농업 생산성은 거의 증가하지 않았으며, 경작 면적의 확대에 의한 농산물의 생산 증대도 곧 한계에 봉착했다. 이에 따라 식량 부족이 계속되고 곡물 수입이 만성화되었다. 곡물 수입은 미국

• 경상대학교 교수, jhbaek@gnu.ac.kr

의 PL 480(Public Law 480)에 의한 잉여농산물 수입이 주를 이루었다. 특히 1966년의 대가뭄으로 식량 부족이 격화되고 곡물 가격의 등귀 현상이 발생하면서 인도는 제4차 5개년계획을 3년간 연기시킬 정도로 경제적으로 파탄에 빠졌다. 이러한 사태에 직면하자 인도 정부는 1960년대 중반부터 농업정책의 중심을 제도개혁에서 신기술 도입에 의한 생산력의 증대를 도모하는 신농업 전략으로 전환했다.

신농업 전략은 흔히 '녹색혁명(Green Revolution)'으로 불리는데, 미국의 지원하에 새로운 농업기술을 도입한 제3세계 나라들의 곡물 수확량이 급격히 증대되는 현상을 지칭한다. 이는 주로 밀과 쌀을 대상으로 하는 다수확품종의 개발, 화학비료와 살충제의 대폭적인 사용, 광범위한 관개시설의 이용을 결합하고 있다. 이러한 신기술의 개발은 제2차 세계대전 직후 미국이 제3세계 자본주의 국가들에게 잉여농산물을 무상으로 원조하다가 1950년대 중반 이후 신기술, 기술자, 자금 등을 원조하여 농업 개발을 지원하는 방식으로 전환한 것과 관련된다.

당시 미국 정부는 자국의 다국적기업 확장을 용이하게 하는 외교정책과 더불어 새로운 투자 대상과 판매 시장의 창출을 위해 노력하는 한편, 제3세계에서 자국 시장의 안정성을 해치는 경제적·정치적 불안 요소들을 사전에 배제하기 위해 필요한 모든 조치를 강구했다. 미국에 의해 제시된 인도의 녹색혁명계획도 이러한 맥락에서 이해할 수 있다. 즉 빈곤 국가에 다수확품종을 보급하여 농업 생산력을 증대하려는 노력은 우정 어린 행동이라기보다 미국 자본의 거대한 인도

시장 개척과 빈곤으로 발생할 수 있는 사회적 불안 요소를 제거하려는 미국의 제3세계 지배 전략의 한 측면으로 이해할 수 있다.

인도 정부는 이미 미국의 포드재단(the Ford Foundation)에 의해 1961년부터 시작된 집약적 농업개발지구계획(the Intensive Agricultural District Program, 이후 IADP)에 의거해 인도 전역의 15개 지역에서 멕시코산 밀품종으로 제한된 실험을 시도하고 있었다. IADP는 경작자들에게 신기술 투입을 비롯하여 신용, 가격 유인, 유통설비 및 기술적 조언을 지원함으로써 농업 생산력 증대를 도모하고자 했다. 그런데 1965~1966년 사이 계속된 가뭄으로 극심한 식량부족 사태가 일어났고, 이 틈을 이용해 미국 자본은 새로운 비료공장과 농약제공장 건설계획 등을 요구하며 인도 시장의 개방을 요구했다. 국내의 소요와 미국의 압력에 따라 인도 정부는 결국 미국 자본에 문호를 개방하고 녹색혁명의 청사진을 대부분 수용했다.

녹색혁명의 성과

인도 정부는 1965년 새로운 농업정책으로 고수확품종의 보급계획을 본격적으로 추진하여 그해 멕시코에서 개량 밀종자 250톤을 수입하고 1960년대 말에는 대부분의 지역에 밀·쌀·옥수수·조 등의 개량종자를 보급했다. 고수확품종의 보급 결과 인도의 곡물 총생산은 1964~1965년 8,840만 톤에서 1970~1971년 1억 600만 톤, 그리고 1977~1978년 1억 2,500만 톤으로 증대했다. 이와 함께 고수확품종 재배에 필수적인 화학비료, 살충제, 관개시설 등의 보급도 급증했다. 예컨대 질소비료 소비량은 1964~1965년 5억 3,800만 톤에서 1969~1970년 12억 톤으로 증가했고, 약 7만 개의 개인 관정(管井)이 만들어진 것으로 보고되었다.

또한 1968년에는 팔리지 않은 트랙터가 공장 두 곳에 쌓여 있었으나 1970년에는 예상 구매자가 신청 후 1~2년을 기다려야 물품을 받을 수 있게 되었다. 살충제 소비량도 1961~1962년의 1만 304톤에서 1968~1969년에는 2만 8,200톤으로 증가했다. 한 보고서에 따르면 특히 뻰잡의 루디아나(Ludhiana) 지역은 녹색혁명으로 인해 급격한 변화를 보인 것으로 나타났다. "1960년부터 1969년 사이에 관정을 급속히 설치한 결과 관개시설 보급 지역이 45퍼센트에서 70퍼센트로 증가했다. 그리고 1960년에서 1968년 사이 화학비료 소비량은 에이커당 8킬로그램에서 110킬로그램으로 무려 13배 이상 높아졌다. 그 결과 루디아나 지역의 에이커당 밀 생산량은 1960~1961년 평균 16.9마운드(1마운드는 약 37킬로그램)에서 1968~1969년 40마운드 이상, 즉 120퍼센트 이상 증가했다."

고수확품종을 재배하기 위해서는 정비된 관개시설뿐만 아니라 습도가 낮고 일조량이 충분한 기후조건이 필요했기 때문에 녹색혁명의 보급은 이와 같은 기후조건을 갖춘 지역에 한정될 수밖에 없었다. 전통적으로 인도의 곡물 생산을 담당해 온 강우량이 많고 습도가 높은 해안 지역, 특히 서벵갈, 비하르, 따밀나두, 께랄라, 까르나따까 등은 녹색혁명의 혜택을 거의 누리지 못했으나 기후조건이 적당한 북부와 서부 지역, 특히 웃따르쁘라데시에서 하리야나와 뻰잡을 거쳐 구자라뜨와 라자스탄에 이르는 소위 녹색혁명벨트에는 각종 자본과 기술이 집중 투자되어 자본주의적 생산이 빠른 속도로 발전했다.

이처럼 극도로 불균등한 자본주의적 생산 경향의 발전은 성장의 현저한 지역 차별을 초래했다. 1973년에서 1983년까지 10년 동안 인도 곡물 생산 총 증가분 3,200만 톤 중 무려 62퍼센트가 단지 다섯 개 주, 즉 웃따르쁘라데시, 하리야나, 뻰잡, 구자라뜨 및 라자스탄에서 생산되었으며, 이 다섯 개 주의 곡물 생산량이 차지하는 비중이 전체의 35퍼센트에서 44퍼센트로 증가했다. 쌀의 경우 총 증가분의 3분의 1이 이들 다섯 개 주에서 생산되었고, 반면에 전통적인 쌀 생산 지역인 비하르, 서벵갈, 따밀나두, 께랄라 그리고 까르나따까 주의 생산량은 고작 14퍼센트에 그쳤다. 뿐만 아니라 이 지역의 쌀 생산 비중도 45.4퍼센트에서 34.8퍼센트로 하락했다.

빛과 그림자

농업기술 혁신정책의 주된 세력은 토지개혁으로 농촌의 지배력을 장악한 자작농과 부농층이었다. 이들은 국가의 거대한 농업보조금과 지원의 수혜자들이었으며 잉여농산물의 생산자로서 자신에게 유리한 교역 조건과 새로운 농업기술의 혜택을 집중적으로 받았다. 따라서 녹색혁명의 실제 수혜자 역시 부농과 지주층에 한정되었다. 이들만이 신품종 재배에 필요한 관개시설의 정비와 화학비료, 살충제 등의 구입에 필요한 대규모 자본을 투자할 능력을 가지고 있었다. 반면 대부분의 소농이나 소작경작자들은 생산설비에 투자할 자본도 없었을 뿐더러 이윤의 상승으로 인한 높은 소작료를 부담할 수 없어 점차 경작자 대열에서 탈락했다. 그 결과 대농이 소농에게 토지를 임대하는 전통적인 소작 형태와 달리 소농들이 대농에게 소규모 토지를 임대하는 새로운 '상업소작'이 나타나게 되었다. 특히 뻔잡과 같은 역동적인 농업 지역에서는 소농들이 임대한 토지에서 임금을 받는 농업노동자로 전락하는 경향이 두드러졌다.

다수확품종에 의한 단위 면적당 수확의 증가, 양곡 가격의 상승, 정부에 의한 가격보조 정책 등으로 농업 생산의 이윤 가능성은 훨씬 높아졌다. 이는 지주계급을 비롯한 부농층의 농업 투자 의욕을 자극했고 결국 지주의 소작지 환수 현상으로 나타났다. 이는 토지개혁 과정에서 나타난 토지 환수와는 그 성질을 달리한다. 토지개혁 당시 '토지 환수'는 실질적으로 소작제를 암묵적으로 유지한 채 자경으로 위장한 것이었지만, 녹색혁명기의 '토지 환수'는 지주가 소작지를 자가 경작지로 전환시켜 직접 경영에 참여하는 적극적인 의미를 띠는 것이었다. 따라서 수익성 증가에 의해 촉진된 새로운 성격의 토지 환수 현상은 실질적인 소작제의 폐지, 자본가적 농업 경영으로의 전환이라는 의미를 지닌다고 할 수 있다.

소작농의 입장에서 토지개혁 단계의 토지 환수는 일반소작농에서

수의소작농 또는 분익소작농으로의 전락을 가져왔지만, 녹색혁명 단계에서는 수의소작농 또는 분익소작농의 지위에서 사실상 농업노동자로의 전락을 가져왔다. 토지가 없는 농업노동자들은 수확기에 임금이 조금 상승하기는 했지만 물가 상승과 비교하면 실질임금은 거의 개선되지 않았고 어떤 경우에는 전보다 더 악화되기도 했다. 게다가 기계 사용의 증가는 다수 농업노동자들을 불필요한 존재로 만들어 그들의 입지를 위협하고 있다.

녹색혁명에 의한 농업노동자들의 경제적 조건 악화와 아울러 지적해야 할 한 가지 중요한 사실은 국가에서 권장하고 지원한 경작의 기계화와 화학화로 농업노동자의 생존 조건이 크게 위협받고 있다는 점이다. 트랙터, 탈곡기 등의 농기계는 많은 농업노동자들의 사지를 절단하고 있으며 다수확 재배에 필수적인 다량의 살충제 사용은 농산물과 토양에 기준치 이상의 농약을 잔존시켜 농업노동자들과 그 가족들에게 사지의 기형과 관절 마비, 시각 장애 등 신체의 불구를 유발하고 있다. 여러 조사보고서에 따르면 이런 신체 불구와 장애는 집중적인 살충제와 농기계의 사용률이 높은 주들에서 더 많이 나타난다.

이는 인도의 국가정책이 인도 국민, 특히 농업노동자의 건강을 소홀히 하고 무시하는 데서 기인하는 것으로 보인다. 인도의 살충제법은 농업식량성의 중앙살충제국(the Central Insecticide Board) 등록위원회에서 시행되고 있는데, 현재 외국에서 사용이 금지되거나 고도로 제한된 살충제가 인도에서 매년 최소한 3만~4만 톤 정도 사용되고 있는 것으로 추산된다. 즉 다른 나라에서는 사용이 금지된 살충제의 수입, 제조 및 사용이 인도에서는 방치되고 있는 것이다.

1984년 12월에 일어난 보팔 참사는 살충제 제조가 초래할 수 있는 가장 비극적인 사건이었다. 미국법에 따라 설립된 다국적기업인 유니온카바이드사의 중부 지역 보팔 소재 살충제 제조공장에서 원료인 메틸이소시아네이트 유독가스가 유출되어 수천 명의 목숨을 앗아간 것이다. 1971년 살충제 규칙은 제조업자들에게 발생 가능한 부작용을 문맹이거나 반문맹인 노동자들도 이해할 수 있는 방식으로 상표에 설명할 것을 강제하고 있지 않았다. 이 사건으로 현재까지도 20만 명 이상의 사람들이 소경, 신체 마비 등의 후유증으로 고생하고 있다.

요컨대, 녹색혁명은 지역 간의 불균등 발전을 심화시켰다. 동시에 기존의 상층 농민들에게 부와 토지를 더욱 집중시켜 농업의 투자 증대를 촉진하고 농업을 고도의 상품경제 단계로 유도했으나 반면에 하층계급들의 경제적 조건과 생존을 더욱 어렵게 하는 결과를 초래했다.

더 읽을거리

이광수·김경학·백좌흠,《카스트》, 소나무, 2003.

박종수·백좌흠·장상환, "인도의 토지개혁과 농민운동",《지역연구》 제4권 제4호, 서울대학교 지역종합연구소, 1995.

백좌흠, "인도의 농업개혁법과 자본주의 발전",《민주법학》 제11호, 민주주의법학연구회, 1996.

공산당과 낙살리즘

정호영[•]

제도권 정당으로서의 공산당

인도의 제도권 공산당들은 스탈린에 대해 과오가 있기는 하지만 제2차 세계대전 당시 독일의 파시즘을 물리친 것 등 공이 더 많다고 평가하는 마르크스레닌주의를 전면에 내걸고 있다. 그러나 강령의 실질적인 내용과 정책을 보면 단순히 개혁정당일 뿐이다. 인도 제도권 공산당들은 노동자의 경영 참여, 토지개혁, 케인스식 국유화와 같은 내용을 강령으로 삼고 있다. 정치 활동 역시 제도를 통해 점진적으로 사회주의를 이루는 것으로 제2차 세계대전 이후 서유럽에서 활동하던

• 인도 자다뿌르대학교 박사과정, idlb7773@gmail.com

공산당들이나 네루의 페이비언사회주의와 차이가 없다.

그러나 이 덕분에 그들은 인디라 간디 정권의 비상사태 시기에도 께랄라에서 국민회의당과 연정할 수 있었고, 1996년 인도공산당-마르크스주의(Communist Party of India-Marxist, 이후 CPIM)의 조티 바수(Jyoti Basu)도 인도 연립 정권의 총리로 지명되는 기회를 잡을 수 있었다. 그들의 가장 중요한 정치적 목표는 제도를 통한 토지개혁으로 이는 CPIM이 서벵갈에서 30여 년간 선거를 통해 집권할 수 있었던 기반이기도 하다. CPIM의 강령 역시 20세기 사회주의국가의 국유화가 아니라 케인스주의적 국유화이다. 그들이 마르크스레닌주의를 내세우고 있으나 실제로 개혁정당의 성격을 띠는 것은 인도 공산당의 역사에서 나온 것이다.

인도 공산당의 시작은 1920년 로이(M. N. Roy)가 소련의 지원으로 타슈켄트에 정치·군사학교를 세우면서 인도공산당(Communist Party of India, 이후 CPI)이라는 명칭을 사용했다고 보는 입장(CPIM의 입장)과 1925년 국내의 공산주의자들과 민족주의자들이 깐뿌르에서 첫 회의를 한 것을 시작으로 보는 입장(CPI의 입장)이 있다. 본격적인 국내 활동을 시작으로 본다면 1925년 창당설이 맞다. 공산주의자들은 1921년 아흐메다바드(Ahmadabad) 국민회의 회기에서 당시 자치령을 요구사항으로 내걸었던 간디의 국민회의와 처음부터 입장이 달랐다. 그들은 최초로 '완전한 독립'을 주장하며 토지분배운동과 반제국주의운동을 병행했다.

공산당이 1934년 영국에 의해 불법화되었던 시기에는 당원의 수가 200여 명이었지만, 탄압 속에서도 꾸준히 성장하여 1943년 합법화된 후 첫 번째 전당대회를 열 때는 당원의 수가 1만 6,000명에 달했다. 1942년 제2차 세계대전 당시 인도철수(Quit India)운동이 시작되었을 때, CPI는 소련과 영국을 포함한 연합군이 패배할 경우 세계가 파시스트의 손에 넘어갈 수 있다고 여겨 독립운동을 파시스트들에게 승리한 이후로 잠시 미루자고 건의했다. 이 때문에 그들은 소련의 앞잡이라는 소리를 듣게 된다. CPI는 1948년 두 번째 전당대회에서 인도는 형식적으로만 독립했지 여전히 식민지라고 주장하며 "이 독립은 잘못된 것이다"라고 선언했다. 그들은 당시 CPI의 총서기였던 라나디브(B. T. Ranadive)의 제안에 따라 러시아식 혁명 방법을 택하자는 'BTR 노선'을 결의하고 전국 총파업을 통한 권력 쟁취를 시도했지만 파업은 실패했다.

1950년 새로이 채택한 '안드라 노선(Andhra line)'은 중국식 혁명인 게릴라 무장투쟁이었다. 1951년에는 8만 9,000명에 달하던 CPI의 당원이 1만 명으로 줄어들었다. 식민지 시절 농민봉기와 노동자 파업의 극심한 탄압 속에서도 당원이 계속 증가한 것을 생각해보면 정부의 탄압도 있었지만 그보다 대중들이 극좌 노선을 지지하지 않은 것으로 보아야 할 것이다. CPI 지도자들은 소련을 방문해 스탈린과 직접 인도 문제를 논의했다. 스탈린은 대중적 기반 없이 진행하는 모험주의를 신랄하게 비판했고, 코민테른의 인도 고문이었던 닷뜨(Rajani Palme Dutt) 역시 국민회의를 제국주의의 앞잡이로만 보는 것은 무리라고 권고했다. 소련 공산당과 중국 공산당 모두 러시아의 길도 아니고 중국의 길도 아닌 인도의 길을 찾으라고 조언했고, 이 길이 현재까지도 인도 제도권 공산당들의 뿌리가 되었다. 제도권 공산당들이 수많은 과오에도 불구하고 스탈린을 긍정적으로 평가하는 이유는 이런 역사적 배경 때문이다.

1951년 CPI는 전당대회에서 두 극좌 노선의 오류를 인정하고 당의 새로운 노선이자 첫 번째 강령으로 민중민주주의(People's Democracy)를 제시함으로써 제도권 정당으로 완전히 방향을 전환했다. 같은 해 첫 총선에서 CPI가 지도하던 뗄랑가나 농민봉기의 지도자이자 CPI 창립멤버인 라비 나라야나 렛디(Ravi Narayana Reddy)는 CPI 후보로 전국 최다표를 획득했으며 네루는 2위였다. 1957년 CPI는 께랄라에서 세계 최초로 선거를 통해 남부디리파드(E. M. S. Namboodiripad)를 주 수상으로 하는 공산당 정권을 수립했다. 이는 국민회의당이 아닌 정당이 최초로 집권한 사례이다.

또한 같은 해 CPI 노동운동의 날개인 전인도노동조합회의(All India Trade Union Congress, 이후 AITUC)는 새로운 노선에 부응하는 노동조합의 '두 개 기둥정책(two-pillar policy)'을 발표했다. 두 기둥은 인도 경제 개발에 협력하는 것과 노동계급의 이익을 옹호하는 것으로 노동쟁의는 혁명이 목표가 아님을 명확히 했다. 지금까지도 인도에서 노동쟁의는 노동법을 기준으로 하는 관행이 지켜지고 있다.

1959년 께랄라 공산당 정권이 중앙 정부에 의해 해산되었음에도 불구하고 합법적인 대중운동은 지속되었다. 1964년 CPI의 친국민회의 노선과 소련식 노선에 불만을 품은 이들이 탈당하여 CPIM을 결성했다. CPI는 인디라 간디의 비상사태 시기에 께랄라에서 국민회의와 연정을 하는 등 지속적으로 친국민회의적 성향을 보여 지지자들을 잃었지만, CPIM은 반독재투쟁을 통해 제도권 공산당 중 최대 정당이 되었다. 1967년 CPIM은 께랄라에서 남부디리파드를 주 수상으로 하는 재집권에 성공하였고, 이후 께랄라에서 국민회의와 번갈아가며 집권하고 있다. 께랄라는 토지개혁과 사회개혁을 통해 인도 평균에 미치지 못하는 소득에도 불구하고 인도 전체에서 가장 높은 교육과 의료 수준을 보유한 지역이 되었다. 노벨경제학상 수상자 아마르띠아 센은 께랄라를 개발경제의 모범으로 연구하여 이를 세계에 알렸다. 현재 께랄라에는 전 세계에서 모인 개발경제학자들이 있다.

1977년 서벵갈에서 처음 집권한 CPIM은 2010년까지 선거를 통해 지속적으로 정권을 유지해왔다. 30년이 넘는 기간 동안 CPIM이 유권자들의 지지를 받았던 것은 인도 전체의 3퍼센트밖에 되지 않는 경작지로 인도 전체 토지개혁의 50퍼센트를 수행하여 농민들의 광범위한 지지를 얻었기 때문이다. 그러나 공업화를 위해 따따자동차가 토지를 구매하려고 하자 1만 3,000명이 토지 보상을 요구했고 2,250명이 보상을 거부했다.

이 과정에서 충돌이 일어나 유혈사태가 번지면서 CPIM의 지지율은 급격하게 떨어졌다. 토지개혁의 성과가 무리한 공업화 과정을 거치면서 예기치 못한 부메랑으로 되돌아온 것이다. 또 장기간의 집권과정에서 쌓여온 부패에 대한 불만도 있어 2011년 선거에서는 대부분의 의석을 잃는 완전한 패배를 기록했다.

낙살리즘

인도의 마오주의인 낙살리즘이 시작되고 현재 인도 전 지역의 3분의 1에서 낙살바리즘이 성행하게 된 가장 큰 이유는 공산당이 집권하는 주 이외에는 토지개혁이 거의 진행되지 않았기 때문이다. 인도의 마오주의자들을 낙살바리(Naxalbari)라고 부르게 된 기원은 1967년 CPIM의 차루 마줌다르(Charu Mazumdar)가 서벵갈의 낙살바리에서 농민봉기를 시작한 데에 있다. 당시 1만 5,000명에서 2만 명에 달하는 낙살 지역의 농민들이 농민위원회를 구성하여 토지를 몰수하고 기록을 불태운 것에서 알 수 있듯이 낙살리즘은 토지 없는 농민들의 불만에서 시작된 운동이다.

1970년 차루 마줌다르는 인도공산당-마르크스레닌주의(Communist Party of India-Marx Leninism, 이후 CPIML)를 결성하고 CPIM과 완전한 선을 그은 후 독자적인 마오주의 무장게릴라운동을 시작했다. 그는 1972년 체포되어 경찰서에서 사망했지만 가족조차 시체를 보는 것을 허락받지 못한 채 삼엄한 경계 속에서 화장되었다. 그는 지금도 인도의 낙살바리들에게 인도의 '체 게바라'로 여겨지고 있다. 낙살바리에서의 무장봉기는 이내 진압되었지만 낙살리즘은 인도 전역으로 계속 확산되었다. 그러나 이는 CPIML의 지도하에 이루어진 것이 아니었다. 결국 CPIML은 '우리의 의장은 모택동이다'라는 주장만 남긴 채 20여 개의 조직으로 분열되었다.

현재 CPIML은 제도권 정당이 되었고 낙살운동과는 아무런 공식적인 관계가 없다. 중심 조직이 없었음에도 낙살바리즘이 인도 곳곳에 '해방구'를 구축할 수 있었던 것은 토지 없는 농민과 소수부족들의 자연발생적인 봉기와 무장봉기를 신뢰하는 이들이 결합되어 갔기 때문이다. 2004년 안드라쁘라데시 주의 인민전쟁그룹(People's War Group)과 비하르 주의 마오공산주의센터가 통합되어 인도공산당-마오주의(Communist Party of India-Maoist, 이후 CPI-Maoist)가 결성되면서 낙살리즘은 전국적인 체계를 갖추려 하고 있다.

2008년 12월 미국의 국가정보위원회(NIC)는 2025년 글로벌 트렌드를 예측한 보고서에서 2025년 인도는 국가적 차원에서는 화합하겠지만 종교나 지역 문제는 계속될 것으로 보았다. 또한 잠무-카슈미르 주의 분리주의자 문제는 막을 수 있겠지만 마오주의적인 낙살바리운동의 성장은 막기 어려울 것이므로 여전히 지역에 따라 불안이 고조되고 폭력 사태가 빈번할 것으로 예측했다. 마오주의자 문제가 향후 15년 내에 해결되기는커녕 더 확장될 수도 있다는 것이다.

미국 국가정보위원회가 이런 예측을 한 것은 인도의 구조적인 문제 때문이다. 공산주의를 막기 위해서 토지개혁을 수행했던 한국, 대만, 인도네시아의 반공정권들과 달리 인도에서는 공산주의자들만이 토지개혁을 요구하고 있다. 3퍼센트의 경작지를 가진 서벵갈이 인도 전체 토지개혁의 50퍼센트를 수행했다는 이야기는 다른 지역에서는 전혀 토지개혁이 이루어지지 않았다는 것과 같다. 지주를 정점으로 하는 농촌에서 농민의 궁핍은 자본주의화의 진행으로 더 심각해지고 있다. 현재 인도의 지주들은 대부분 농업자본가로 전환하였다. 그들은 노동력이 필요한 시기에만 농민들을 한시적으로 고용하거나 아예 고용하지 않는다. 농민들이 아무리 적더라도 일정 몫은 가져갈 수 있었던 소작농 시기보다 삶이 더 불안해진 것이다. 이러한 구조적인 문제는 낙살바리즘을 군·경의 진압만으로 해결할 수 없게 하고 있다.

제도권 공산당과 낙살리즘의 관계

인도의 낙살바리들은 제도권 공산당을 '혁명의 적'으로 본다. 제도권 공산당들이 '제도에 대한 환상'을 심어주고 있으며 지배계급과 같은 편이라는 것이다. 서벵갈의 CPIM 사무실은 경찰서와 함께 낙살리스트들의 무장공격 대상이다. CPIM은 2011년 서벵갈에 집권한 뜨리나물회의당(Trinamool Congress Party)이 마오주의자들과 연루되어 있다는 소문이 끊임없이 돌았지만 국민회의의 연정 파트너이기 때문에 중앙 정부가 마오주의자들의 진압에 적극적이지 않았다고 비판했다. 이처럼 제도권 공산당들과 낙살리즘은 적대적인 관계다.

낙살리즘은 인도의 구조적인 문제 때문에 지속되겠지만 성장에는 한계가 있다. 이들의 해방구는 모택동 시기의 중국과 달리 농민 밀집 지역이 아닌 소수부족이 있는 산간에 있으며 무장봉기 전략 또한 다수의 농민들을 설득하지 못하고 있다. 낙살리즘이 정치적 탄압의 명분이 되는 것도 심각한 문제다. 시민운동을 하던 비나약 센(Binayak Sen)이 마오주의자라는 죄목으로 감금된 후 22명의 노벨상 수상자들의 석방탄원서와 인도 전역의 구명운동으로 겨우 석방될 수 있었던 것이 한 예가 될 것이다. 제도권 공산당들이 더 이상 혁명정당이 아니라 개혁정당임에도 불구하고 낙살리스트로 체포되는 경우도 비일비재하다. 이들이 낙살리즘과 선을 긋기 위해서는 마르크스레닌주의 정당임을 포기해야 한다. 그러나 이는 80년간 이어온 제도권 공산당의 해체를 의미하므로 진퇴양난의 상황에 처해 있다고 할 것이다.

더 읽을거리

백좌흠, 《인도의 선거정치》, 경상대학교출판부, 2009.

정호영, 《인도는 울퉁불퉁하다》, 한스컨텐츠, 2011.

애차라 배리얼 지음, 김수아 옮김, 《아버지의 기억》, 아시아인권위원회, 2006.

정채성, "총선과 낙살 테러(Naxalite Terrorism): 의회민주주의 대 무장공산혁명", 《인도지역동향》 제7·8호, 2004.

______, "독립 후 인도 농촌에서 계급 간 갈등의 전개 양상: 비하르 주의 사례를 중심으로", 《남아시아연구》 제4호, 1999.

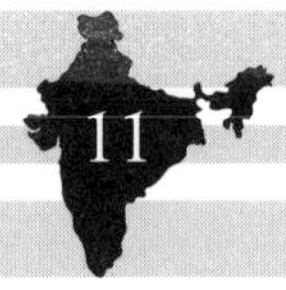

국가폭력

김경학•

국가폭력의 범주

일반적으로 집단폭력은 특정 국가 내부의 공동체들 사이에 발생하는 것으로 특정한 집단의 사람들이 자신들과 종족적(ethnic)·문화적으로 이질적인 집단의 사람들을 의도적으로 살해하는 제노사이드로 정의된다. 국가폭력은 국가가 정치적 통제권을 확립하고 유지하기 위해 특정한 사회집단에 가하는 압제와 핍박으로 정의되는 경향이 있다. 그러나 제노사이드, 국가폭력, 집단폭력은 중복되는 특성을 보여주기 때문에 용어를 서로 확연하게 구분하기에는 여전히 어려움이 따른다.

• 전남대학교 교수, khkim@chonnam.ac.kr

최근 인도에서 발생한 국가폭력 가운데 1984년 수도 델리의 '시크 대학살(Sikh Massacre)', 1992년 웃따르쁘라데시의 '아요디야(Ayodhya) 사태', 2002년 구자라뜨 주의 '고드라(Godhra) 사태'는 흔히 인도 내의 하위 커뮤니티인 '무슬림', '시크', '힌두' 간의 갈등으로 알려져 있다. 이 사건들은 당시 중앙과 지방 정부 관료, 집권 여당의 일부 정치인, 국가기관인 경찰 등이 묵인·동조·협력하여 무슬림과 시크 같은 소수집단을 의도적이고 일방적으로 집단 학살했다는 점에서 분명한 국가폭력으로 정의할 수 있다. 비록 국가와 그 대행기관이 표면에 직접 나서서 개입하지는 않았지만 그들의 묵종적인 방조는 힌두 민간인이 무슬림과 시크 민간인을 집단적으로 폭행할 수 있는 구실을 제공했다.

인도 국가폭력의 특징

그동안 인도에서 발생한 국가에 의한 집단폭력은 주요 쟁점과 사건 발단에서 다양성을 보여주고 있으나 그들 사이에 공통적인 특징이 발견된다. 물론 그 가운데 일부는 인도뿐 아니라 일반적인 국가폭력이나 집단폭력에서도 드러난다.

첫째, 최근 인도에서 국가에 의한 폭력은 대부분 도시에서 일어났다. 19세기 말과 20세기 초에는 도시뿐 아니라 농촌 지역에서도 힌두와 무슬림 간에 폭동이 일어났으며, 새로운 도시가 형성되거나 기존 도시가 확장되면서 인근 농촌 지역을 침해하는 경우 지역 거주민과 부족민들이 국가를 상대로 폭동을 일으키기도 했다. 농촌 지역에서 발생하는 국가폭력 사태는 주로 카스트 간 갈등이 주요 요인이었는데, 상위 카스트인 지주들이 주도하여 소수자인 불가촉천민 무토지 노동자나 소농들에 대한 집단 학살, 방화, 강간을 자행했다. 그러나 1950년대부터 1995년까지 인도에서 일어난 힌두와 무슬림 간의 폭력 충돌은 대부분 도시에서 발생했다. 이 중 사망자가 가장 많이 발생한 상위 여섯 개 도시는 봄베이(현재 뭄바이, 1,137명), 아흐메다바드(1,119명), 하이드라바드(312명), 미러뜨(265명), 알리가르(160명), 바로다(109명) 등이었다(Varshney, 2002). 1984년 델리의 시크 대학살은 한 도시에서 5일 만에 3,000여 명의 사망자가 발생했다는 점에서 여타 도시의 폭력 사태와는 비교할 수 없을 만큼 피해가 심각했다.

둘째, 인도에서 국가폭력의 가담자들은 다른 지역과 마찬가지로 피해자의 재산을 의도적으로 파괴하고 약탈한다. 이는 라이벌인 피해자 집단의 재산을 파괴함으로써 '평준화(levelling)'시키려는 의도 때문이다. 집단폭력에는 자산 파괴뿐 아니라 약탈도 뒤따르는데 이것은 행동대원들에 대한 일종의 보상으로 그들을 다시 집단폭력에 참여하게 하려는 유인책이다.

셋째, 상류층과 위정자들은 델리, 뭄바이, 아흐메다바드 등 대도시에서 주기적으로 일어나는 폭동의 주범을 슬럼이나 재정착지구 등 변두리에 거주하고 있는 룸펜이나 범죄자들로 호도하는 경향이 있다. 이들은 사회 하층민들을 희생양으로 삼아 국가가 폭력에 개입한 것을 부인하고자 한다. 그러나 이러한 폭동의 배후에는 흔히 사회적·경제적·정치적인 긴장과 갈등이 원인으로 작용하고 있다. 국가 기득권층은 사태의 원인을 종파 간의 갈등이나 사회 범죄의 급증 등으로 진단함으로써 사태의 본질을 흐린다.

넷째, 인도에서 야기된 국가폭력, 특히 근대국가로 독립한 이후에 발생한 폭력 사태들은 참여민주주의, 대중운동, 무질서한 도시화와 밀접한 관련을 맺고 있다. 특히 선거와 '종족성의 정치화(politicization of ethnicity)'는 인도뿐 아니라 다른 나라에서도 폭력 사태가 일어날 수 있는 계기가 되고 있다. 선거에서 승리하면 특정 집단에게 희소 자원의 시혜가 이루어진다는 믿음에서 종족성은 정치적 자원으로 적극 활용된다. 독립 이후 국가의 집단폭력이 '일상화되고(routinized) 의례화되는(ritualized)' 양상은 선거와 밀접한 관련을 맺고 있다. 델리의 시크 대학살 역시 뻔잡에서 약화되는 국민회의당에 대한 유권자들의 지지를 반전시키려는 인디라 간디의 정치적 게임이 사건 발생의 구조적인 계기가 되었다. 또한 고드라 사태에서 우익 힌두 민족주의 세력이 힌두뿐만 아니라 부족민을 집단폭력에 동원한 것은 지방과 중앙에서 정치적 지지 기반을 확대하여 정권을 창출하기 위해서였다.

다섯째, 인도의 국가폭력에 동원된 전형적인 문화적 레퍼토리는 종교였다. 사실 인도 사회의 가장 전형적인 종교적 대립 구도는 '힌두 대 무슬림'이었다. 19세기 인도의 힌두와 무슬림 간 집단폭력의 발단은 토지소유권 분쟁, 사원을 건립할 권리, 성지의 훼손, 무슬림에 의한 암소 살해, 힌두와 무슬림 축제의 동시 집행 등 표면상 종교적인 문제들이었다. 1900년과 1922년 사이에 16건, 1923년에서 1926년 사이에 72건의 크고 작은 종파적 폭동이 일어났다. 이 폭동들 역시 표면상으로는 모스크 앞에서 힌두 음악을 소란스럽게 연주하거나 무슬림에 의한 암소 살해에 의해서 일어난 것이었다.

역사학자 프라이타크(Freitag)는 바라트 밀라쁘 사원(Bharat Milap Shrine)을 두고 벌어진 힌두와 무슬림 간의 폭동에서 실제 대립각을 세운 주인공들은 힌두와 무슬림이라는 종파적 집단이 아니라 마라타(Marathas), 라즈뿌뜨(Rajputs), 고사인(Gosains), 직조공(織造工)들로 종교보다는 계층과 지위가 더 중요했다고 주장한다. 종교를 완전히 배제할 수는 없지만 그 사건은 19세기로 전환하는 바나라스의 정치경제학을 보다 넓은 맥락에서 고찰할 때 적절히 이해할 수 있다. 18~19세기에 일어난 대부분의 폭력 사태들은 영국 식민당국에 의해 힌두와 무슬림 간의 종교 분쟁으로 담론화되었다. 그러나 상대 종교의 중요 상징물을 훼손시키는 일은 단순한 종파적 폭동이 아니었다. 이 종교적 요인들은 당시의 사회적·경제적·정치적 긴장이 표면화되고 본격화되는 계기로 작용하고 있을 뿐이었다.

국가폭력의 의미

인도에서 발생하는 국가폭력 사태는 정권에 반대하는 세력을 '반국가적' 성격으로 규정함으로써 국가기구와 이들에 의해 동원된 행동대원들의 집단 학살을 정당화하고 있다. 이러한 국가폭력 사태는 종교, 인종, 카스트 등의 표시로 쉽게 식별할 수 있는 소수집단을 정치적 희생양으로 삼는 경향이 있다. 예컨대 인도 사회의 가장 전형적인 정치적 희생양은 무슬림이었고, 1984년 델리 사태에서는 무슬림이 시크로 바뀌었을 뿐이다. 따라서 인도 사회에서 카스트, 종교, 언어, 지역, 부족, 인종 면에서 소수자가 되는 집단은 언제나 정치적 목적을 위한 희생양의 예비 리스트에 올라 있는 셈이다.

인도의 국가폭력 역시 다른 국가와 마찬가지로 다수집단이 소수집단에 가하는 성격을 띠고 있으며, 폭력 사건들은 독립적이 아니라 사회적 맥락과 정치적 환경에 밀접히 연관되어 있다. 국가폭력은 특정 정치세력에 의해 체계적으로 조직되거나 조정되기 때문에 경찰과 군병력 등 국가 대행기관이 직접 가담하거나 테러 피해자 보호의 임무를 소홀히 하는 간접적인 방식으로 수행된다. 예컨대 약 3,000명의 사망자를 낸 2002년 고드라 사태 역시 힌두 근본주의 성향의 주 정부와 경찰이 무슬림 살해와 재산의 파괴에 직·간접적으로 개입한 사건이었다.

더 나아가 국가 집단폭력의 진상과 핵심 범죄자의 규명과 처벌에는 늘 어려움이 따른다. 특히 사태에 개입한 정권이 정부를 이끌고 있는 경우에는 더욱 그러하다. 1984년 당시 시크 대학살에 대한 수차례 진상조사위원회의 발표 내용에서 알 수 있듯이, 폭력에 직·간접적으로 관여했던 국민회의당 의원들과 고위 당직자, 델리 경찰청장 등 고위 인사들과 이들의 지시에 따라 집단 학살을 자행한 행동대원들의 처벌은 쉽지 않다. 국가에 의한 집단 학살에 소극적으로 대응하는 인도 정부의 태도는 비단 시크 대학살에서만 볼 수 있는 것이 아니다. 1984년 이후에 발생한 1992년 아요디야 사태와 2002년 구자라뜨의 고드라 사태 등의 진상 조사와 처리 방식도 1984년 시크 대학살과 매우 흡사한 양상을 보인다.

1980년대 이후 일어난 시크 대학살, 아요디야 사건, 고드라 사건은 모두 독립적이고 자발적인 사태가 아니라 전형적인 정치적 국가폭력 사건이라는 것을 보여주고 있다. 특히 힌두 근본주의 세력들이 정치적으로 급성장하고 있다는 사실과 대부분의 정당들이 힌두와 소수집단인 시크 또는 무슬림을 대립구도로 삼아 다수 세력인 힌두의 정치적 지지를 목표로 하고 있다는 점 사이에는 밀접한 상관관계가 있다. 그간의 국가폭력 사태에서 카스트와 종교는 언제나 유효한 정치적 자원으로 동원되어 왔다. 따라서 '우발적인 종파 간의 폭력 사태'라고 여겨지는 시크 대학살, 아요디야 사태, 고드라 사태 등은 세속적인 정치권력의 획득과 유지를 위해 국가권력이 직·간접적으로 조정하고 계획한 전형적인 '국가 집단폭력'의 전형이라고 할 것이다.

더 읽을거리

이광수,《침묵의 이면에 감추어진 역사》, 산지니, 2009.
김경학, "국가폭력의 양상과 그 성격",《민주주의와 인권》제7권 1호, 전남대학교 5.18연구소, 2007.

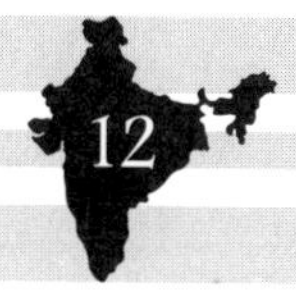

힌두뜨와

이광수•

기원과 발전

힌두교는 널리 알려져 있다시피 매우 이질적인 요소들이 모여 있는 복합체다. 따라서 '근본', '원리' 혹은 '~性'을 의미하는 '뜨와(~tva)'가 '힌두'••에 붙어 신조어를 만든다는 자체가 어불성설이다. 이는 궁극적으로 힌두교를 새롭게 해석하는 하나의 방편으로 근대화 이후 시장 자본주의와 직업의 자유 확산, 근대 교육의 등장 때문에 힌두교 해석에 절대적인 권한을 가지고 있던 브라만 사제의 종교적 영향력이 쇠퇴

• 부산외국어대학교 교수, gangesh@bufs.ac.kr

•• 원래는 지리적 범위를 의미했으나 근대에 들어온 후 종교를 의미하는 말이 되었다.

하고 다양한 해석이 전개되면서 일어난 현상이다. 그것은 당시 민족주의가 부상하고 그 민족주의가 힌두교에 기반을 두고 있었기 때문에 힌두교를 기반으로 하는 새로운 힌두 민족주의 개념이 대두될 수 있었던 것이다.

'힌두뜨와'는 1923년 사와르까르(Vinayak Damodar Savarkar)가 처음 사용한 용어다. 사와르까르는 아리야 사마즈(Arya Samaj)의 충실한 계승 집단인 힌두대회의(Hindu Mahasabha, 힌두 마하사바) 의장 출신이다. 사와르까르는 힌두스탄(Hindustan, 힌두의 땅)을 자신의 조국과 성지로 인식한 사람을 힌두(Hindu)로 정의하고, 힌두뜨와는 힌두 민족의 강력한 힘으로 공존과 진보가 수반되는 것이며 힌두교는 단순히 힌두 민족의 신앙만을 의미하는 용어라고 주장했다. 힌두뜨와를 영토·혈통·문화 세 가지에 귀속시키고 조직적인 정치·사회 집합체의 개념으로 이해한 것이다.

힌두뜨와는 이분법에 기초한 이데올로기로서 힌두는 '우리', 무슬림은 '적'으로 간주하고 전자를 정의로운 존재, 후자를 사악한 존재라고 규정한다. 그리고 힌두 최대 의무인 힌두 다르마의 보호는 유일하게 무슬림에 대한 보복을 통해서만 이루어진다고 하였다. 따라서 마하뜨마 간디의 비폭력주의 같은 보복이 배제된 사랑은 힌두교의 일부에 지나지 않은 비폭력 사상에만 편집되어 있는 정신 나간 짓일 뿐이다.

사와르까르의 힌두뜨와 개념은 골왈까르(M. S. Golwalkar)에 이르러 문화적 민족주의 개념으로 사용되었다. 골왈까르의 힌두뜨와는 영토적 민족주의와 구별되는 의미로 공통의 정체성을 공유하는 범위에 한

정된다. 영토적 민족주의 속에는 힌두 이외에도 기독교, 무슬림 등 인도에 사는 모든 사람들이 포함되지만 문화적 민족주의 안에는 힌두 라슈뜨라, 즉 국가를 인정하고 이해하는 자만 한정된다. 따라서 힌두 라슈뜨라, 즉 힌두 국가 안에 기독교도와 무슬림은 포함될 수 없다. 골왈까르의 힌두뜨와 개념은 독일의 나치즘을 모방하여 인도에 적용한 것이다.

힌두뜨와를 정교한 정치 이데올로기로 만든 골왈까르의 역사 왜곡의 근간은 아리야인의 원주지가 인도이고, 세계 최고(最古)의 문명을 발전시킨 후 인도아대륙 전체와 서아시아를 거쳐 유럽 전역으로 퍼져 나갔다는 아리야인 인도 기원설과 연결된다. 그는 아리야인이 외부에서 인도로 이주해 온 인종이 아니라 인도 땅에서 기원하여 외부로 나간 인종이라고 주장하며 힌두와 아리야인을 같은 의미로 사용한다. 힌두라는 것은 아리야인이 정치적으로 팽창하는 과정에서 히말라야부터 바다에 이르는 영토 안에서 모든 비(非) 아리야인들을 포용하면서 형성한 하나의 국가, 하나의 민족임을 주장하는 것이다. 힌두나 힌두스탄은 비단 지리적 개념에 국한되는 것이 아니라 공동의 조상과 국토에 대한 사랑, 심지어 그에 대한 숭배 등을 필수적으로 갖추고 있어야 하기 때문에, 무슬림이나 미국인 등은 인도 국적의 소유자가 될 수 있을지 모르지만 힌두는 될 수 없다고 역설한다. 사와르까르는 힌두가 될 수 있는 요건을 힌두 다르마 안에 존재하는 모든 종류의 종파, 카스트, 공동체 사이에 존재하는 공동의 민족성인 힌두뜨와에 두었다.

그들은 자신들이 만들어낸 힌두뜨와 이론 안에서 힌두들은 유목 생활을 영위하면서 목가적이고 명상적인 문명을 발전시켰으나 시간이 흐르면서 점차 그러한 문명을 상실해나갔다고 역사를 기술했다. 심지어는 비록 정신문명이 점차 약화되었을지라도 아리야의 땅, 즉 인도에 특별한 갈등이 있었던 것은 아니었으나 무슬림과 기독교도 같은 이민족들이 이 땅에 들어오면서 갈등과 반목, 퇴보가 생겨났다는 식으로 역사를 심하게 날조하고 있다. 결국 식민 지배 이데올로기의 연장선상에서 '민족' 혹은 '공동체'의 모태로 자리 잡은 힌두교는 신흥 독립국가 인도의 주체적 이념으로 정치·경제·사회·문화의 거의 모든 면에서 새로운 권력으로 자리 잡게 되었다.

힌두 근본주의 세력의 확장

힌두뜨와가 파시스트적 힌두 민족주의로 성장한 것은 힌두대회의 단원 중 한 사람인 헤드게와르(K. V. Hedgewar)가 1925년 국가자원봉사단(Rashriya Svayamsevak Sangh)을 창시한 것과 궤를 같이 한다. RSS는 정당은 아니지만 무슬림, 기독교도, 공산주의자에 대항해 힌두의 단결과 권력을 쟁취하려는 강력한 정치·문화 조직이다. RSS는 사원과 학교 같은 힌두 기관을 후원하거나 직접 운영하면서 인도의 정치·사회·문화에 커다란 영향을 끼쳐왔다. 단원들이 카키색 제복을 착용하고 이른 아침 군대식 훈련을 하는 것을 인도 전역에서 볼 수 있다. RSS는 단원인 고드세(N. V. Godse)가 간디를 암살한 것을 계기로 초대 수상 네루에 의해 약 1년 동안 활동이 금지되었지만 법령이 풀린 후에는 그 기세가 꺾이지 않고 현재까지 이어지고 있다.

힌두뜨와와 가장 밀접한 관계를 맺고 있는 정당은 인도국민당(Bharatiya Janata Party, 이후 BJP)이다. BJP는 힌두 민족주의의 목소리를 전하고 국민회의당에 대항하기 위해 1951년 시야마 쁘라사드 무케르지(Shyama Prasad Mookerjee)가 세운 국민단(Jana Sangh)의 후신이다. 1950년대와 1960년대에 국민단은 힌디국어화운동을 전개하고, 소 도살 금지와 같은 힌두뜨와 기반의 민족주의 정책을 강조하면서 국민회의당으로부터의 정권 교체를 시도했다. 비상계엄 시국(1975~1977)에 인디라 간디 정부에 의해 진압되었으나, 1977년 총선에서 인디라 간디와 국민회의당을 패배시킨 후 국민당(Janata Party)으로 발전했다. 내부 분열로 효율적인 정부를 세우지 못하고 1980년 인디라 간디에게 다시 패배했으나, 1980년 4월 BJP를 조직하여 힌두의 권리를 증진시키고 국민회의당의 세속주의에 대항하면서 힌두뜨와 이데올로기를 세우고자 했다.

힌두뜨와 정치 이데올로기의 성장은 인도-파키스탄 분단 후 카슈미르 분쟁이 발발하고 파키스탄에 대한 적개심이 커지면서 쉽게 예견되었으나 네루의 세속주의 정책 속에서 쉽사리 세력 확장을 이루지 못했다. 그러다가 인디라 간디의 사망으로 1980년대 이후 국민회의당의 위치가 크게 흔들리면서 힌두 민족주의가 크게 대두되었다. 인도국민당은 기존의 간디식 사회주의와 세속주의 이념을 과감히 버리고 힌두뜨와에 입각한 힌두 근본주의 노선을 채택했다. 이 작업에 가장 적극적인 역할을 한 사람은 1986년 당 총재로 당선된 아드와니(L. K. Advani)였다. 아드와니가 암소 도살이나 카슈미르에서 무슬림에 의한 힌두 사원 파괴와 같은 매우 민감한 문제를 거론하면서 힌두 근본주의 노선을 천명하자 극우 힌두 근본주의 단체인 RSS, VHP, 행동전위대(Bajrang Dal) 등의 연대 단체들은 즉각 적극적인 지지를 보냈다.

그들은 1987년 라자스탄의 데오랄라에서 발생한 사띠 사건에서 사띠의 옹호를 적극 주장하는 군중집회를 열고 경찰이나 사법부에 큰 압력을 행사했다. 그리고 이러한 분위기를 적극 활용하여 아요디야(Ayodhya)를 정치 전략의 대상으로 선택하고 전국에서 모인 행동대를 통해 바브리 모스크를 파괴했다. 아요디야 사태를 일으킨 힌두 근본주의자들은 힌두 국가 건설을 최종 목표로 삼고 힌두뜨와와 친연 관계의 정당인 인도국민당을 전면에 내세웠다. 인도국민당은 1996년 총선에서 161석을 차지하여 제1당의 위치에 올랐고 비록 13일간이었지만 집권당의 자리에까지 올랐다. 그리고 1998년에는 182석을 차지하여 제1당으로서 연립 정부를 구성하고 명실상부한 집권당이 되었다.

힌두 근본주의자들의 권력이 커져갈수록 힌두 광신도들의 난동이 격화되자 소수인 무슬림은 테러로 저항하기 시작했다. 그 가운데 가장 큰 테러는 아요디야 사태가 일어난 직후인 1993년 3월 12일, 인도 최대의 경제 중심지인 뭄바이에서 터진 폭탄 테러다. 이 날 뭄바이에서는 증권거래소, 쇼핑센터, 공항, 시장, 호텔 등 사람이 많이 다니는 곳에서만 집중적으로 동시에 13군데에서 폭탄이 터졌는데, 한번에 257명이 목숨을 잃었고 1,400명이 부상당했다. 그리고 2002년 2월 27일 인도 서부의 작은 도시 고드라(Godhra) 역을 막 떠난 기차 안에서 난데없는 화재가 발생해 58명이나 되는 사람들이 순식간에 불에 타 죽는 참극이 발생했다. 사건이 일어난 직후 극우 정당 쉬브세나(Shiv Sena) 소속의 마하라슈뜨라 주 수상과 언론들은 이 사건을 파키스탄의 사주를 받은 무슬림 테러리스트들의 소행으로 보고, 관련자들을 한 사람도 남김없이 모조리 처단해야 한다고 주장했다. 하루가 지나자 고드라와 아흐메다바드(Ahmedabad)에 사는 무슬림 사망자는 5,000명을 넘었다. 그러고는 예정대로 바로 선거가 치러졌고 힌두뜨와 정당인 쉬브세나의 후보가 압승을 거뒀다.

그러자 이번에는 무슬림이 피의 복수를 공공연히 주장하고 나섰다. 이슬람 테러리스트들은 2005년 10월 수도 뉴델리의 시장에서 폭탄 테러를 일으켜 55명을 살해했고, 2006년 3월에는 힌두교 최대의 성지인 바라나시의 힌두 사원과 기차역에서 세 건의 연쇄 폭탄 테러로 23명을 살해했다. 2006년 7월 뭄바이에서 또 다시 대규모 연쇄 테러가 발생하였다. 퇴근 시간 기차역과 통근 열차에서 연쇄적으로 터진 이 테러로 190명이나 되는 무고한 시민이 목숨을 잃었다. 2008년에는 파키스탄의 테러단이 공공연히 뭄바이에 침투해 도심 한복판의 호텔에서 테러를 감행해 세계를 경악시켰다. 학살과 테러의 악순환은 그 뿌리를 힌두 근본주의 정치에 두고, 힌두 근본주의는 다시 힌두뜨와라는 만들어진 이데올로기의 역사 왜곡에 뿌리를 둔다.

최근 힌두뜨와 세력은 서양 문명의 배격이라는 기치를 내걸고 무슬림 축출을 지렛대 삼아 사회·문화적으로 세력을 확장해나가고 있다. 그들은 발렌타이데이 행사장을 난장판으로 만들거나, 기독교인들의 재개종을 물리적으로 강요하고, 힌두교를 모독했다는 이유로 영화·미술 등의 예술 활동을 크게 위축시키는 짓을 서슴지 않는다. 2006년에는 이슬람의 알카에다를 모방한 힌두자살특공대를 조직하기까지 했다. 이러한 힌두뜨와의 정치세력화는 아프가니스탄-파키스탄의 이슬람 근본주의 세력 확장과 맞물리면서 사회의 큰 불안 요소로 작용하고 있는 중이다.

더 읽을거리

이광수, 《인도사에서 종교와 역사 만들기》, 산지니, 2006.

이옥순, 《여성적인 동양이 남성적인 서양을 만났을 때》, 푸른역사, 1999.

가빈 플러드 지음, 이기연 옮김, 《힌두교, 사상에서 실천까지》, 산지니, 2008.

D. N. 자 지음, 이광수 옮김, 《성스러운 암소 신화: 인도 민족주의의 역사 만들기》, 푸른역사, 2004.

이광수, "사띠와 자살특공대의 힌두교적 논리와 그 사회적 의미", 《인도연구》 16권 1호, 2011.

_____, "아리야인 인도기원설과 힌두민족주의", 《역사비평》 61집, 2002.

인도의 사회

친족

박정석•

인도의 친족을 이해하기 위해서는 먼저 세 가지 사항을 인지해야 한다. 첫째, 인도의 언어권, 둘째, 카스트 제도, 그리고 셋째, 다양한 종교가 그것이다. 서로 얽히고설켜 있는 이 요인들을 올바로 이해해야만 인도 문화 내부의 다양성과 통일성, 그리고 더 나아가 총체적 의미와 근본을 알 수 있다. 인도의 친족체계는 대부분 부계혈통에 부거제(父居制)를 채택하고 있지만, 남부의 일부 지역에서는 모계혈통과 모거제(母居制)를 따르고 있다. 대개 중부 지역은 북부와 남부의 혼합 양상을 보이고 있다. 인도 전역에서는 카스트 내혼(內婚)을 혼인 규칙으로 내세우고 있지만 북부에서는 낮은 카스트(하위 카스트)의 여

• 목포대학교 교수, hansan721@mokpo.ac.kr

자가 높은 카스트(상위 카스트)의 남자와 혼인을 하는 앙혼(상향혼, Hypergamy)이 지배적이다. 반면 남인도에서는 근친간의 혼인, 특히 교차사촌혼(交叉四寸婚)과 외숙–질녀혼을 선호하고 있다.

북인도의 친족

북인도는 히말라야 산맥 남쪽에서 갠지스 강 유역을 아우르는 지역이다. 언어학적으로는 산스끄리뜨어에서 유래한 언어나 인도–유럽어족에 속하는 언어를 사용하고 있으며, 지리학적으로는 인도 북부의 대부분—파키스탄 동북부 지역인 신드, 뻰잡, 카슈미르, 델리, 웃따르쁘라데시, 마디야쁘라데시 일부, 비하르, 벵갈, 앗삼 그리고 네팔왕국—이 여기에 속한다. 북인도에서도 지역과 지역 내부, 카스트에 따라 친족의 형태와 조직이 약간씩 달라진다.

고뜨라(gotra)

고뜨라는 '가축우리'를 뜻하는 말로, 부계혈족의 공동가옥 또는 가옥과 가축우리가 함께 있는 것을 나타낸다. 고뜨라는 집안 수장의 이름으로 표시되지만 간혹 직계 선조 중 유명한 사람의 이름을 딴 경우도 있다. 고뜨라는 부계로만 연결된 집단을 의미하며 같은 고뜨라 간에는 혼인을 할 수 없다. 고뜨라는 다시 네 개의 족외혼 단위로 구분된다. 고뜨라와 관련된 혼인 규칙에 따르면 ① 아버지의 고뜨라, 즉 자신의 고뜨라, ② 어머니의 고뜨라, ③ 친할머니의 고뜨라에 속하는 자와는 혼인을 할 수 없다. 과거에는 ④ 외할머니의 고뜨라에 속하는 자와도 혼인을 할 수 없었지만 근래 들어 이 규정은 완화되었다. 하지만 지금도 관습을 중시하는 일부 사람들은 외할머니의 고뜨라와 혼인을 회피한다. 그러나 실제 혼인에서 이와 같은 규칙들을 그대로 수용하는 경우는 흔치 않으며 대개 원론상의 규범보다 다소 축소된다.

사삔다(sapinda)

고뜨라와 더불어 중요한 기능을 하는 또 다른 사회적 단위는 사삔다이다. 사삔다는 혼인과 장례, 상속에서 중요한 역할을 한다. 사삔다는 '함께'라는 뜻의 'sa'와 '주먹밥' 또는 '신체'를 뜻하는 'pinda'로 이루어져 있다. 이는 베다 시대부터 보름과 초하루에 남자만이 죽은 조상에게 익힌 쌀밥 뭉치를 공양하는 의례에서 비롯되었다. '삔다'는 주먹밥 외에도 '살덩어리'와 같은 뭉치를 나타낸다. 따라서 사삔다는 주먹밥을 공양할 수 있는 권리를 가진 사람들 또는 같은 신체, 즉 같은 조상에게서 태어난 사람들을 일컫는다.

중세의 기록에 있는 사삔다 규칙에 의하면 부계(父系)로 7대 조상의 후손들 간에는 혼인을 하지 말아야 하고, 모계(母系)로 5대 조상의 후손들 간에는 혼인을 할 수 없다. 그러나 사삔다 규정은 시대와 지역, 카스트에 따라 부계 또는 모계의 세대수가 서로 다른 경우가 많다. 이런 차이에도 불구하고 사삔다 규정은 북인도 지역의 특징적인 혼인 규칙으로 자리 잡고 있다.

앙혼(仰婚)

일반적으로 혼인은 같은 부류의 브라만들 간에 이루어지지만 자신보다 약간 낮은 신분의 브라만에서 신부를 받아들이기도 한다. 브라만뿐 아니라 끄샤뜨리야, 바이샤 등도 같은 카스트 성원끼리만 혼인을 한다. 하지만 딸을 자신보다 위계가 높은 카스트나 가문으로 시집보내거나 며느리를 자신보다 약간 낮은 집단에서 취하는 앙혼 형태의 혼인은 모든 카스트에서 일반적으로 나타난다.

지역 외혼(外婚)과 내혼(內婚)

딸을 특정한 마을의 한 가문에 시집보냈다면 다른 딸은 같은 동네 또는 같은 가문에 시집보내지 않는 것이 일반적이다. 그리고 누이(딸) 교환 혼인에 대해서는 거부감을 보이고 있다. 이와 같은 혼인 규칙은 라즈뿌뜨(끄샤뜨리아)들에게서 뚜렷이 나타난다. 중세에 북인도 전역에 흩어져 이주한 라자스탄의 라즈뿌뜨들은 그곳에서 다른 카스트와 통혼했는데 라자스탄에서 멀어질수록, 즉 동쪽으로 갈수록 지위가 낮아진다. 갠지스 강 유역에서 신부는 동쪽이 아닌 서쪽에서 신랑감을 구하는 것이 혼인 규칙이다. 신부는 동쪽에서, 신랑은 서쪽에서 온다.

형사취수(兄死取嫂, levirate)

형사취수의 관습은 여러 카스트에서 보고되고 있다. 상위 카스트나 지배적인 카스트에서는 일반적으로 형사취수 형식의 혼인을 배제하고 과부가 양자를 들이는 방식을 선호한다. 그러나 외부에서 이방인을 들였을 경우 양자와 양부모 간에 재산 분쟁이 발생하는 경우가 허다하기 때문에 시댁에서는 과부에게 대개 죽은 남편의 형제나 사촌의 아이를 양자로 삼기를 강요한다. 때로는 죽은 자의 재산을 가로채기 위해 과부가 양자를 들이는 것을 꺼리는 경우도 있다. 과부가 낯선 아이를 양자로 들이지 못하도록 강제로 죽은 남편을 따라 불에 타 죽게 한다(사띠, Sati)는 해석도 있다.

결합가족(結合家族, joint family)

북인도의 가족은 대개 가부장 중심의 부계 형태를 띠고 있다. 남자는 자기가 나서 자란 가족 안에서 살고, 여자는 자신의 가족을 떠나 전혀 왕래가 없었던 낯선 가족과 함께 살아간다. 여인들은 시댁의 부모와 형제, 사촌들과 함께 있을 때는 반드시 얼굴과 머리를 가려야 하며, 의례를 제외하고는 시부모나 시아주버니와 같은 방에 머물 수 없다. 하지만 시동생과는 비교적 자유롭게 행동하고 농담도 할 수 있다.

남인도의 친족

남인도는 언어학상으로 드라비다어를 사용하는 데칸고원 이남 지역을 포함한다. 언어에 따라 크게 네 지역으로 구분하는데, ① 깐나다(Kannada)어를 사용하는 까르나따까 주, ② 뗄루구(Telugu)어를 사용하는 안드라쁘라데시 주, ③ 따밀(Tamil)어를 사용하는 따밀나두 주,

그리고 ④ 말라얄람(Malayalam)어를 사용하는 께랄라 주가 있으며 그 외에도 중앙 인도의 일부 지역이 남인도 문화권에 포함된다.

남인도 지역은 친족체계와 가족조직 유형이 매우 복잡하다. 대부분의 카스트와 집단들이 부계·부거가족의 형태를 보이지만, 모계·모거제인 사회도 많으며 일반적으로 부계·부거와 모계·모거가 뒤섞여 있다. 다른 지역과 마찬가지로 이 지역에서도 일부다처제를 허용하는데, 어떤 경우에는 일처다부제의 관습이 보고된 사례도 있다. 남인도의 가족 구성은 북인도와 크게 다르지 않다. 남자는 혼인 후에도 자신이 태어난 가족과 함께 거주하는데 비해 여자는 태어난 가족을 떠나 남편의 가계로 옮겨 가 살게 된다.

외사촌 누이(MBD)와의 혼인

남인도에서 남자는 교차사촌 중 외사촌(외숙의 딸)과 혼인하는 것을 선호한다. 일부 카스트와 특정 지역에서는 이런 형태의 혼인(즉 외사촌 누이와의 혼인)만을 배타적으로 선호하는 경우도 있다. 고종사촌 누이와 외사촌 누이는 교차사촌(交叉四寸)에 해당한다. 친사촌과 이종사촌은 평행사촌(平行四寸)으로 불리며 이들은 형제자매로 분류되어 혼인할 수 없다. 모방 교차사촌혼은 어느 한쪽의 사회적 지위가 높거나 카스트 간 앙혼을 하는 경우에 많이 발생한다. 이런 형태의 혼인에서 여자는 주는 쪽과 받는 쪽이 구분되어 있으며, 주는 쪽과 받는 쪽 사이의 위계가 계속 유지된다는 특징이 있다.

고종사촌 누이(FZD)와의 혼인

선호혼 중에서 남자는 아버지 누이의 딸(고종사촌 누이)과 혼인하는 경우가 많다. 여자 입장에서 보면 어머니 남형제의 아들(외사촌 형제)과 혼인하는 셈이다. 여기서 사촌은 생물학적인 관계의 사촌뿐만 아니라 범주상 사촌(우리의 경우 6촌·8촌 등)이 되는 대상을 가리킨다. 딸을 시집보낸 쪽에서는 그 대가를 받은 쪽으로부터 여자를 받을 권리가 있다. 다음 세대에는 여자를 받은 쪽에서 준 쪽으로 시집을 보낸다. 고종사촌 누이혼은 여자가 외숙-질녀혼에 비해 한 세대 낮은 남자(즉 외사촌 형제)와 혼인하는 것이다. 아울러 여자를 직접 교환하는 형태의 혼인(누이 교환혼)이 행해지기도 하지만 그렇게 일반적인 것은 아니다.

손위 누이의 딸(EZD, 외숙-질녀)과의 혼인

많은 카스트에서 남자가 선호하는 혼인 대상은 자신의 누나의 딸이다. 누나가 다른 가문으로 시집을 갔다는 것은 누나의 시댁에서 딸을 되돌려 시집보냄으로써 부채를 갚을 의무가 있다는 것을 의미한다. 하지만 손아래 누이의 딸을 신부로 맞이하는 것은 많은 카스트들이 거부하고 있다. 일부 카스트에서는 간혹 이런 형태의 혼인(손아래 누이의 딸과의 혼인)이 보고되고 있지만 모계사회에서는 외숙과 질녀 간의 혼인이 금지되고 있을 뿐 아니라 혐오의 대상으로 여겨진다.

이와 같은 선호혼 이외에도 친척 외부에서 혼인 대상자를 맞이하는 혼인도 있다. 외부인과의 혼인은 대개 내부에 적합한 혼인 대상자가 없거나 결혼지참금 문제가 있는 경우에 발생한다. 교육 받은 젊은

층에서는 혼인 대상자를 외부에서 구함으로써 물질적·사회적으로 이득을 얻기도 한다. 그러나 외부인과의 혼인은 인척관계를 끊는 것과 함께 집단 내부의 갈등과 분란거리로 발전하는 경우가 많다. 최근 교차사촌혼, 특히 외숙-질녀혼은 시대에 뒤떨어진 것으로 간주되기도 한다. 특히 북인도인들과 접할 기회가 많은 부류들은 이런 형태의 혼인을 부끄럽게 여겨 회피하기도 한다.

드라비다 친족

보통 남인도의 친족 형태를 학문적으로는 '드라비다 친족'이라 부른다. 드라비다 친족 조직은 북인도의 친족 조직과 근본적으로 다르다. 남인도에서는 가까운 친족집단 내부에서 혼인관계를 이어가고 세대뿐 아니라 나이를 기준으로 배우자를 선택한다. 같은 세대 내에서도 나이가 위인지 아래인지, 세대가 달라도 나이 많은 누이의 딸인지 그리고 아내보다 나이가 위인지 아래인지를 따져 혼인 대상자를 결정한다. 혼인 대상자는 족외혼 집단 외부 사람 중에서 찾는다. 남인도에서는 누이교환혼과 근친혼을 선호하고 있다.

더 읽을거리

박정석, 《외사촌 누이와 혼인하는 사람들》, 민속원, 2009.

김주희, "인도의 친족과 카스트", 《한국문화인류학》 19권 1호, 1987.

정채성, "힌두 지참금 관습의 구조적 성격", 《인도연구》 12권 1호, 2007.

무슬림

박정석•

무슬림과 '카스트'

인도의 이슬람은 이슬람 개종자들이 개종 이전의 관념과 전통을 일정 부분 보유하고 있다는 점에서 토착적 성격이 강하다고 할 수 있다. 특히 중·하류층 개종자와 농촌 지역에 거주하는 무슬림들은 이슬람 경전을 엄격하게 준수할 수 있는 사회적 토대나 대안이 없었기 때문에 이웃 힌두들과의 상관관계 속에서 그들과 유사하게 살아갈 수밖에 없었다. 따라서 인도 무슬림의 가족과 친족 구조는 이웃 힌두의 그것과 크게 다르지 않으며, 무슬림 사회 내부에도 힌두의 특징인 카스트

• 목포대학교 교수, hansan721@mokpo.ac.kr

체계와 유사한 것들이 있다. 요컨대, 인도 무슬림의 구체적인 모습은 인도인들이 보편적으로 공유하고 있는 거대하고 복합적인 문화 속에서 파악해야만 이해할 수 있다.

힌두와 구별되는 무슬림으로서의 정체성은 카스트에 대한 시각에서 분명히 드러난다. 무슬림 가운데 누구도 힌두 사회와 유사한 '카스트'가 자신들의 사회 내부에 존재한다는 사실을 인정하려 하지 않는다. 무슬림의 카스트 부인(否認)은 무슬림이라는 정체성 확립을 위해서는 당연한 논리적 귀결이다. 그러나 이슬람의 공공연한 평등주의에도 불구하고 무슬림들 사이에서도 족내혼 집단, 집단 간 서열, 그리고 특정 직업과 관련된 집단이 존재한다는 사실이 민족 지적 사례조사를 통해 확인된 바 있다.

비록 힌두와는 차이가 있지만 무슬림 사회에도 칸단(Khandan) 또는 자뜨(Jat)라 불리는 하위 집단들이 존재한다. 이런 집단들 사이의 서열이나 위계의 차이는 기본적으로 출계에서 비롯된다. 아랍이나 터키, 아프가니스탄을 비롯한 외부에서 이주한 무슬림의 후예들은 자신을 아쉬라프(Ashraf)라고 부르며 힌두에서 개종한 사람들, 즉 아즈라프(Ajlaf 또는 non-Ashraf)와 구분하고 있다. 아쉬라프는 출계와 출신 지역에 따라 사이예드(Syeds), 세이크(Sheiks), 무갈(Moghals), 파탄(Pathan)으로 나누어지고 아즈라프는 개종 이전의 카스트와 세습 직업에 따라 다시 세분된다.

아쉬라프는 출신 지역에 따라 아랍이나 페르시아에서 온 사이예드(예언자 모하마드의 후예들)와 세이크가 우위에 있고, 다음에는 터키를 비롯한 중앙아시아에서 이주한 무갈, 그리고 북인도와 아프가니스탄에 기원을 둔 파탄이 그 다음 서열이다. 인도에서 개종한 아즈라프는 아쉬라프에 비해 사회적으로 낮은 위치에 있으며, 개종 이전의 카스트 명칭이나 세습 직업명을 보유하고 있는 경우가 많다. 아쉬라프에 속하는 집단들은 개별 집단과 관련된 특정한 직업이 없지만, 아즈라프에 속하는 집단들은 자신들만의 배타적인 직업을 보유하고 있다.

무슬림들은 규범적으로 아무런 차별 없이 서로 식사는 물론 혼인도 할 수 있다. 하지만 실제로 아쉬라프와 아즈라프 사이에 혼인이 이루어진 사례는 거의 없다. 두 집단 간의 혼인은 아즈라프의 여자와 아쉬라프의 남자 간의 혼인, 즉 앙혼의 경우에 한한다. 아즈라프에 속하는 세 집단은 힌두의 카스트와 유사하게 각기 분리된 내혼 집단을 이루고 있다. 아쉬라프에 속하는 집단의 성원끼리 혼인하기도 하지만 그 예는 극히 드물다. 이것은 일부 무슬림들의 근친간의 혼인 선호에서 비롯된 결과다.

무슬림과 모하람 축제

힌두와 무슬림이 서로 다른 종교공동체의 일원이라는 것은 매우 잘 알려져 있다. 따라서 그들은 집단 수준에서 어떤 종교적 관계도 없다고 주장한다. 무슬림과 힌두의 정체성은 종교뿐 아니라 언어, 의복, 예절, 문화적 상징 등에 의해서도 구별된다. 의례와 축제에서도 무슬림은 그들의 종교적 정체성을 추구하고 무슬림으로서 일치된 모습을 보인다. 무슬림들은 무슬림으로서 지켜야 할 5대 의무, 즉 신앙 고백(Shahadah), 예배시간 엄수(Namaz), 희사(Zakat), 라마단 단식(Ramadhan Roza), 메카 순례(Haj)를 준수해야 한다. 종교적 이데올로기의 중요성은 사회·종교적인 정체성의 근원과 경계를 유지하는 기제로서 이슬람의 규범을 준수하는 것으로 표출된다.

그러나 지역 수준에서는 힌두와 무슬림 문화가 뒤섞인 채로 존재한다. 이런 문화 복합은 '배척보다는 포용, 갈등보다는 조화, 상호 비방보다는 상호 공존'의 상태로 표현된다. 복합적인 문화의 근원은 인도 무슬림의 독특한 상황에서 비롯되었다. 인도에서 이슬람은 기존의 문화적 토대 위에 유입된 것으로 토착 문화의 전통 위에서 점진적으로 뿌리 내려야 했다. 따라서 인도 무슬림의 의례는 이슬람의 공식적인 기준과 상이한 힌두 문화적 요소가 복합되어 토착적인 전통이 드러난다. 그 대표적인 사례가 모하람(Muharram)이다.

원래 모하람은 흥겨운 분위기의 '축제'적 성격과 성인들의 죽음을 '애도'하는 행사를 동시에 나타내는 의례다. 모하람은 무슬림 달력으로 정월(5월경)에 해당하며, 이슬람을 수니(Sunni)파와 시아(Shia)파•로

• 이슬람에서 수니파와 시아파의 분리는 모하메드의 사촌이자 모하메드의 딸 파티마(Fatimah)의 남편 알리(Ali)를 모하메드의 정통 후계 칼리프(Calip)로 인정하고 알리 이전의 세 칼리프, 즉 아부 바크르(Abu Bakr), 오마르(Omar), 오스만(Othman)을 부정하면서 일어났다. 이들을 부정하고 찬탈자로 규정하는 시아파와 달리 알리를 포함한 칼리프 모두를 모하메드의 정통 후계자로 인정하고 코란과 모하메드의 가르침만을 신앙의 대상으로 받아들이는 자들을 정통파, 즉 수니파라 한다.

양분하는 분기점인 까르발라 전투에서 순교한 마호메트의 손자 하산과 후세인을 기리는 축제다. 이날 시아파는 애도와 슬픔을 표하는 데 비해, 수니파는 요란한 잔치 분위기를 드러낸다. 특히 사회적으로 하층계급에 속하는 소외된 사람들에게 모하람은 일상에서 벗어날 수 있는 탈출구다. 이들은 '신' 앞에서 춤을 추며 자유를 만끽하고 심리적인 억압에서 벗어난다. 이런 모하람의 성격을 잘 드러내는 용어가 사자(死者)를 기린다는 뜻을 가진 한자어 '축제(祝祭)'다.

무슬림의 축제인 모하람에 힌두, 특히 하층 카스트 성원들은 단순한 구경꾼으로서만이 아니라 순교자를 상징하는 휘장 운반자로서 활발하게 참여하고 있다. 그리고 일부 상층 힌두들도 모하람 의례에 금전적인 도움을 베풀거나 건물을 희사하기도 한다. 모하람과 다르가 숭배에 혼합된 다양한 종교적·비종교적 요소들을 공식적이고 교조적인 이슬람의 관점으로 이해하기란 쉽지 않다. 모하람은 '삐리(Piri 또는 Piru)'로 불린다. 뗄랑가나 지역에서 '삐르(Pir)'는 무슬림 순교자나 성인들을 상징하는 천으로 만든 삼각형의 화려한 깃발(휘장)을 가리킨다. 삐르는 페르시아어로 '성인' 또는 '어른'을 뜻하지만, 수피 종단에서는 스승을 지칭하며 뗄랑가나 지역에서는 다양한 부류의 성인(聖人)을 가리키는 말로 쓰이기도 한다.

모하람은 힌두와 무슬림을 한데 어울리게 하며, 축제로서 종교와 사회적 신분의 차이를 뛰어넘어 참여자들을 함께 묶는다. 인도의 일부 지역에서 모하람은 순교자의 죽음을 애도하는 본래의 역사적 맥락에서 벗어나 대중들이 즐기는 축제로 진행되고 있다. 의례는 물론 의례와 관련된 신화도 공동체와 주민들의 필요에 의해 각색되고 그 공동체에 적합하게 해석되는 등 새로운 의미와 상징이 역사적 과거에 덧붙여져 하나의 이야기로 통합된다.

수피주의와 다르가 숭배

무슬림의 성인 숭배는 이슬람이 발흥한 지역과 페르시아, 터키 등지에 널리 퍼져 있는 의례다. 주로 선교하다가 순교한 사람이나 초자연적인 능력을 보유했던 사람 등이 성인으로 추앙되는 경우가 많다. 숭배의 대상은 이들이 순교한 장소는 물론 그들이 살았거나 가르침을 펼쳤던 곳, 싸움을 했던 곳 등이다. 하지만 대부분은 성인이 묻혀 있는 무덤, 즉 다르가가 숭배의 중심 대상이며 수많은 사람들이 질병과 고통에서 벗어나기 위해 다르가를 찾는다.

성인 숭배는 일반적으로 모든 계층이 받아들이고 있지만 그 정도는 자신이 속한 계층과 종교 분파에 따라 다르다. 인도에서 수피주의의 신비주의 사상은 지적·정신적으로 새로운 종교적 열정을 갈구하는 사람들에게 큰 영향을 미쳤다. 특히 아즈라프 범주에 속하는 낮은 계층의 무슬림들에게 성인 숭배가 폭넓게 수용되었다. 촌락에 살고 있는 무슬림들은 자신의 종교적 교리와 실행에 무지한 경우가 많으며, 삶의 환경과 개종 이전의 전통에서 완전히 벗어나지 못하는 경우가 대부분이다. 더욱이 그들은 이슬람 교리와 실천을 제대로 교육받은 적이 없기 때문에 의례에 개종 이전의 관습과 이웃 힌두의 전통이 상당 부분 포함될 수밖에 없다.

인도의 무슬림 전체가 외부에서 이주한 무슬림들의 직계 후손들로 구성되어 있는 것은 아니다.• 그들 중 상당수는 무슬림의 인도 지배 이후 개종한 사람들의 후손이다. 인도에서 이슬람의 전파는 수피 성인, 상인, 군인들을 매개자로 하여 확산되었다. 수피 종단은 종종 종교의 중심지이자 무역과 정치의 중심지 기능을 하기도 했다. 수피 성인들은 무역이나 전쟁을 통해 이슬람 세력이 미칠 수 있는 곳이면 어디든지 앞장서서 이슬람 전파의 첨병 역할을 했다. 수피 종단은 난해한 종교적 이념보다는 수피 성인에게 영적 위탁을 한 사람들 사이의 '형제애'를 강조했다. 수피 성인은 형제애의 창시자이자 궁극적으로는 선지자 모하메드의 영적인 혈통을 이어받은 사람으로 여겨진다.

수피 종단의 형제애 확산은 인도의 이슬람화에 결정적인 역할을 했다. 그들의 영향으로 인도 곳곳에는 성소로 추앙되는 수피 순교자들의 무덤들이 산재해 있다. 수피 종단은 이와 같은 수피 성인들의 무덤, 즉 다르가를 중심으로 일반 숭배자들을 끌어모을 수 있었다. 수피 형제단에서는 영적인 지도자(pir 또는 murshid)와 추종자(murid) 사이의 관계가 중요하다. 영적 지도자는 하느님과 신자들을 중개하기도 하지

• 인도 무슬림들이 인도인을 통치한 무슬림 이민 집단의 후예라는 것은 영국이 인도를 지배하면서 만들어낸 '식민지적 허구(van der Veer, 1994: 26)'에 불과하다. 이런 식민지적 허구는 인도에는 외부 통치자가 필요하며, 영국은 단지 기존의 외부 지배세력이었던 무슬림을 대체했을 뿐이라는 점을 함축하고 있다.

만 자신의 영적인 능력으로 일반인들에게 숭앙받는 존재이기도 하다. 그의 영적인 능력은 사후에도 소멸되지 않고 다르가를 통해 계속 숭배된다. 다르가 숭배는 종교적인 신념보다 개인적인 기원의 성격이 강하며, 체계적이기보다 개별적인 접근으로 이루어진다.

인도에서 다르가 또는 무슬림 성인의 묘소 숭배는 무슬림 신비주의로 일컬어지는 수피주의의 영향이라고 할 수 있다. 그러나 이것은 모스크를 중심으로 하는 정통 이슬람과는 거리가 있다. 다르가 숭배는 묘소에 묻힌 무슬림 성인(靈)의 초자연적인 힘에 대한 믿음의 표현이며, 무슬림뿐 아니라 일부 힌두들 사이에서도 행해지고 있다. 다르가는 각기 특정 질환이나 심리적 혼란을 치유하는 초자연적인 능력을 가진 것으로 알려져 있다. 대부분 나병이나 뱀독의 치료 등 질병과 관련되어 있으나 불임 치료와도 깊은 관련이 있어 많은 사람들이 아기를 점지받기 위해 다르가를 찾는다.

더 읽을거리

박정석,《카스트를 넘어서》, 민속원, 2007.

이희수 · 이원삼 외,《이슬람》, 청아출판사, 2001.

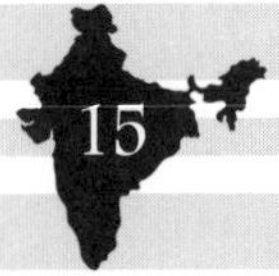

SC · ST · OBC

김경학•

인도 정부는 사회·경제적 지위에 따라 인도인들의 일부를 '지정 카스트(Scheduled Castes, 이후 SC)', '지정 부족(Scheduled Tribes, 이후 ST)', '기타 후진계급(Other Backward Classes, 이후 OBC)'으로 분류하고 있다. 이는 역사적으로 불이익을 받아온 후진 집단들에게 헌법에서 보장하는 특혜와 보호를 제공하기 위한 일종의 행정 목적상의 용어들이다. 인도 헌법은 하층 카스트와 부족에 대한 평등정책을 효과적으로 수행하기 위해 '보상적 차별 정책'으로 이 집단들에게 특혜를 부여하고 있다.

• 전남대학교 교수, khkim@chonnam.ac.kr

지정 카스트(SC)

지정 카스트(SC)는 흔히 '하리잔(Harijans)' 또는 '달리뜨(Dalits)'라고 불리는 불가촉천민 집단으로 일상생활의 다양한 영역에서 격리 또는 분리되어 왔다. 불가촉천민을 지칭하는 용어 가운데 불가촉천민 스스로 가장 선호하는 명칭은 달리뜨이다. 달리뜨란 흔히 '핍박받은 자'로 번역된다. 부정(不淨)을 일으킨다는 관념적인 이유로 달리뜨는 힌두 사원과 같은 공공적 공간뿐만 아니라 거주지 같은 사적인 공간에서까지 고립되고 격리되거나 입장이 허용되지 않았다. 이들은 대부분 상위 카스트인 지주의 임금노동자나 예속노동자로 살면서 노동을 착취당했다. 일반적으로 불가촉천민들은 사회적·경제적 지위에서 최하층에 머물면서 인간이 누려야 할 기본적인 권리조차 박탈당해왔다.

인도 헌법에는 불가촉성의 문제점을 인식하고 이를 금하는 공식적인 규정들이 포함되어 있다. 1955년에 제정된 '불가촉천민가해금지법(the Untouchability Offence Act)'은 헌법 제17조의 불가촉성 철폐와 불가촉성에 근거한 차별의 처벌을 규정하고 있다. 이에 따르면 불가촉성에 근거한 사회적 차별, 특히 힌두 사원의 출입 및 경배, 상점이나 음식점 접근, 직업과 상거래 관행, 우물, 공공시설, 화장실, 병원, 교육기관의 이용, 주거의 건축 및 점거, 종교 의식 및 행렬의 집행, 보석 세공품의 사용에서 차별을 일체 불법화하고 있다. 이러한 불공평한 행위를 강제하는 것은 범죄 행위로 벌금 또는 구류에 처할 수 있으며, 불공평한 행위의 강제로 귀결되는 관습, 관행 또는 권리를 인정하는 민사법원의 권한은 철회된다고 규정하고 있다. 이 법안은 달리뜨 집단의 요구로 수정되어 1976년 '시민권보호법(Protection of Civil Right Act)'으로 발전했고, 1989년에는 '반폭력법(Prevention of Atrocities Act)'이 통과되어 SC에게 가하는 폭력을 방지하고 신속하고 상세한 재판을 받을 수 있게 했다.

인도 헌법에 따르면 대통령은 SC처럼 낙후된 집단들의 사회적·경제적 지위 향상을 위해 '보상적 차별정책'을 실시한다. 헌법의 특별 조항에는 각급 의원직이나 연방과 주 정부의 공직 선출 그리고 각종 교육기관 입학 시 SC에게 15퍼센트의 정원을 우선 배정해주는 '할당정책(reservation policy)'이 포함되어 있다. 할당제는 사회적 취약 계층이 공직의 입문과 교육기관 입학에서 일정한 비율로 혜택을 받을 수 있는 일종의 보상제도이다. 할당제의 기본 정신은 전통적으로 차별을 받았던 약자 집단에게 일정한 기회를 제공함으로써 이들이 인도 사회에서 성장할 수 있는 발판을 마련하기 위한 것이다. 그러나 불가촉천민 가해 예방을 위한 법안 제정에도 불구하고 그동안 인도에서는 불가촉천민의 권리 침해와 신체 안전에 대한 위협 및 살해 등 다양한 형태의 핍박이 광범위하게 자행되었다.

2001년 인구 센서스에 따르면 인도의 SC 인구는 1억 6,600만 명으로 전체 인구의 약 16.2퍼센트를 차지하고 있다. '1999-2000 일제조사'에 따르면 농촌 인구의 약 18~20퍼센트 그리고 도시 인구의 약 12~14퍼센트가 SC로 추정되며, 농촌에 불가촉천민이 더 많이 거주하고 있다는 것을 알 수 있다. 주별 SC 인구 비율은 뻔잡이 28퍼센트로 가장 높고, 다음으로 서벵갈 24퍼센트, 웃따르쁘라데시 21퍼센트, 따밀나두 19퍼센트, 안드라쁘라데시 16퍼센트 등의 순이다. 한 마을에 15퍼센트 이상의 불가촉천민이 거주하는 사례는 많지 않지만, 예외적으로 뻰잡의 일부 지역에 약 50퍼센트 이상의 인구가 불가촉천민으로 구성되어 있다.

1990년대 이후 불가촉천민들의 지지를 획득하여 정치적으로 성공한 정당은 '바후잔사마즈당(Bahujan Samaja Party)'이다. 많은 불가촉천민들이 상층 카스트의 정치적 장식품이나 꼭두각시 노릇을 거부하고 있으며, 자력으로 그들의 권익과 복지를 추구하고자 한다. 그러나 1990년대부터 2007년까지 북부 인도의 웃따르쁘라데시에서 여러 차례 집권한 '바후잔사마즈당'의 정치적 성공이 해당 지역 불가촉천민들의 삶을 개선하는 데 기여한 바를 논하기는 어렵다. 정치적으로 성공한 일부 불가촉천민의 상황은 개선되었지만 대다수 불가촉천민들의 인권과 삶의 질을 고양시키는 데는 한계가 있었다.

지정 부족(ST)

지정 부족(ST)을 위한 헌법의 특별 조항에는 부족의 법적 지위 인정, 의회의 비례대표 인정, 교육 등의 목적을 위한 자신의 언어 사용 권리 인정, 종교의 선택과 신앙에 대한 권리 인정 등이 포함되었다. ST에게도 7.5퍼센트의 정원을 우선 배정해주는 '할당정책'이 실시되고 있다. 1951년 센서스의 'ST 목록'에는 지정 부족의 수가 212개, 1961년에는 427개 포함되었지만, 당시에는 ST 선정을 위한 명확한 기준이 마련되어 있지 않았다. 포괄적인 부족과 관련한 최근 공식 문건은 2004년 '전국민주연맹(National Democratic Alliance, NDA)' 정부와 2006년 7월에 출범한 '연합진보연맹(United Progressive Alliance, UPA)' 정부가 두 번에 걸쳐 지정부족정책을 담은 '국가부족정책초안(Draft National Tribal Policy)'이다. 이 초안은 ST에 속하는 집단을 여러 가지 지표로 비교해보았을 때 여전히 주류 사회와 '박탈된' 상태에 있음을 인정하고 있다. 2006년 초안에서는 ST 집단을 "조밀한 영역에 거주하고, 자연과 조화로운 삶을 추구하며, 문화적 독자성과 특유의 관습을 따르고, 태생적으로 단순하고 직접적이며, 탐욕스럽지 않은 전통과 신념을 지닌 집단"으로 새롭게 규정하고 있다.

2001년 기준 인도 부족의 인구는 전체의 약 8.2퍼센트에 해당하는 약 8,500만 명이다. 이들의 약 63.4퍼센트는 산악 지역에, 30.4퍼센트는 농촌 지역에 그리고 6.2퍼센트는 도시 지역에 거주하고 있다. 전체 부족은 동북부 일곱 개 주에 약 1,600만 명, 중부·동부·서부의 아디바시(adivasi) 약 7,000만 명으로 구성된다. 인도 부족은 편의상 중국, 미얀마, 방글라데시, 부탄 등과 국경을 맞대고 있는 동북부 일곱 개 주에 주로 거주하는 '동북부 부족'과 중부·서부·동부의 산지, 계곡, 평야에 살면서 드물게나마 힌두나 무슬림과도 일상생활을 해온 '아디바시'로 구분된다.

부족 인구는 동북부 일곱 개 주인 아루나짤쁘라데시, 앗삼, 메갈라야, 마니뿌르, 나갈랜드, 뜨리뿌라, 미조람 전체 인구의 27퍼센트에 해당하는 약 1,030만 명이다. 메갈라야, 미조람, 나갈랜드 주의 약 80퍼센트 이상 그리고 아루나짤쁘라데시의 약 60퍼센트 이상이 부족이며, 다른 주들의 경우 35퍼센트 이하가 부족 인구다. 동북부 주에는 약 200여 개 이상의 부족 사회가 존재하며, 그곳에 거주하는 부족민은 인도 전체 부족민의 약 12퍼센트에 불과하다.

영국 식민지 당국은 인도 동북부 지역으로 세력을 확장하는 과정에서 다양한 부족들을 자발적 또는 강제적으로 인도에 병합시켰다. 지리, 인종, 문화적인 면에서 본토보다 동남아와 중국에 친근한 동북부 부족들에게 영국의 정책과 기조는 고립과 배제였다. 독립 후 인도 정부의 정책 역시 한동안 영국 식민지 시대의 기조를 유지했다. 그러나 인도 정부는 1960년대 초 중국과의 국지전에 패한 것을 계기로 동북부 지역의 지정학적 중요성을 고려하여 배제보다는 통합을 기조로 채택했다.

'아디바시'라는 용어는 인도아대륙에 아리야인이 유입되기 이전부터 본토 부족들이 살고 있었다는 주장에 의해 만들어진 것이다. 마디야쁘라데시의 한 곳에는 인도 전체 부족민 인구의 약 23퍼센트의 아디바시가 거주하고 있으며, 라자스탄, 구자라뜨, 마하라슈뜨라 주들이 위치한 서부 지역에는 전체 인도 부족 인구의 약 25퍼센트가 분포하고 있다. 대규모 부족인 빌(Bhil) 족과 곤드(Gond) 족은 구자라뜨, 마디야쁘라데시, 라자스탄, 안드라쁘라데시, 오릿사, 마하라슈뜨라에 널리 퍼져 있으며, 규모가 상당히 큰 산탈(Santhal) 족은 비하르, 오릿사, 서벵갈, 뜨리뿌라에 분포한다. 그리고 오라온(Oraon) 족은 비하르, 마디야쁘라데시, 오릿사, 서벵갈에 분포하고 있다. 미나(Mina) 족은 주로 라자스탄에 살고 있으며, 문다(Munda) 족은 비하르, 오릿사, 서벵갈, 마디야쁘라데시에, 콘드(Khond) 족은 주로 오릿사에 분포하고 있다. 빌 족, 산탈 족, 곤드 족은 아디바시 전체 인구의 약 40퍼센트를 구성하고 있을 정도로 규모가 크다.

'인도 헌법의 지도 원칙'은 부족을 포함한 사회적 취약 집단의 교육과 경제적 이해를 증진시켜야 함을 요구하고 있다. 특히 인도 헌법은 ST와 관련한 지정 지역(Scheduled Areas)을 '지정'하고 이 지역 내에서는 부족들에게 유리한 방향으로 행정이 이루어지도록 명시한 '부칙 5'와 '부칙 6'을 포함하고 있다. '부칙 5'는 주로 아디바시에 관한 규정이며, '부칙 6'은 인도 동북부의 ST를 다루고 있다. 정부 부족민 정책의 근간은 그간 고립되어 상대적으로 불이익을 받았던 부족민을 차별로부터 보호하고, 이들의 사회·경제적 지위를 향상시켜 인도 주류 사회에 통합시키는 것이다.

이처럼 인도 정부가 부족들을 위해 다양한 정책을 입안하고 독립 부처까지 신설하였음에도 불구하고 부족민들은 산림 등 자연자원에 대한 권리 박탈, 외부인의 유입, 국가 주도의 각종 개발 사업에 따른 강제 철거, 생계 근거지의 박탈로 원거리 이주노동자로 전락하는 등 심각한 각종 위기에 봉착하고 있다. 국가의 경제 발전과 '공공적 목적'을 내세운 국가 주도의 대형 개발 사업과 경제 개방 후 유입된 초국적 기업들의 개발 사업은 부족민의 생계를 위협하고 '문화적 말살'을 가져오고 있다. 인도 부족은 21세기에도 인도 사회의 주변부나 최하위 계층을 구성할 전망이다. 특히 신자유주의 경제체제와 세계화가 심화될수록 부족민의 생계는 위협받을 것이며, 이들의 문화적 전통의 말살 또한 불가피할 것이다.

기타 후진계급(OBC)

기타 후진계급(OBC)에 속하는 인도인은 브라만, 끄샤뜨리아, 바이샤, 슈드라라는 '바르나(varna)' 위계에서 대략 슈드라에 속하는 카스트들로 구성된다. 그러나 여기에 해당하는 카스트들은 주마다 매우 상이하다. 만달(Mandal)을 위원장으로 하는 만달위원회는 이 카스트들이 대략 인도 전체 인구의 52퍼센트에 해당한다고 추산한 바 있다. 1955년 제1차 후진계급위원회 보고서에서는 '가장 낙후된(most backward)' 837개 카스트와 '낙후된(backward)' 2,399개 카스트를 선정하여 OBC에 포함시키고, 이들에게 정부의 공무원 임용과 교육기관 입학 같은 혜택을 줄 것을 권고한 바 있었으나 이 안은 수용되지 못했다. 1980년 12월 만달위원회가 관련 보고서를 다시 제출했으나 역시 재차 보류되었다.

그러나 1990년 1월 '인도국민당(BJP)'과 '좌파전선(Left front)'의 지지하에 중앙 정부를 장악한 싱(V. P. Singh) 수상은 만달위원회의 권고를 수용하여 OBC에게 27퍼센트의 수혜 비율을 부여하기로 결정했다. 1990년 10월 싱 수상의 결정에 대해 대법원의 정지명령이 내려지고 1991년 나라신하 라오(P. V. Narashima Rao) 수상이 이끄는 인도국민회의(Indian National Congress I) 정부가 출범하였으나 라오 정부 역시 만달위원회의 권고를 수용할 것을 공표했다.

마침내 1992년 11월 인도대법원은 OBC에게 27퍼센트의 특별 고용기회를 보장하는 결정은 유효하다고 판결했다. 이 판결은 싱 수상과 라오 정부가 카스트를 통해 인도 사회와 정치를 이끌어나가고자 하는 의도가 관철되는 순간이었다. 카스트주의 심화를 이용하려는 '만달화'와 힌두교를 이용하려는 BJP의 '만디르(힌두 사원)' 정책은 1990년대 이후 '만달 대 만디르'라는 상징 구호가 되어 인도 정치판을 이해하는 핵심 화두로 등장했다.

더 읽을거리

박정석,《카스트를 넘어서》, 민속원, 2007.

이광수 외,《카스트: 지속과 변화》, 소나무, 2002.

정채성, "인도의 '기타 후진 계급(Other Backward Classes)'의 사회적 성격",《인도연구》제5권, 한국인도학회, 2000.

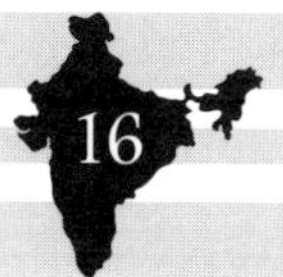

디아스포라

김경학•

인도인 디아스포라의 형성

인도인이 해외 도처로 대규모 이주를 하게 된 것은 19세기 세계경제체제의 변화와 밀접하게 연관된다. 1883년 유럽인들이 주로 운영하던 아시아, 아프리카, 카리브 해, 남태평양 일대의 광산과 플랜테이션 농장에 노동력을 제공하던 노예제가 폐지되면서 신종 노예제에 해당하는 '계약노동제'가 생겨났다. 당시 값싸고 순종적인 인도인은 새로운 대안 노동력으로 각광을 받았다. 계약노동제는 개별 노동자가 플랜테이션 농장주와 노동계약을 하는 것으로 1920년에 들어서야 폐

• 전남대학교 교수, khkim@chonnam.ac.kr

지되었다. 또한 시크가 주축이 된 뻔잡 출신 인도인들은 1886년부터 1902년까지 영국령 식민지인 동아프리카 케냐와 우간다의 철도 건설 노동자로 이주했으며, 남인도의 따밀인들은 말레이시아 등 동남아시아 일대로 이주했다. 대규모 국제 이주를 한 인도인들을 상대로 장사를 하기 위해 구자라뜨 상인 집단들도 1930년대부터 본격적으로 이주하기 시작했다. 1830년대부터 1930년대까지 이주하여 현지에 정착한 인도인들과 그 후손들로 구성된 해외 인도인들은 편의상 '구(舊)해외 인도인'이라 부른다. 대다수의 '구해외 인도인'은 인도 외무성의 분류에 따르면 '재외 인도 동포(Persons of Indian Origin, PIO: 국적은 인도가 아니지만 인도인의 혈통을 보유한 사람)'에 속한다.

1950년대 초부터 시작된 인도인의 해외 이주는 과거의 계약노동 이주와는 다른 모습을 보인다. 제2차 세계대전이 끝나자 인도인들은 부족해진 비숙련 노동력을 충원하기 위해 영국으로 떠났고, 1960년대 중반부터 미국, 캐나다, 호주 등의 나라에 아시아 이민자 규제가 완화되면서 대규모로 이주하기 시작했다. 1970년대부터 도시 중산층 출신의 숙련 기술자, 과학자, 의사, 법조인 등 전문직에 종사하는 인도인들이 대규모로 서구 국가로 이주하자 인도는 '고급 두뇌 유출(brain drain)'이라는 불이익을 감수해야 했다.

한편 단순 노동력은 중동의 석유 개발에 따라 께랄라 출신을 중심으로 이주했다. 이들은 대부분 잠정적인 체류자 신분이었으나 송금을 통해 인도 정부와 고향의 가족과 친지들에게 많은 물질적 혜택을 주고 있다. 제2차 세계대전 종전 후 서구와 중동으로 이주한 인도인들은 흔히 '신(新)해외 인도인'으로 불린다. 이들 가운데 여전히 인도 국적을 보유한 사람들은 '해외 거주 인도인(Non-Resident Indians, NRIs)'으로 분류된다. 2001년 외무성 자료에 따르면 약 2,600만 명의 해외 인도인 가운데 재외 인도인(NRIs)은 약 600만 명이며 나머지는 재외 인도 동포(PIO)에 속한다.

계약노동자로 이주했던 국가를 제외하면 해외 인도인들은 물리적·문화적 근접성에 따라 정도의 차이는 있지만 늘 모국과 네트워크를 유지해왔다. 특히 지난 몇 십 년에 걸쳐 일어났던 교통과 통신 수단의 급격한 발달은 모국과의 관계뿐 아니라 세계 도처에 흩어져 살고 있는 해외 인도인들 간의 네트워크까지 긴밀하게 만들었다. 해외 인도인들은 영토라는 물리적인 경계를 넘나들며 '초국적인 네트워크'를 통해 송금, 혼인, 종교 등 다양한 사회·문화적 영역에서 긴밀한 관계를 형성하고 있다. 그들은 지리적·정치적·사회적인 면에서 별도의 공간에서 거주하고 있지만 이메일과 국제전화를 통해 서로 일상적인 대화를 나누고 현금과 선물 등을 보낼 뿐만 아니라 사업 계약을 하고 다양한 아이디어를 교환한다. 즉 이들은 해외에 흩어져 살고 있지만 여전히 결속된 '초국가적 공동체'의 성격을 유지하고 있다.

인도인 디아스포라의 성격

인도인은 가족과 친족으로서의 의무뿐 아니라 '정상적인' 혼인을 매우 중시하며, 특히 출신 지역, 종교, 카스트의 정체성을 지키기 위해 중매혼을 선호한다. 따라서 모국뿐만 아니라 세계 도처에 있는 인도인 사회에서 적합한 혼인 대상을 찾아 '초국가적 중매혼'을 한다. 이런 혼인은 국내외 인도인들 간의 초국가적 네트워크 형성과 유지에 매우 중요한 역할을 한다. 인도인의 전형적인 해외 이주는 '가족 연쇄 이주'다. 가족원의 일부 또는 한 핵가족이 해외에 정착하면 재결합 프로그램을 이용해 시간차를 두고 형제자매와 부모의 이주가 이루어진다.

인도인의 초국가적 네트워크가 잘 드러나는 영역은 해외 인도인들 간 또는 모국 가족들과의 송금과 선물 교류다. 이들의 송금은 직접적으로는 가족들에게, 더 넓게는 지역공동체의 사원, 상수도, 스포츠, 교육, 의료 시설 등 인프라를 구축하는 데 쓰여 지역사회 발전에 기여하고 있다. 다수의 해외 인도인들이 고향마을의 사원 개축과 공용 화장터 건립에 수만 달러를 기부한다. 그들의 후원은 지역공동체의 인프라 구축과 마을 사람들의 '삶의 질'을 크게 향상시키고 있다.

위성 텔레비전과 인터넷으로 대표되는 전자매체 시대에 인도 문화 역시 인도라는 특정 영토에 정박해 있기보다는 초국가적인 흐름을 타고 있다. 이렇게 전파된 인도 문화는 해외 인도인 공동체의 정체성을 형성하고 유지하는 데 기여하고 있다. 해외 인도인 신문과 잡지도 모국과 출신 지역의 소식을 전해준다. 해외 인도인이 운영하는 초국가적 텔레비전과 라디오 채널은 그들을 문화적으로 결속시키는 역할을 톡톡히 하고 있다. 해외 인도인이 모국뿐 아니라 다른 국가에 거주하는 인도인들과도 초국가적으로 네트워킹을 하는 데는 통신 수단과 국제

항공 산업 발달이 큰 영향을 미쳤다.

특히 인터넷은 해외 인도인이 모국에서부터 유지해왔던 전통적인 관계를 사이버 공간에서 최소한이나마 재생할 수 있게 해주며, 더 나아가 '가상 공동체'를 만들 수 있게 해준다. 예컨대 국내외 구자라띠를 묶어주는 'www.Kemchoo.com'이라는 웹사이트는 해외 도처에 거주하는 구자라띠에게 그들의 문화와 전통을 느낄 수 있도록 꾸며져 있다. 이 사이트는 오랫 동안 타향에서 살고 있는 사람들에게 자신의 문화와 전통을 느끼게 해주는 '가상 고향'의 역할을 한다.

해외 인도인 가운데 구자라띠 힌두와 시크는 가장 대표적이면서 성공한 해외 인도인 공동체로 꼽힌다. 사실 인구의 80퍼센트 이상이 힌두이기 때문에 '인도인' 하면 많은 사람들이 '힌두교'를 떠올린다. 그만큼 힌두 인구는 해외 인도인 사회에서도 다수이며, 특히 구자라띠 힌두들이 1990년대 이후 인도 사회의 핫이슈로 부상한 '힌두 국가 건설' 같은 이데올로기의 경제적 후원자였다는 사실은 매우 중요하다. 그런가 하면 인도 인구의 2퍼센트에 불과한 시크는 해외 인도인 인구의 15퍼센트를 차지하고 있으며, 힌두와는 정반대의 이유로 본국의 정치·경제에 깊이 관여해왔다.

해외 인도인의 영향력

해외직접투자(Foreign Direct Investment, FDI)를 통해 대인도 투자 규

모를 증대시킨 실체는 해외 인도인, 특히 미국, 영국, 캐나다 등에 거주하는 경제력 있는 재외 인도인들이다. 그러나 이처럼 경제적으로 긍정적인 평가를 받는 해외 인도인들에 대해 정치적으로 부정적 여론이 많은 것은 눈여겨볼 만하다. 서구 국가에 정착한 힌두들은 현지에 열풍처럼 번진 신힌두교 운동을 계기로 서구에서 인정받을 수 있는 문화적 정체성을 추구해왔다. 국내에서 힌두교가 어느 정도 통일된 것은 최근 무슬림과의 대결구도 속에서 힌두교도들 사이의 유대가 강화되었기 때문이다. 1992년 12월 아요디야에서 발생한 바브리 이슬람사원(Babri Mosque) 파괴 사건, 2002년 2월 구자라뜨 주의 고드라에서 발생한 열차 방화 사건에 개입된 소위 '활동비'가 해외 힌두들이 지원하는 모금액과 연관이 있다.

미국의 힌두 디아스포라 집단은 현지에서 사회·경제적으로 성공한 것으로 간주되며, 인도의 힌두 민족주의운동과 직·간접적으로 긴밀한 관계를 유지하고 있다. 1970년에 창단된 VHP의 미국 지부인 'VHP of America(VHP-A)'는 미국의 힌두 상부조직으로 2000년대 후반 미국에 약 50개의 지부를 두고 있으며 적극적으로 활동하는 회원 수도 약 1만 명에 달한다. VHP-A의 주목적은 공식적으로 힌두교를 부흥시키기 위한 사회·문화적 활동이라고 알려져 있지만, 비공식적으로는 회원들이 인도 내 힌두 조직들과 연결되어 정치적 활동을 하는 통로다. 특히 미국에서 인도의 쌍그 빠리와르로 유입되는 자금 창구인 '인도개발구제기금(India Development and Relief Fund, IDRF)'은 미국 메릴랜드에 근거지를 두고 있는 표면상 비영리 자선단체다.

인도의 개발과 구호사업을 목적으로 전면에서 자금을 모으고 있는 이 조직의 재원 중 상당 부분이 쌍그 빠리와르가 전개하는 힌두 국가 건설에 사용되고 있는 것으로 알려졌다.

해외 인도인들은 세계 각국에서 중산층 이상의 사회·경제적 지위를 확보하고 있다. 특히 영국과 미국으로 이주한 사람들은 그 나라에서 평균 이상의 교육 수준을 유지하고 기술직과 전문직에 종사하는 이들이 많다. 영국의 인도인들은 2001년 기준으로 영국에 이주한 소수민족 중 1.8퍼센트에 불과한 소수민족이지만 경제적으로 가장 성공한 이민 집단이다. 인도계 미국인들의 1인당 연간 소득은 6만 93달러로, 미국 전체 평균인 3만 8,885달러에 비해 1.5배 정도 높다. 인도계 미국인 취업자의 43.6퍼센트는 경영 및 전문직 종사자, 33.2퍼센트는 기술직·사무직·서비스직 종사자로 특히 과학과 기술 영역에서 두각을 나타내고 있다.

정부의 해외 인도인 정책

인도 정부는 1970년대 이전까지만 해도 해외 인도인들에 대해 소극적인 정책을 폈다. 즉 해외 인도인들이 이주한 나라에 성공적으로 정착하고 동화할 것을 적극 장려하는 것을 기본으로 삼았다. 그러나 1970년대 후반부터는 경제 성장에서 해외 인도인, 특히 서구 선진국으로 이주한 이들의 역할을 새롭게 인식했다. 실제로 해외 인도인들의 송금은 인도 경제에서 무시할 수 없는 비중을 차지한다. 중동 특수가 있었던 1980년대 초반에는 중동 지역 해외 인도인의 송금이 인도 총수출의 4분의 1, 총수입의 6분의 1에 이르렀다. 반면 1989년에는 약 13억 달러에 달하던 해외 인도인의 외화 예금이 1990년에 2억 2,900만 달러로 대폭 감소하면서 인도의 외환위기가 더욱 악화되기도 했다.

1990년 외환위기를 겪은 후 인도 정부는 해외 인도인들을 국가 발전에 더욱 적극적으로 활용하고자 이를 뒷받침하는 정책들을 시행하고 있다. 예를 들면, 해외 인도인에 대한 사회적 우대조치로서 1999년 '동포카드(PIO Card)'와 '해외시민권(Overseas Indian Citizenship)' 제도를 도입하여 해외 인도인들의 모국 방문과 연계를 지속시키고자 했다. 해외 인도인들의 경제적 영향력은 막대하다. 약 2,600만 명인 이들의 연간 소득은 3,000억 달러로 11억 명에 육박하는 인도의 국내총생산과 맞먹는다. 그러나 관료주의의 만연으로 인한 복잡한 절차와 잦은 지연, 정책 투명성의 결여로 불신감이 팽배하고 있기 때문에 실제 유입되는 FDI는 인도 정부의 승인 액수보다 매우 적다.

외무부 산하에 있던 '인도해외기구(Indian Overseas Cell)'와 '해외이민국(Oversea Indian Division)'이 2004년 '해외동포부(Ministry of Overseas Indian Affairs)'로 확대 신설되면서 다양한 영역에서 모국과 해외 인도인, 그리고 해외 인도인들 간의 네트워크를 구축하는 데 기여하고 있다. 이러한 활동들은 과학, 기술, 매체, 경영, 문화, 언론, 교육, 의료 등의 영역에서 '디아스포라 지적자원 네트워크(Diaspora

Knowledge Network, DKN)'를 구축함으로써 해외 현황을 살피고 타국과의 협력 방안을 모색하기도 한다.

더 읽을거리

김경학 외,《글로벌 시대의 인도인 디아스포라》, 경인문화사, 2007.

______,《국제이주와 인도인 디아스포라》, 집문당, 2006.

______ 외,《인도인 디아스포라: 경계를 넘나드는 사람들》, 경인문화사, 2006.

______ 외,《귀환의 신화: 해외 인도인의 이주와 정착》, 경인문화사, 2005.

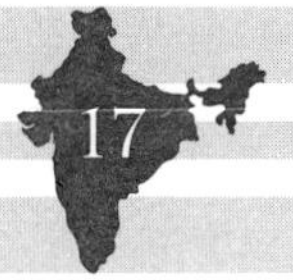

교육

신진영•

교육제도

인도는 초등학교부터 일반 고등학교까지의 과정이 10년이며, 대학 진학을 목표로 하는 학생들은 11~12학년에 진학하여 입시준비를 한다. 대학교는 학부 3년(일부 4년), 석사과정 2년, 박사과정으로 나뉘어 있다. 인도의 초등학교 입학률은 꾸준히 증가하여 취학률이 이미 90퍼센트를 넘어섰다. 그러나 고등학교 진학률은 15퍼센트 수준이며, 이마저도 교과 과정을 마치는 비율은 절반에도 못 미친다. 진학의 장애 요인으로는 경제적인 문제가 가장 크며 그 외에도 통학 거리, 집

• 부산외국어대학교 강사, Indialover00l@gmail.com

안 사정 등이 원인으로 꼽힌다.

진학은 성별과 지역에 따라 차이가 크며, 사립학교와 국공립학교 간의 차이도 큰 편이다. 우리나라의 중등학교는 몇몇 학교를 제외하고는 사립과 국공립의 구분이 힘들지만, 인도는 비교적 쉽게 구분할 수 있다. 우선 교육비부터 다르다. 국공립학교는 거의 무료인데 비해 일부 사립학교는 비싼 교육비를 지불해야 한다. 그럼에도 불구하고 부모들은 교육의 질과 환경이 좋은 사립학교를 선호한다. 현재 인도 전체 학생의 30퍼센트 미만이 사립 교육기관에서 공부하고 있다.

교육 풍토

인도 정부의 교육 부문 투자는 GDP 대비 3퍼센트 정도로 낮은 편이며 공공 교육시설과 교사 부족도 고질적인 문제로 지적된다. 그럼에도 불구하고 세계는 인도가 다른 개발도상국들과 달리 서비스업과 IT, 지식 산업이 경제를 주도하고 있다는 점에서 인도의 교육에 집중하고 있다. 인도는 독립 직후부터 정부의 계획하에 엘리트 중심 정책을 추진하고 전문성과 적응력을 높여왔다.

경제적인 문제가 진학의 장애 요인이 되고 있지만 인도는 여느 나라보다 교육열이 높고 교육 경쟁이 치열하다. 인도에서는 '배움'을 생애 한 주기에서 달성해야 할 과업이 아닌 삶의 일부라고 생각한다. 교육은 이미 엄마 뱃속에서부터, 경쟁은 말을 배우기 전부터 시작된다. 인도가 이머징마켓(emerging market)으로 세계의 주목을 받기 이전부터 부모들은 자녀를 좋은 놀이방(유치원 이전)에 보내기 위해 줄을 서고 있었다. 한국에 '극성 엄마'들이 있다면 인도에는 '극성 가족'이 있다. 웬만한 가정에서는 아이의 교육에 온 가족이 참여하고 학과 공부뿐 아니라 경제적·정신적 지원을 아끼지 않는다.

교육의 유산

인도는 오랜 교육 전통을 갖고 있다. 현재 비하르 주에 있는 나란다대학(Nalanda University)은 5세기경 세계 최초의 대학으로 꼽히며 주변 국가들에게까지 명성을 떨쳤다. 각 지역에서는 우리나라의 서당과 같은 교육기관인 구루꿀(gurukul)이 지역민들의 교육을 담당했으며, 종교와 예술뿐 아니라 의학, 경제, 경영까지 폭넓게 가르쳤다.

인도는 영국의 식민 지배를 받으면서 서구의 교육체계를 따르게 되었지만, 그렇다고 해서 그들의 교육 전통을 역사에 박제하지는 않았다. 구루꿀의 교육 내용은 구전으로 전승되기 때문에 암기력 개발을 중시했는데 이 학풍이 현재까지 이어지고 있다. 또한 토론 교육이 대부분의 학교에 적용되어 암기와 토론이 적절한 조화를 이루고 있다. 가끔 학생들이 수업시간에 엉뚱한 질문과 답변을 해도 교사나 교수는 이들의 생각을 지지해주면서 다른 방향으로 생각해볼 것을 제안한다. 교육은 정답을 맞히기 위한 스트레스의 연속이 아니다. 이들은 몇 년이 아니라 몇 십 년 혹은 평생에 걸쳐 자신이 가진 잠재력을 성장시키고 계발한다.

명문 사립학교

인도는 국공립학교와 사립학교의 수준 차이가 크다. 국내외 유명 대학에 진학하는 학생 다수가 사립학교 출신들이다. 명문으로 손꼽히는 중등학교 중에는 한 세기를 훨씬 넘긴 학교도 많다. 그 중 하나가 마요 칼리지(Mayo College)다. 1875년에 설립된 이 학교는 지금도 오멘 왕족 자제를 비롯해 주변국의 귀족 자제들이 교육을 받고 있다. 국내뿐 아니라 해외에 분교를 두고 있는 학교도 있다. 인도의 대표적인 명문 사립학교인 DPS(Delhi Public School)는 1949년 뉴델리에 처음으로 설립되었다. DPS는 해외 명문 사립학교와 마찬가지로 기숙사를 제공한다.

인도의 교육은 전인교육보다 학생들의 실력을 키우는 데 집중한다. 공립학교보다 사립학교를 선호하는 첫 번째 이유는 영어로 교육을 받을 수 있기 때문이다. 둘째, 수준 있는 교육이 이루어진다. 일례로 인도는 중학교에서도 제2 외국어를 배울 수 있는데, 사립학교에서는 외국인 교사나 현지에서 살다 온 재외 인도인에게 교육을 받을 수 있다. 이런 교육을 1~2년 받은 학생들은 해당 언어로 소통이 가능하다. 셋째, 사립학교에서는 스포츠를 비롯한 다양한 과외 활동을 할 수 있다.

넷째, 대중 앞에서 자신을 표현할 수 있는 다양한 기회가 있다. 학생들은 매년 몇 차례의 행사를 통해 자신의 창작물을 발표한다. 즉 자신을 표현하는 훈련과 대중의 격려를 통해 스스로 재능을 발견하고 성장시킬 수 있는 것이다.

대학원 중심 대학

2010년 인도 인적자원부에 따르면 인도에는 국공립 종합대학이 300여 곳에 달하고, 전문 분야의 대학원 중심 대학과 전문대학을 합치면 3만 6,000여 개소의 대학이 있다. 세계은행의 2006년 자료에 따르면 인도는 중국과 미국에 이어 세계 3위의 고등교육시스템을 가지고 있다. 인도의 고등교육기관은 양적으로도 풍부하지만 질적으로도 떨어지지 않는다.

인도 정부는 1940년대 후반부터 교육위원회를 구성하여 대학원 중심 대학 설립을 추진했다. 인도 엘리트 교육의 핵심인 대학원 중심 대학 AIIMS(All India Institute of Medical Sciences)는 1956년, 경영대학원 IIM(Indian Institutes of Management)은 1961년 콜카타와 아흐메다바드에 각각 설립되었다. IIM은 이후 각 거점 지역에 다섯 개가 추가로 설립되었다. 인도공과대학으로 명성이 높은 IIT(Indian Institutes of Technology)는 이보다 빠른 1951년 서벵갈에 가장 먼저 신설되었으며, 1958년 뭄바이를 거쳐 이후 여섯 군데에 추가로 문을 열었다.

IIT가 없는 지역에는 1959년부터 1970년 이전까지 과학과 공학 중심의 NIT(National Institutes of Technology)를 열다섯 군데 추가로 설립했다. 대학원 중심 대학의 설립 목적은 엘리트 양성뿐 아니라 선진 연구를 통해 지역대학을 지원하고 선도하는 것이다. AIIMS는 의료진을 양성하기도 하지만 임상 연구와 의학교수진 양성에도 주력하고 있으며, IIT와 IIM은 공학과 경영 분야의 산학 협력을 활발히 전개하여 지역산업 육성을 뒷받침하고 있다.

대학 운영

인도에서는 정부의 계획하에 거점 대학을 설립하고 있지만 운영에는 최대한 자율권을 보장한다. IIT와 IIM은 각각 JEE(Joint Entrance Examination)와 CAT(Common Admission Test)라는 독자적인 시험을 통해 신입생을 뽑는다. 2011년 IIT의 경쟁률은 50 대 1로 매우 치열했으며 매년 우수한 인재들을 선발해왔다. 대학에서는 산업체 경력이 있는 교수진이 행정과 교과 구성을 담당하고 교육 내용에도 자율성을 부여받는다. 현직 교수들에게는 비즈니스 컨설팅과 같은 다양한 대외 활동이 장려되는데, 이는 산업계가 학계의 지식을 활용할 수 있을 뿐 아니라 산업계의 현실 감각을 학계로 흘러 들어가게 할 수 있는 통로가 되기 때문이다. 실제로 이런 배경에서 IIM과 IIT 산학협력센터의 프로젝트들이 매우 활발하게 일어나고 있다.

교육기관은 학생들의 공부에 최적의 환경을 제공한다. 엘리트 교육기관들은 대규모 기숙사 시설을 갖추고 있다. 지역마다 차이는 있지만 IIT의 경우 10~17개 동의 기숙사가 있어 대다수의 학생들이 기숙사 생활을 할 수 있다. 교수는 학생 6~8명당 한 명꼴이다. 대학에는 유급제도가 있어 대학 내에서도 경쟁이 치열하고 자연스러운 면학 분위기가 조성된다. IIT는 유급자의 비율이 30퍼센트에 이를 정도로 혹독하다.

학생들끼리도 경쟁을 하지만 대학끼리도 졸업생들의 취업을 두고 경쟁을 벌인다. 3월 취업시즌이 되면 IIT나 IIM 졸업자의 연봉이 화젯거리가 되고, 각 지역의 IIT와 IIM은 자신들의 명성을 지키기 위해 졸업생의 취업에 사활을 건다. 예를 들어 IIM에서는 1월부터 캠퍼스 채용을 준비하고 기업 담당자를 학교로 초청하여 취업에 필요한 전 과정을 준비한다. IIM은 매년 취업박람회를 통해 입수한 정보를 다음 학기 수업에 반영함으로써 기업이 원하는 맞춤형 인재를 양성한다. 또한 캠퍼스에서 테스트와 인터뷰를 진행함으로써 학생들이 실력을 최대한 발휘할 수 있도록 한다.

결론

인도의 사회 불평등은 교육 불평등으로 이어진다. 그러나 교육 제공자나 수혜자가 혜택을 누리는 것만은 아니다. 인도에서 인정받는 교육기관이나 그 곳에 소속된 학생들은 치열한 경쟁과 노력으로 국내에서 원하는 인재를 넘어 세계가 원하는 인재로 거듭나고 있다. 비록 교육 혜택 불균형에 대한 문제는 남아 있지만, 인도 정부는 소외계층 할당제와 NIT 입학생의 50퍼센트를 지역 주민으로 선발하는 등 대책을 세우고 문제 해결을 위해 꾸준히 노력하고 있다.

더 읽을거리

김도영, 《인도인과 인도문화》, 산지니, 2007.

신진영, "인도의 교육", 정호영, 《인도는 울퉁불퉁하다》, 한스컨텐츠, 2011.

______, "2009년 인도경영대학원(IIM) 취업경향과 취업전략 변화", 《국제노동브리프》 제7권 5호, 2009.

《세계의 교육현장-인도(DVD)》, EBS 미디어센터, EBS교육방송, 2010.

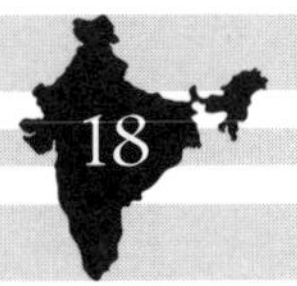

인적자원

신진영•

'젊은' 인구

2011년 유엔 세계인구보고서는 인도 인구를 12억 4,000만 명으로 추산했다. 이는 세계 인구 70억의 6분의 1을 차지하는 수치다. 그러나 일부에서는 정확한 추계가 어려운 현실을 고려할 때 인도 인구가 이미 13억의 중국 인구를 넘어섰을 것이라는 주장도 있다. 인도 인구는 향후 40년간 꾸준히 늘어 2050년에는 16억이 넘을 것이라는 전망이 지배적이다.

유엔 인구보고서에 따르면 2011년 인도 전체 인구의 평균 연령은

• 부산외국어대학교 강사, indialover001@gmail.com

28세로 경쟁국인 중국의 35세나 브라질의 31세보다 낮다. 이러한 경향은 2050년까지 지속될 것으로 보인다. 현재 인도는 15~64세의 인구가 전체의 3분의 2를 차지하고 있다. 특히 2010년을 정점으로

그림 2-1 주별 인구 분포(2012)

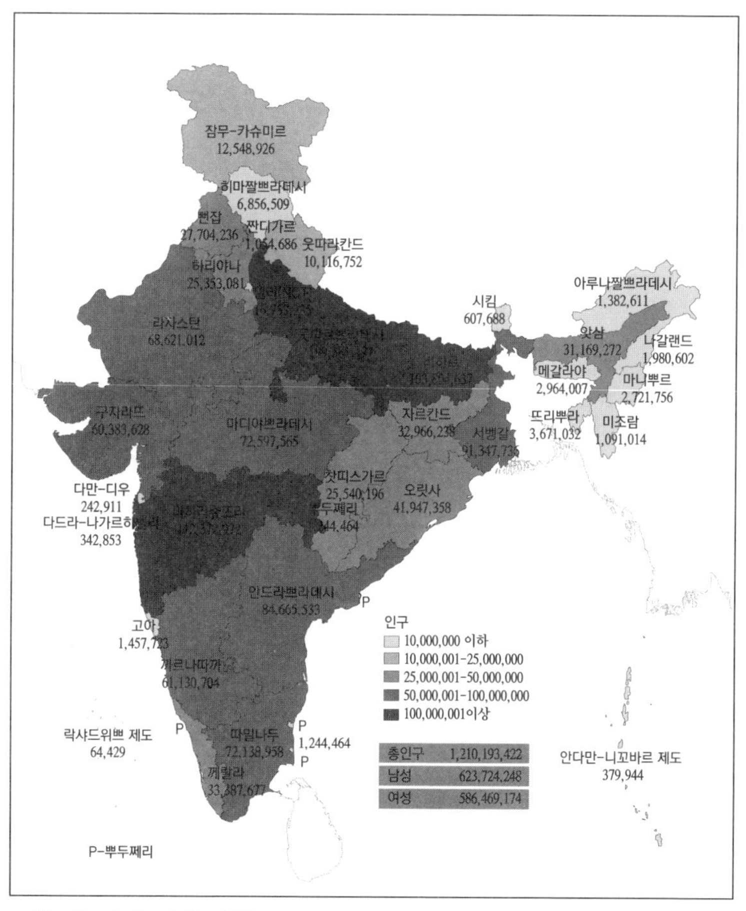

자료: Population India, 2011

그림 2-2 노동 가능 인구(15~64세)

(단위: 억 명)

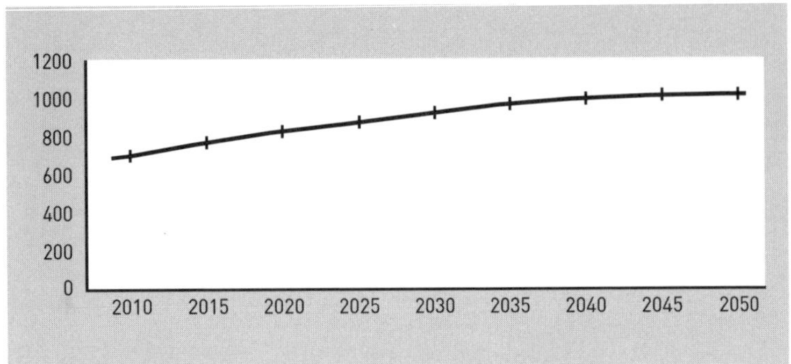

자료 : UN 세계인구보고서, 2011

노동 가능 인구의 비율이 점차 감소하는 중국과 달리 인도의 노동 가능 인구 비율은 꾸준히 증가하여 2027년에는 중국을 넘어설 것으로 보인다.

그동안 인도 정부는 국민의 문해율을 높이기 위해 꾸준히 노력해 왔다. 정부는 낙후된 지역의 교육 문제를 해결하기 위해 1970년대 말부터 교육시설이 없거나 부족한 지역을 대상으로 비정규교육(Non-Formal Education)을 실시했다. 이곳에서는 주로 6~14세의 어린이들에게 쓰기와 읽기를 중심으로 교육을 시켰으나 어른들도 참여할 수 있게 하였으며, 교사 부족 문제를 해결하기 위해 퇴직공무원을 활용하는 방안을 모색하기도 했다.

그 결과 15세 이상 인구의 문해율이 꾸준히 늘어 2011년에는 15세 이상 남성의 71퍼센트, 15세 이상 여성의 61퍼센트가 문자를 해독할 수 있는 것으로 파악된다. 그러나 인도 국민의 교육 수준은 여

그림 2-3 15세 이상 남녀의 문해율

(단위: %)

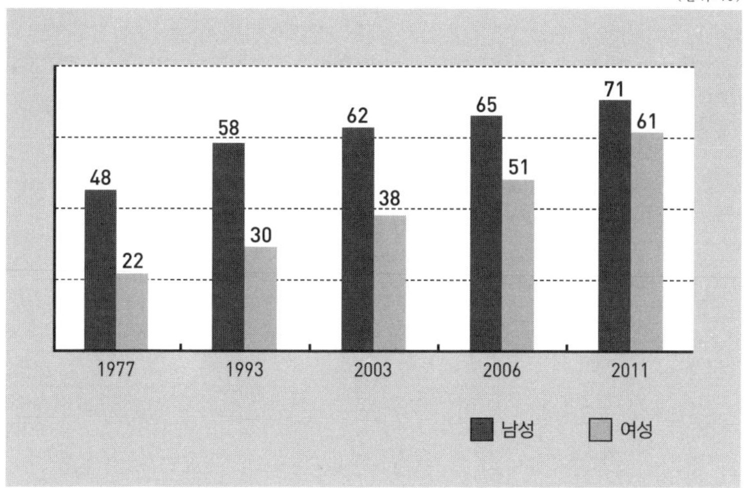

자료: Register General and Census Commission, India, 1977, 1993, 2003, 2006
* 2011년은 예상치임

전혀 높지 않다. 세계은행의 자료에 따르면 2010년 인도 성인의 평균 교육 연수는 4.4년으로 중국의 7.5년과 비교할 때 적은 것으로 나타났다.

세계적 경쟁력

인도는 국민 전체의 교육 수준은 낮지만 다른 개발도상국에 비해 엘리트 교육을 받은 인재를 많이 배출하고 있다. 인도는 독립 이후 대중화·종합화·평준화 대신 엘리트 교육을 지향해왔다. 민족 지도자들은 영국으로부터 독립을 성취했지만 지배국의 언어를 버리지는 않았다. 오히려 영어가 국제사회에서 인도인들에게 경쟁력을 갖게 해줄 것이라고 믿었다. 독립 초부터 교육기관에서 영어 교육을 의무화한 결과 인도는 세계에서 영어 사용자가 가장 많은 국가가 되었다.

그리고 전문화·특성화에 맞추어 1950년부터 과학기술 전문대학인 IIT와 대학원 중심 대학인 IIM을 설립했다. 또한 각 지역에 의학 전문대학원을 설립하고 인문·사회과학 분야도 대학원 중심으로 대학을 발전시켰다. 정부는 고등교육 예산의 50퍼센트를 투자하여 이를 전폭적으로 지원하는 한편, 대학들이 변화에 빠르게 대응할 수 있도록 운영자율권을 인정했다. 따라서 관료주의로 변화가 느린 다른 부문에 비해 고등교육과 엘리트 교육은 변화에 빠르게 적응할 수 있었고, IIT과 IIM 등 인도의 유명 대학들 역시 세계적인 명문대 반열에 오를 수 있었다.

각 지역 거점에 설립된 IIT에서는 매년 1만 7,000명의 엔지니어가 양성되고 있다. 2009년 현재 인도의 대표 과학기술대학인 IIT와 NIT는 전국에 33개소이다. 인도 정부는 국내외 전문 기술 인력을 공급하기 위해 IIT 8개소와 NIT 20개소의 증설을 확정하고 인근 IIT와 NIT의 도움을 받아 대학 신설을 진행하고 있다. 2020년까지 인도 과학기술 분야의 박사학위 취득자 수는 2만 명에 이를 것으로 추산된다. 각 지역의 고등교육기관도 빠르게 확대되어, 현재 인도에는 544개의 종합대학 및 대학원 중심 대학과 3만 1,324개의 단과대학이 있다.

인도 정부는 직업교육에도 투자 비율을 높이고 있다. 개방 이후 다

표 2-1 인도의 직업교육 시설 현황(2010년)

총 시설 수	8,306개소(ITIs: 2,140, ITC: 6,166)
총 수용 인원	1,161,000명(ITIs: 442,000, ITC: 718,000)
교육 기간	6개월~3년
교육 연령	만 14세 이상
훈련 분야	기술 · 기능 관련 115개 분야

자료: 인도 노동고용부, 2010
* ITI(Industrial Training Institutes): 인도의 실업계 고등학교 격인 직업교육기관
* ITC(Industrial Training Centers): 정부-민간 파트너십을 통한 직업교육기관

국적기업의 인도 진출이 급속히 증가하고 더불어 인도 기업들도 성장하면서 전문 인력의 수요가 늘어나고 있다. 2010년 인도 정부는 직업전문 교육기관을 설립하여 준비된 인력을 산업계에 공급하기 위해 최선을 다하겠다고 밝혔다. 특히 제조업의 활성화를 통해 고용을 확대하고 서비스업 전문 인력을 양성함으로써 산업을 뒷받침하려는 목표를 가지고 약 115개 분야의 전문 교육을 실시하고 있다.

정부 차원에서뿐 아니라 각 대학이나 기업에서도 산업계에 필요한 맞춤형 인재를 양성하기 위한 교육을 하고 있다. 대학들은 통신, 반도체, 의료기기, 의약, 산업공학 분야 R&D와 KPO(Knowledge Process Outsourcing) 산업의 인력 공급을 위해 정규 교육과정이 아닌 단기 교육과정을 제공하고 있다. 기업들은 대학이나 사립 교육기관과 연계하여 '맞춤형' 교육과정을 개설하는 등 산업계의 수요에 빠르게 대응하고 있다.

인도에서 고등학교나 대학 교육을 마친 학생들이 영어권 국가의 대학에서 장학금을 받는 것은 어려운 일이 아니다. 따라서 인도에서 대학을 졸업하고 미국이나 유럽에 있는 학교로 석·박사 과정을 밟기 위해 진학하는 경우가 많았다. 해외에서 졸업한 학생들은 단기적으로든 장기적으로든 그 지역에서 전문직에 종사하며 정착한다. 현재까지 미국에 정착한 IIT 졸업생은 대략 3만 명에 이르는 것으로 추정된다.

1990년대 인도에서는 엘리트 교육의 수혜자들이 유학이나 취업을 위해 해외로 나가면서 두뇌 유출(brain drain) 문제가 심각하게 제기되었다. 그러나 최근 인도 경제가 빠르게 성장하고 취업이나 사업 기회를 찾아 인도로 유입되는 해외 거주 인도인의 수가 늘어나면서 이에 대한 인식이 바뀌고 있다. 2010년 인도에 유입된 전문 인력의 수는 약 6만 명 정도이며, 2011년에도 증가 추세는 지속될 전망이다. 결국 해외로 유출된 인도의 엘리트들이 국내외에서 인도의 산업 발전을 돕는 선순환 구조를 형성하는 것이다.

더 읽을거리

신진영, "인도의 직업교육훈련정책", 《국제노동브리프》, 한국노동연구원, 2008.
정무섭, "인도의 인재 경쟁력 현황과 시사점", 《SERI 경제포커스》 제345호, 삼성경제연구소, 2011.

유엔 www.un.org/esa/population/unpop.htm

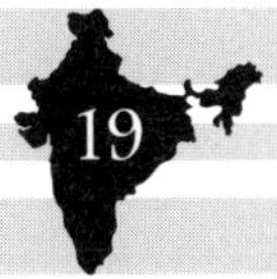

언론

최준석•

인도의 언론은 정부로부터 상당히 자유롭고 독립적이라는 평가를 받는다. 1975년부터 1977년까지 인디라 간디가 비상 통치를 했던 짧은 기간 동안만 정부에 의해 재갈이 물려 있었을 뿐이다. 신문·잡지·방송 모두 영어를 미디어로 하는 주요 언론이 많은 것도 인도 언론계의 특징이다. 신문《타임스 오브 인디아》, 잡지《아웃룩 인디아》, 뉴스 전문 채널 'NDTV24×7'이 모두 영어를 사용하는 매체다. 인도인은 배운 사람일수록 영어를 선호하기 때문에 인도 내에서 영어 미디어의 영향력은 현지어 미디어에 비해 크다. 외국인도 영어만 이해하면 인도 현지 상황을 소상히 파악할 수 있다.

• 주간조선 편집장, iohcsj@gmail.com

신문

인도의 발행 부수 공사기구에 따르면 2008년 기준 발행 부수가 가장 많은 신문은《타임스 오브 인디아》로 한 해에만 314만 6,000부를 발행했다.《타임스 오브 인디아》는 영어 신문으로 어떤 힌디어 신문보다 발행 부수가 많다. 2위는 힌디어 신문《다이닉 자그란(Dainik Jagran)》으로 216만 부, 3위는 뗄루구어 신문《이에나두(Eenadu)》로 161만 부(안드라쁘라데시 주 발행), 4위는 말라얄람어 신문《말라얄라 마노라마》로 151만 부(께랄라 주 코치에 본사가 위치함), 5위는 영어 신문《더 힌두》로 136만 부이다.

영어 신문의 발행 부수 순위를 보면《타임스 오브 인디아》,《더 힌두》,《데칸 크로니클》(134만 부),《힌두스탄 타임스》(114만 부),《더 텔레그라프》(46만 부, 서벵갈 주 콜카타에 본사가 위치함),《인디언 익스프레스》(30만 부) 순이다. 정책결정자에게 영향을 미치는 수도 뉴델리를 기준으로 보면 3대 영자지는《타임스 오브 인디아》,《힌두스탄 타임스》,《더 힌두》이다. 이 밖에《인디언 익스프레스》는 특히 행정부 관련 기사가 많아 인도 정책담당자들이 챙겨 본다.

1등 신문《타임스 오브 인디아》는 베넷콜먼&컴퍼니(Bennett Coleman and Co. Ltd)가 소유하고 있다.《타임스 오브 인디아》는 1838년 뭄바이에서 인도인이 발행한《봄베이 타임스 앤드 저널 오브 커머스(Bombay Times and Journal of Commerce)》에 뿌리를 두고 있으며, 1861년 이름을 바꿔 오늘날의《타임스 오브 인디아》가 되었다.《타임스 오브 인디아》는 소유주가 여러 번 바뀌었는데 지금은 사후 샨띠 쁘라사드 자인(Sahu Jain, 1911년생)이 소유하고 있다. 사후 샨띠 쁘라사드 자인은 자인교 신자 중 가장 유명한 재벌로 1948년 베넷콜먼&컴퍼니를 인수했다. 베넷콜먼&컴퍼니는 뭄바이의 지역 일간지《뭄바이 미러》와 전국적인 경제지《이코노믹 타임스》를 발행하고 있다.

《힌두스탄 타임스》는 북인도에서 많이 보며 발행 부수는 영자지 중 3위지만 2010년 독자 수(readership) 조사에서는 346만 명으로《타임스 오브 인디아》에 이어 두 번째로 높은 것으로 나타났다.《힌두스탄 타임스》는 독립투쟁 속에서 탄생했다. 1924년 9월 26일 델리에서 처음 발행되었으며, 창간 기념식에는 인도 독립의 아버지 마하뜨마 간디가 참석했다. 지금은 인도의 오랜 재벌 중 하나인 K. K. 비를라 가문이 소유하고 있다.《힌두스탄 타임스》는 HT미디어가 발행하며, 이 회사는 힌디어 신문《힌두스탄》과 영자 경제지《민트》를 발행하고 있다.

《더 힌두》는 영자지 중 발행 부수 2위에 독자 수 3위로 남인도의 따밀나두 주 첸나이에서 발행된다. 1878년 네 명의 법학도에 의해 주간지로 창간되었으며, 1889년부터 일간지로 바뀌었다. 남인도에서 가장 많이 보는 영자지로 본사가 있는 따밀나두 주는 물론이고 께랄라 주의 영자지 시장에서도 점유율 1위다.《더 힌두》는 진보-좌파 성향을 띠고 있다. 인도의 주요 영자 경제신문으로는《이코노믹 타임스》와《힌두 비즈니스 라인》,《비즈니스 스탠다드》가 있다.

북인도 지방의 주요 언어인 힌디어로 발행되는 신문 중 1위는《다이닉 자그란》이다. 그 뒤를《아마르 우잘라》,《다이닉 바스까르》,《뻔잡 께사리》가 있고 있다. 《다이닉 자그란》은 북인도에서 가장 많은 인구를 가진 웃따르쁘라데시의 대도시 깐뿌르에서 발행된다. 깐뿌르를 본사로 하고 북인도 11개 주의 도시에서 36개 지역판을 발행하고 있다. 수도인 델리를 포함해 북인도 대부분의 지역과 최북단인 잠무-카슈미르 주에서도 발행한다. 발행사는 '자그란 쁘라까샨'이다. 신문은 1942년 웃따르쁘라데시 주의 역사적인 도시 잔시(Jhansi)에서 창간됐으며, 5년 뒤인 1947년 지금의 본사가 있는 깐뿌르로 이전했다.

《다이닉 자그란》은 발행 부수에서 영자지인 《타임스 오브 인디아》에 밀려 2위지만 독자 수에서는 압도적인 1위다. 독자 수는 한 신문을 얼마나 많은 사람들이 돌려 보느냐에 따라 신문의 독자 규모를 판단하는 기준으로 발행 부수와는 또 다르다. 인도의 미디어리서치 사용자위원회(Media Research Users Council)에서 발표한 2010년 독자 수 조사에 따르면 《다이닉 자그란》은 5,425만 명으로 압도적인 1위였다. 독자 수 1위에서 10위까지는 모두 영자지가 아닌 인도 현지어 신문이다. 그 외에는 2위 《다이닉 바스까르》(3,343만 명), 3위 《힌두스탄》(2,941만 명), 4위 《아마르 우잘라》(2,872만 명), 5위 《로끄마뜨》(2,327만 명) 순이다. 영자지들은 독자 수 순위에서 11~15위를 기록했다. 11위가 《타임스 오브 인디아》(1,344만 명), 12위 《힌두스탄 타임스》(625만 명), 13위 《더 힌두》(514만 명), 14위 《더 텔레그라프》(287만 명), 15위 《데칸 크로니클》(281만 명) 순이었다.

힌디어, 마라타어, 벵갈어, 따밀어 등 지역어 신문들이 발행 부수에서 영자지를 압도하고 있는 추세다. 인도 신문의 역사는 영자지에서 시작되었으나 이제 그 역할을 인도 지역어 신문들이 넘겨받고 있다. 예를 들어 께랄라 주의 대도시 코치(옛 코친)에 본사를 둔《말라얄라 마노라마》는 께랄라에서만 약 열 개의 판을 찍고 있으며, 그 외 지역에서는 다섯 개 지역판, 해외에서는 두 개(바레인과 두바이)의 해외판을 찍고 있다.

선진국에서 신문이 '늙은 미디어'로 밀려나는 것과 달리 인도에서 신문 산업은 호황을 누리고 있다. 높아지는 문자 해득률로 신문을 읽을 수 있는 사람이 늘어났고, 경제 성장으로 신문광고 시장이 확대되고 있는 것이 그 원인이다. 인도신문등록청(Registrar of Newspapers of India, RNI)의 2003~2004년 연례보고서에 따르면 2004년 3월 말 현재 인도에는 6,287개의 일간지와 2만 329개의 주간지, 1만 7,124개의 월간지 등 5만 8,469개의 신문과 정기간행물이 등록되어 있다. 신문의 수는 증가세다. 2005~2006년 인도에는 2,100개의 새로운 신문이 생겼고, 2007년에는 신문 판매가 11.22퍼센트 증가했다. 인도정보방송부의 2010~2011년 연례보고서를 보면 이런 흐름이 계속되는 것을 확인할 수 있다. 인도신문등록청의 연례보고서에서는 "2010년 4월에서 11월까지 2,583개의 새로운 신문과 정기간행물이 등록증을 교부받았다"고 밝히고 있다.

인도 최초의 신문은 1780년 1월 영국 식민지 시대에 발행된《벵갈 가제트(Bengal Gazette)》이다.《벵갈 가제트》는 한때《캘커타 제너럴 애드버타이저(Calcutta General Advertiser)》라는 이름으로 발행되었는데, 발행인은 인도 언론의 아버지로 불리는 제임스 A. 히클리(James

Augustus Hickey)다. 이어 《인디아 가제트》, 《캘커타 가제트》, 《마드라스 쿠리어》(이상 1785년), 그리고 《봄베이 헤럴드》(1789년)가 발행되었다. 이 신문들은 해당 지역의 소식을 실었다. 인도어로 발행된 최초의 신문은 벵갈어로 된 《사마짜르 다르빤(Samachar Darpan)》이다. 1818년 5월 23일 세람뽀르 미션 프레스(Serampore Mission Press)에서 발행했다. 1822년 7월 1일에는 최초의 구자라뜨어 신문인 《봄베이 사마짜르(Bombay Smamchar)》가 봄베이에서 나왔는데, 이 신문은 지금도 발행되고 있다. 힌디어로 된 최초의 신문은 1826년에 나온 《오오둔트 마르딴드(Oodunt Marthand)》이다.

라디오방송

2006년 《마노마라 연감》에 따르면 인도의 라디오방송은 1920년대 초에 시작되었다. 첫 방송은 1923년 봄베이 라디오 클럽(Raido Club of Bombay)에서 내보냈고, 이는 1927년 봄베이와 캘커타에서 실험방송을 위한 방송청(Broadcasting Service)의 설립으로 이어졌다. 방송청은 1936년 '전인도라디오(All India Radio, 이후 AIR)'로 이름이 바뀌었다. 연감에 따르면 AIR는 오늘날 213개 지국을 가지고 있으며, 인도 전역의 91.37퍼센트에 해당하는 지역에 전파를 내보내고 있다. 10억 인도인들이 이 전파를 통해 라디오를 듣는다. AIR는 149개의 주파수 송신기와 55개 FM라디오방송을 가지고 있으며, 24개 언어와 146개방언으로 방송을 한다.

텔레비전방송

텔레비전방송은 1959년 처음으로 시험전파를 쏘아올렸지만 제대로 된 방송은 1965년 수도 델리에서 시작됐다. 이때 별도의 방송국을 설립하지 않고, 라디오방송국인 'AIR'가 텔레비전방송까지 운영했다. 1972년 AIR는 시청 가능 지역을 뭄바이와 아므리뜨사르로 확대해 1975년에는 전국 일곱 개 도시에서 텔레비전을 시청할 수 있게 되었다. 이때까지도 정부 부처인 정보방송부가 국영 채널 '두르다르샨(Doordarshan)'을 소유했기 때문에 시청자는 텔레비전이 있어도 두르다르샨이라는 단 한 개의 채널밖에 볼 수 없었다.

텔레비전방송국은 1976년이 되어서야 AIR에서 분리되어 별도의 조직으로 떨어져나왔다. 1982년에는 컬러방송 시작과 함께 전국에서 텔레비전을 볼 수 있게 되었으나 정부의 텔레비전방송 독점은 1980년대 후반까지도 계속되어 또 다른 두르다르샨의 채널인 DD2가 추가됐을 뿐이다. DD는 두르다르샨 약어이다.

1991년 경제개혁 이후 텔레비전방송 시장도 개방되어 해외 위성채널과 케이블 채널이 생겨났다. 1993년에는 4,700만 가구가 텔레비전을 가지고 있었고, 이해 '스타TV'의 루퍼트 머독(현재 미국 경제지 《월스트리트저널》의 소유자)이 인도 시장에 진출했다. 인도 최초의 민영방송인 '지(Zee)TV'가 생긴 것도 이때쯤이다. 현재 인도 텔레비전방송 시장에는 수백 개의 케이블과 위성 채널이 있어 어느 나라보다 소비자의 채널 선택 폭이 넓다.

뉴스 전문 채널도 2000년대 중반에 많이 생겼다. 인도 최고의 뉴스 전문 방송이자 영어 방송인 'NDTV24×7'이 2003년 델리에서 개국했으며, 민영 채널인 CNN과 IBN이 2005년 12월 방송을 시작했다. 2006년《타임스 오브 인디아》의 발행사가 만든 뉴스 전문 채널 '타임스 나우(Times Now)'가 뉴델리에서 개국했다. 24시간 영어 뉴스 채널들이 경쟁하면서 뉴스 시장은 이전과 완전히 다른 서비스를 한다는 평가를 받고 있다.

더 읽을거리

최준석,《간디를 잊어야 11억 시장이 보인다》, 위즈덤하우스, 2007.

Media of India
en.wikipedia.org/wiki/Media_of_India
About Us of HT Media
www.htmedia.in/Section.aspx?Page=Page-HTMedia-AboutUs
About Us of The Hindu
www.thehindu.com/navigation/?type=static&page=aboutus

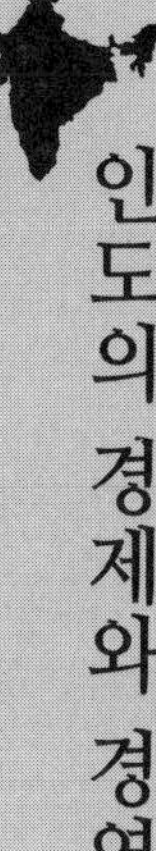

인도의 경제와 경영

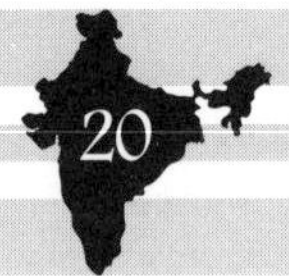

기업문화

이순철•

공기업 중심의 기업구조

영국으로부터 독립할 당시 인도는 낮은 저축률로 인한 자본의 부족, 전체 인구의 80퍼센트 이상을 차지하는 농업 인구, 소수의 기업가 계층 등 경제 발전에 필요한 제반 여건이 부족했다. 인도 정부는 이를 고려해 정부 주도의 계획경제 발전모형을 채택했다. 1950~1960년대에는 이러한 모형이 나름대로 성과를 거두었으나 폐쇄적인 경제개발 모형의 한계로 점차 많은 문제점들이 드러나기 시작했다. 정부가 폐쇄적인 사회주의식 경제모형을 운용하기 위해 과도한 규제를 도입하면서

• 부산외국어대학교 교수, sclee@bufs.ac.kr

인도는 '규제의 천국'으로 변했다. 대표적인 예로 철강과 화학 등을 포함한 중화학 산업이 대부분 공공 분야로 묶여 국영기업 위주로 육성되었으며, 산업개발법(IDA)에 의해 생산 품목, 시설 규모, 생산 지역 등 생산 활동도 정부의 허가를 거쳐야 했다.

이에 따라 인도는 공기업들이 주요 부문의 생산을 하고 민간기업들이 공기업의 생산을 지원하는 구조를 띠게 되었다. 게다가 10억에 가까운 인구를 부양하기 위해 정부가 상당한 수준의 일자리를 만들어 제공하는 과정에서 공공 부문이 더 확대되었다. 인도에는 여전히 공공 부문의 고용이 민간 부문보다 훨씬 많다.

표 3-1 인도의 공공 부문과 민간 부문 고용 현황

(단위: 천 명)

회계연도	총계	공공 부문	민간 부문
2000–2001	27,789	19,138	8,652
2001–2002	27,206	18,773	8,432
2002–2003	27,000	18,580	8,421
2003–2004	26,443	18,197	8,246
2004–2005	26,458	18,007	8,452
2005–2006	26,992	18,187	8,805
2006–2007	27,277	18,002	9,275
2007–2008	27,549	17,674	9,875

자료: 인도통계청

* 인도의 회계연도는 4월 1일부터 3월 31일까지임

조직화 부문과 비조직화 부문

정부는 기업을 조직화 부문(organised sector)과 비조직화 부문(unorganised sector)으로 구분한다. 기업법에 따라 등록된 기업은 조직화 부문, 등록하지 않는 기업은 비조직화 부문이다. 노동조합이 있는지 없는지도 중요하다. 노동조합이 있는 경우 조직화 부문으로 분류하고, 없는 경우 비조직화 부문으로 분류한다. 또한 공식 부문(formal sector)과 비공식 부문(informal sector)으로 나누기도 한다. 정부는 노동자가 열 명 이상인 기업을 조직화 부문으로, 열 명 이하인 기업을 비조직화 부문으로 규정하고 있다. 비조직화 부문으로 분류된 기업의 문제는 노동자들이 최소한의 보호와 복지에서 제외된다는 것이다.

경제발전정책과 기업 성장

인도 정부는 지속적인 경제 발전을 위해 공기업 중심의 사회주의 공급체계를 도입했다. 공기업은 모든 분야에 다양한 제품을 공급하고, 민간은 뒤에서 이를 지원하는 역할을 맡았다. 인도 정부가 이를 통제하기 위해 다양한 허가제를 도입함으로써 민간기업들은 허가를 받지 못하면 바로 시장에서 퇴출되고, 반면 허가를 받으면 정부의 지원하에 급성장할 수 있는 기회를 얻었다. 인도 기업들은 자연히 사업 허가를 받기 위해 정부와 정치적인 밀월관계를 유지할 수밖에 없었다.

릴라이언스그룹(Reliance Industries)은 1958년에 설립되어 40여 년 만에 인도 최대의 기업으로 급성장했다. 그 이유는 '정치권과의 밀월관계'를 통해 경제개발정책의 일환으로 추진된 석유 및 가스, 정유 및 석유화학, 직물 등의 분야에 집중했기 때문이다. 릴라이언스는 현재 세계 3위의 정유사이자 세계 10위의 석유화학 제조업체의 자리를 차지하고 있다. 정부 정책에 따라 업종을 전문화하고 과감한 투자를 아끼지 않은 것도 릴라이언스의 성장을 견인했다. 릴라이언스는 1958년 원자재 판매업을 시작으로 1966년 직물공장, 1982년 폴리에스터 직물, 1991년 석유화학공장, 1999년 일관 정유공장 등 업종을 전문화하고 대규모 투자를 실시했다. 즉 인도의 경제발전정책에 따라 지속적으로 사업 포트폴리오를 구성하고 변경하여 성장한 사례다.

비를라그룹(Birla Group)은 1857년 인도 서부 라자스탄 주의 마르와리(Marwari) 상인으로부터 시작되었다. 그는 마하뜨마 간디의 절친한 친구로 식민지 시대에 국산품장려운동(Swadesh)으로 많은 혜택을 받았다. 비를라그룹은 현재 정부의 집중 지원 분야인 금속공산, 시멘트, 섬유, 화학 분야의 성공으로 인도 내 재계 4위를 차지하고 있다.

대기업 투자의 한계와 SSI

인도 정부는 공기업과 민간 대기업들이 공급할 수 없는 부문은 소규모 기업들(Small Scale Industries, 이후 SSI)을 통해 공급하는 정책을 도입했다. SSI는 그 외에도 일자리 창출, 수출, 소득 재분배 등의 역할을 한다. 인도 정부는 SSI 부문에 인프라, 기술 개선, 우선적 신용 할당 등을 지속적으로 지원하고 있다.

1970년대 인도 정부는 SSI 부문에 대기업이 진출할 수 없도록 독자적인 생산품을 지정하는 정책을 도입했다. 현재 약 700여 개의 SSI가 8,000여 개 제품을 생산한다. SSI는 기업체의 공장과 기계류의 고정자산 투자 규모가 1,000만 루피를 초과하지 않아야 한다. 이 부문에는 대기업이 투자할 수 없기 때문에 효율적인 생산이 이루어지지 않는 경우도 있다. 또한 소규모 영세 부문은 외국인 투자자의 자기 자본 비율이 24퍼센트 이상을 넘지 않도록 하고 있다. 따라서 외국인들이 인도 기업에 투자할 때에는 SSI 지정 부문을 확인해볼 필요가 있다.

SSI 부문은 소규모 부문과 소규모 영세 부문으로 구분된다. 소규모 부문은 공장과 기계류의 고정자산 투자가 1,000만 루피를 초과하지 않는 기업체, 소규모 영세 부문은 250만 루피를 초과하지 않는 기업체를 의미한다. 1940년대에는 소규모 기업이 8만여 개로 추정되었으나 현재는 약 330만 개가 경영 활동을 하는 것으로 추정하고 있다. SSI 기업의 생산 활동은 GDP의 약 7퍼센트에 해당한다.

가족 중심 기업 경영

인도 기업들은 가족 중심으로 경영되는 특징을 가지고 있다. 최근 인도의 한 보고서(Credit Suisse)에 따르면, 시장평가액이 5,000만 달러 이상인 상장기업의 67퍼센트가 가족 비즈니스에 의해 운영되는 것으로 나타났다. 인도의 983개 상장회사 중에서 663개의 기업이 가족 중심으로 운영되고 있으며, 이는 총 시장 시가의 46.8퍼센트에 해당한다. 대표적인 기업으로는 에너지 분야의 선두 주자인 릴라이언스 그룹(Reliance Industries), 최대의 IT 기업인 따따컨설턴시서비스(Tata Consultancy Service), 최대의 이동통신업체인 바르티에어텔(Bharti Airtel), 3대 소프트웨어 수출업체인 위프로(Wipro) 등이 있다.

인도의 가족 중심 경영 문화의 장점은 기업들이 소유주에 의해 장기적으로 안정적인 투자 전략을 추진할 수 있다는 점이다. 또한 사업 기회가 발생할 때 소유주가 빠른 의사결정을 할 수 있어 특히 급속하게 성장하는 분야에 진출하는 데 유리하다. 그러나 이는 새로운 분야에 적응하거나 리더십 이전, 경영 활동의 균형, 투명성 등에서 치명적인 단점을 가지고 있다. 가족 중심 경영은 적대적인 기업의 인수 및 합병을 용납하지 않는 문화를 형성한다. 즉 기업 경영과 소유권 이전이 건전하고 투명하게 이루어질 수 없기 때문에 인도 기업들은 부패와 부조리의 원인이면서 대상이 되는 경우가 많다.

다각적 사업 확대

인도 기업들은 한국의 재벌들과 매우 유사한 특징을 가지고 있다. 앞서 언급한 가족 중심 경영구조는 한 분야에서만이 아니라 다양한 분야에서 기업을 문어발식으로 확장시키면서 성장해왔다. 가령 비를라는 그룹 회사 4개, 인도 회사 8개, 해외 회사 25개, 합작회사 4개 등 총 40여 개의 자회사를 가지고 있다. 이 기업들은 알루미늄과 구리 등의 천연자원 개발, 시멘트·화학, 의류·섬유 등에서 사업을 추진해왔다. 최근에는 정부가 집중적으로 지원하는 통신, 금융, IT 등 신사업 분야와 유통업에까지 진출하고 있는 것으로 알려져 있다.

세계적으로 유명한 따따그룹도 마찬가지다. 따따그룹은 300여 개의 자회사를 소유하고 있었으나 최근 구조조정을 통해 자동차, 제철, 엔지니어링, 원자재, 화학, 정보통신서비스, 소비재 등 일곱 개 사업 부문에만 100여 개의 거대 계열기업을 소유하고 있다. 따따그룹의 사업 확대는 단순히 국내에 한정되지 않는다. 따따그룹은 세계 여섯 개 대륙 80개 이상의 국가에 진출하여 M&A로 사업 범위를 꾸준히 확대해나가고 있다. 가령 2000년에는 세계 2위의 영국 자동차업체인 테틀리(Tetley)를 인수했으며, 2003년에는 대우자동차 트럭 부문을 인수하기도 했다. 최근에는 포드의 재규어, 랜드로버 등을 인수 합병했다. 앞으로 대규모 국제기업을 인수하려는 전략을 세우고 있을 정도다.

더 읽을거리

국민경제자문회의, 《인도의 부상과 우리의 대응 방향》, 2007.

김인수, “인도 중소기업 정책의 특징에 대한 연구”, 석사논문, 한국외국어대학교, 2010.
박양섭, “인도기업의 글로벌 성장 전략: 타타그룹 사례연구”,《인도연구》제12권 2호, 한국인도학회, 2007.
이순철 외,《인도 산업발전 전망과 한·인도 산업협력 확대 방안: 주요 제조업을 중심으로》, 대외경제정책연구원, 2007.
최윤정,《인도의 주요 산업》, 대외경제정책연구원, 2007.

21

노사관계

신진영•

인도 노동조합 개관

인도 노동조합의 역사는 식민지 시대로 거슬러 올라간다. 1880년경부터 영국 식민 지배하에서 방직공장의 열악한 근로 환경과 장시간 근무로 인해 근로자들의 파업이 일어났다. 1918년부터 개별 사업장에 노동조합이 생겨났고, 1920년 인도 최초 상급 노동조합인 전인도노동조합회의(All India Trade Union Congress, 이후 AITUC)가 결성되었다. 그리고 6년 후인 1926년에 노동조합법(Trade Union Act)이 제정되었다. 당시 노동조합은 독립운동의 일환이기도 했다.

• 부산외국어대학교 강사, indialover001@gmail.com

독립 이후에는 정당과 연계된 상급 노조들이 속속 나타났다. 인도 노동조합법에 따르면 단일 사업체 근로자의 10퍼센트 이상 혹은 100명 이상의 근로자가 조합을 구성하여 신고하면 합법 단체로 인정받을 수 있다. 단일 사업장 내에서 복수 노조 구성이 가능하며, 노동조합 결성을 사용자에게 알릴 의무는 없다. 현재 대표적인 상급 노조로는 AITUC, CITU(Centre of Indian Trade Unions), INTUC(Indian National Trade Union Congress), HMS(Hind Mazdoor Sabha), BMS(Bharatiya Mazdoor Sangh)가 있으며, 이외에도 각 주마다 우세한 상급 노조들이 있다. 2009년 기준으로 등록된 노동조합은 약 7만 개이며, 비공식 조합까지 합치면 10만 개로 추정된다.

독립 이후 인도는 국가 주도 계획경제정책 실시로 공기업이 산업을 이끌었다. 따라서 노동조합도 공기업 중심으로 결성되었으며, 조합원의 과반수가 공기업 소속이었다. 또한 도시화가 진행되고 있기는 하지만 여전히 인구의 60퍼센트 이상이 농업에 종사하고 도시 노동인구의 93퍼센트가 비조직화 부문에 종사하고 있기 때문에 노조 조직화에 불리하다. 정확한 통계는 없지만, 전문가들은 최근 노조 조직화 비율이 20퍼센트대에 이르는 것으로 추정하고 있다.

노동조합의 특성

노동쟁의법(Industrial Dispute Acts)에서는 노사분쟁 시 노동조합, 임금위원회, 중앙노사관리기구 3자 협상을 통해 노사관계를 조정한다. 이전에는 중재가 실패해도 정해진 절차를 밟기만 하면 파업이 합법적으로 인정되었기 때문에 노조 측은 중재보다 파업을 통해 경영자를 압박하는 방식을 선호했다. 특히 2001년 노동조합법 개정 이전까지는 지도부의 절반을 외부인사로 영입할 수 있었다. 따라서 정치인들이 주요 공기업 노조 간부직을 맡는 경우가 많았다.

노동조합은 이들의 정치적 목적에 따라 움직이는 경향이 강했고, 노조 활동도 파벌적이고 선거 지향적인 경향을 띠었다. 더 많은 혜택을 누리려는 공무원들의 파업 또한 잦았는데, 이들의 파업은 장기적이고 폭력적이었다. 인도 사법부는 전통적으로 약자의 손을 들어주었기 때문에 재판까지 갈 경우 근로자가 유리한 판결을 받을 수 있었다. 따라서 노사 갈등이 재판으로 이어지는 경우도 많아 인도 노동조합은 강성 노조로 알려지게 되었다.

1990년 인도 경제 개방이 본격화되면서 노동조합 결성과 활동 환경이 달라졌다. 개방 이후 정부는 공기업 민영화를 실시해 공무원의 수를 60퍼센트나 줄였다. 이는 노동조합의 주요 공급원 감소를 의미하는 것이었다. 또한 정부는 성장 산업인 IT 및 BPO(Business Process Outsourcing) 부문을 공익사업으로 지정하여 노동조합 결성 조건을 까다롭게 하는 등 노조 활동을 억제했다. 인도 노동조합은 조직화 부문의 조합원이 감소하자 비조직화 부문에 고용된 근로자를 통해 조직화 비율을 높이고자 했다.

그러나 비조직화 부문의 근로자로 조합원을 충당하는 데는 한계가 있었다. 상황이 노동조합에 불리하게 작용하면서 내부에서는 조합의 편파성을 줄이고 민주성을 확보하자는 목소리가 높아졌다. 이들은 개별 산업체에 단일노동조합을 권장했으며, 단일사업장에 하나 이상의 노동조합이 있는 경우 단합을 통해 교섭력을 강화하는 방안을 모색했다.

이런 노력에도 불구하고 노동조합의 쇠퇴를 막을 수는 없었다. 기업들은 비용을 절감하고 100명 이상 규모의 사업장에 적용되는 노동법을 피하기 위해 아웃소싱이나 계약직, 파견근로자의 고용을 늘렸다. 그 결과 비정규직의 비율은 더욱 늘어났다. 더구나 계약직 근로자들은 노조 가입이 재계약 시 불리한 요소로 작용할 것을 우려해 가입을 꺼렸다. 공기업 노조는 민영화와 직원 감축에 파업으로 대응했지만, 여론까지 이들에게 등을 돌리면서 활기를 잃어갔다.

노조 활동의 변화와 기업의 대응

노동계에 새로운 바람을 불러온 것은 2008년 금융위기였다. 금융위기로 비정규직 근로자들이 대량 해고되거나 위기를 겪자 근로자들은 노동조합의 필요성을 절감했고, 노조 인정에 대한 요구도 점차 커지게 되었다. 2008년에도 파업 횟수와 노동 손실 일수는 줄었지만 파업 참가자 수는 이례적으로 늘어났다. 노동부의 보고서에 따르면 2007년에는 공식적으로 57만 명이 파업에 참가했지만 2008년에는

93만 명으로 참가자 수가 두 배 가까이 늘었다. 민간연구기관에서는 이러한 경향이 2009년과 2010년에도 계속될 것으로 파악하고 있다.

파업 지역에도 변화가 일어났다. 초기에는 인도 북부와 서벵갈 등 정치 성향이 강한 지역을 중심으로 파업이 일어났으나 최근 몇 년 사이에 공업지대로 점차 확산되고 있다. 이는 1990년대 후반부터 각 지역의 주요 도시를 기점으로 공업지대가 형성된 것에 기인한다. 제조업의 특성상 업무와 환경에 동질적인 요소가 많아 근로자들의 단결에 유리한 환경이 조성된 것이다.

그림 3-1 인도의 노동쟁의 현황

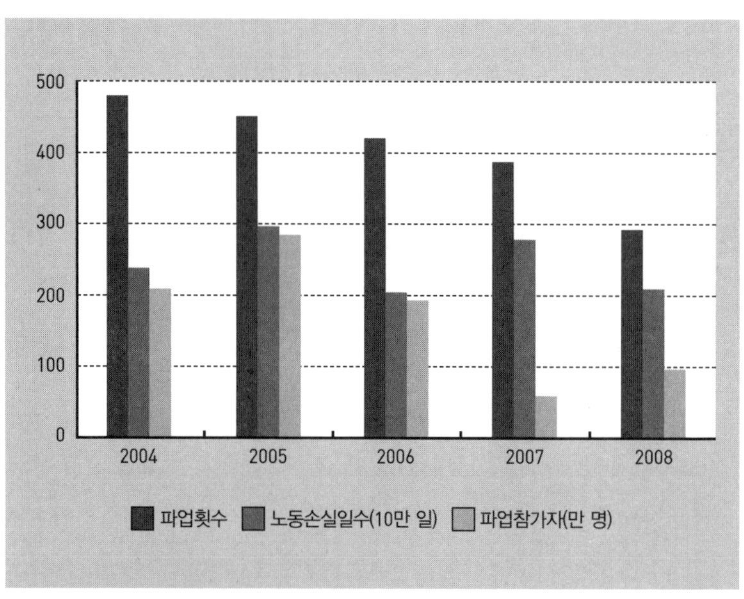

자료: 인도고용노동부, 2009
* 2007년과 2008년 파업 참가자 수에는 12월 수치가 포함되지 않음

노동조합의 변화도 영향력 확대에 한몫을 했다. 2008년 금융위기 이후 노동조합은 정치적 편향에서 벗어나 해고, 고용안정성, 물가 인상률에 따른 임금 인상 등 실질적인 근로자의 문제에 집중하고 있다. 최근 주목받고 있는 인도 남부 지역 자동차 관련 업계의 파업은 공통적으로 임금 인상과 처우 개선, 노조에 대한 인정을 주장한 것이었다.

그러나 노동조합이 파업의 전면에 내세우는 명목에는 경계해야 할 정치적 요소가 있다. 2008년 고용 불안이 커진 근로자들의 심리를 이용해 좌파 노조들이 영향력을 펴고 있기 때문이다. 즉 각 노동조합이 현재 노사문제를 전면에 내세우고 있지만, 좌파 상급 노조가 배후에 있기 때문에 노동운동이 정치적인 목적으로 이용되거나 과격화될 수 있다.

노사문제는 근로자와 사용자가 있는 모든 나라에 존재한다. 다만 인도 근로자들은 선동에 약한 측면이 있어 노사 갈등이 관리자의 사망 사건으로 이어지는 등 과격해질 우려가 있다는 점에서 주의가 필요하다. 특히 생산직의 경우 수요보다 공급이 많아 구직에 어려움이 있고, 가족의 생계 전체를 책임지기 때문에 인도에서 가장 해고는 치명적이다. 따라서 인도에 진출한 외국 기업들은 특히 노사관계에 신중하고 철저해야 한다.

최근 비정규직과 산업연수생 고용으로 갈등이 많은 만큼 문제의 소지를 없애기 위해서는 법적인 규정을 철저히 따르는 것이 좋다. 인도는 우리나라와 달리 기업이 비정규직을 법적으로 직접 관리할 수 없다. 또한 해고 관련 사항은 문서화해서 보관해야 증거 자료로 활용할

표 3-2 2011년 다국적기업 파업

GM India(구자라뜨)	Maruti Suzuki(델리 인근)
• 원인: 임금 협상 결렬, 근로자 전근 반대 • 주축: 최근 결성된 단일 노조 GM Employees' Union • 경과: 2011년 3월 16일 파업 시작, 근로자 다수 참가, 약 50일간 파업 후 업무 복귀 • 사측의 피해: 2,000~2,500대 자동차 생산 지연 • 기타: 2010년 10월 임금 인상 파업이 있었음. 파업이 2주째 되던 때 사측은 집단 해고 경고, 구자라뜨 주 정부는 기업 친화적 정책을 시행하고 있으나 2010년 기준으로 노사 갈등이 많은 주로 꼽힘	• 원인: 복수 노조(제2의 노조) 인정, 정규직 전환, 임금 인상 요구 • 주축: 새롭게 결성된 노조 MSEU(Maruti Suzuki Employees Union) • 경과: 13일간 파업 • 기타: 2000년 장기파업 이후 Maruti는 노사 안정에 힘써, 수도권에서 모범 노조로 평가 받음. 기존 노조가 사측과 화합하는 방향으로 흐르며 노조 간의 갈등 야기. 마네사르 공장 노조원은 기존 노조(MUKU)의 간섭 거부

자료: 인도 주요 일간지 취합 후 저자 재구성

수 있다. 산업연수생의 장기고용을 자제하고 근로자들과 소통의 통로를 마련하여 지속적으로 그들의 요구에 대응하고 모니터링하는 것이 필요하다.

더 읽을거리

신진영, "인도의 노무 문제: 비정규직 근로자와 수련생 고용의 딜레마", 《친디아저널》 제53권, 2011.

______, "금융위기 전후의 노동조합 활동", 《국제노동브리프》 제8권 5호, 2010.

______, "경기 침체로 파업 몸살 앓는 인도", 《친디아저널》 제35권, 포스코경영연구소, 2009.
이순철 외, 《인도 진출 한국 기업의 경영실태와 현지화 전략연구》, 대외경제정책연구원, 2006.

인도노동고용부 labour.nic.in

노동력 이주

권기철•

이주노동자 현황

인도의 노동력 이동은 오랜 역사를 가지고 있다. 사람들은 역사적으로 환경의 변화나 곤경에 대응하여 일자리를 찾기 위해 또는 종교적 박해나 정치적 갈등을 피하기 위해 이동했다. 20세기 후반부터는 통신과 수송 네트워크의 발전, 천연자원을 둘러싼 갈등, 새로운 경제적 기회와 같은 요인들 때문에 이전에 비해 인구의 이동성이 한층 높아졌다.

1991년 경제개혁 이후 인도는 급속한 성장을 경험했지만, 성장이

• 부산외국어대학교 교수, chulk@bufs.ac.kr

주별로 골고루 이루어진 것은 아니었다. 구자라뜨, 마하라슈뜨라, 뻔잡 같은 주에서는 제조업이 급속히 성장했다. 여기서 생겨나는 일자리를 얻기 위해 농업 중심의 빈곤한 주들, 예컨대 동부의 웃따르쁘라데시와 비하르, 남부의 마디야쁘라데시와 라자스탄, 서부의 오릿사에서 노동력이 이동하고 있다. 농업 생산성이 높은 주(녹색혁명 지대)로의 이동도 여전히 중요하지만, 갈수록 많은 이들이 보수가 좋은 도시 지역 및 산업단지의 비농업 일자리를 원하기 때문에 농촌에서 도시로의 이주가 가장 빠르게 증가하고 있다. 주 간 노동력 이주에서 가장 중요한 목적지는 델리와 구자라뜨 주, 마하라슈뜨라 주다.

이주노동자는 건설, 섬유, 소기업, 벽돌 제조, 채석, 광업, 어류 및 새우 가공, 접객업 등과 같은 산업에 종사하며 인도 경제에 커다란 공헌을 하고 있다. 그러나 이들은 여전히 사회의 주변부에 머물고 있으며, 자신의 삶에 영향을 미치는 의사결정에 대해 정치적 영향력을 미치지 못하고 있다. 동남아시아나 동아시아와 달리 인도의 이주노동자들은 교육 수준이 매우 낮으며, 모든 면에서 빈곤하다. 그들은 물적 자본과 금융자본, 인적 자본에 대한 접근이 매우 제한적이며, 사회적·정치적 지위가 취약해 생활 수준을 높일 수 있는 가능성이 매우 낮은 빈곤 가정 출신이다. 지정 카스트, 지정 부족 및 기타 후진 카스트 등 역사적으로 불이익을 받는 계층들이 큰 비중을 차지한다. 빈곤한 이주자들은 불안정하고 보수와 생산성이 낮은 비공식 부문 일자리에 흡수되지만 이런 일자리라도 받아들이지 않으면 개인의 능력을 축적할 기회를 영영 박탈당하게 된다.

노동력 이주의 규모와 유형

이주에 관한 자료는 국가센서스와 국가표본조사(NSS)의 두 가지 소스에서 나타난다. 2001년 센서스에 따르면 인구의 약 30퍼센트인 3억 700만 명이 이주자였다. 이들 중 거의 3분의 1은 거의 10년 이내에 이주한 사람들이다.* 지난 10년간의 이주자들 중 6,540만 명이 여성, 3,280만 명이 남성이었다. 그러나 여성 이주자의 대다수(4,240만 명)는 일 때문이 아니라 결혼이 주된 이유라고 밝혔다. 남성들은 이주의 가장 중요한 요인이 '일 또는 고용'이었다.

아직까지는 5,330만 명에 달하는 이주자들이 농촌에서 농촌으로 이주하고 있어 농촌-농촌 간 이주가 여전히 지배적인 모습을 보이고 있다. 농촌-도시 간 이주는 2,050만 명, 도시-농촌 간 이주는 620만 명, 도시-도시 간 이주는 1,430만 명이었다. 주 간 이주자는 모두 4,230만 명이었는데, 웃따르쁘라데시와 비하르는 순이출(純移出)이 가장 큰 주들로서, 각각 260만 명과 170만 명의 순이출을 기록했다.

이 조사에 포함되지 않은 흐름들도 있는데 그것은 다음과 같다. 첫째, 최근의 현지 조사에서는 계절적 이주나 순환 이주가 노동을 목적

---

* 이 통계는 몇 가지 문제점을 가지고 있다. 첫째, 이 수치들이 고용과 무관하다는 것이다. 둘째, 이 조사들은 이주의 주된 원인만을 제시하기 때문에 여성의 경우 특별히 노동과 관련된 부차적인 이유를 놓치고 있다. 셋째, 이주자의 스톡만을 파악하고 있어 정책 결정에 중요한 이주자의 흐름을 놓치고 있다. 넷째, 이주노동자를 고용하는 부문을 과소평가하고 있다.

으로 한 이주 흐름의 대다수를 차지하는 것으로 나타나고 있다. 둘째, 국경에서 일어나는 아동을 포함한 인신매매로 인한 이주도 있다. 국가센서스에서는 인도의 아동노동자 수가 1,266만 명에 이른다고 보고하고 있으나 아동노동에 반대하는 국제기구, 가령 글로벌마치(Global March)나 국제아동노동교육센터(ICCLE)는 2,500만~3,000만 명의 아동노동자가 있을 것으로 추정하고 있다. 인권감시기구(Human Rights Watch)는 1억 명에 달한다고 추정하기도 한다. NGO에 따르면 아동 이주자는 건설, 벽돌 제조, 소기업, 가사 노동, 농장 노동에서 큰 부분을 차지하고 있다. 셋째, 상업 농장과 플랜테이션 농장에서 일하는 농촌-농촌 간 순환 이주자의 흐름과 소규모 제조업체에서 일하기 위해 몇 달간 이주하는 농촌-도시 간 이주자의 흐름도 있다. 넷째, 지정 카스트와 지정 부족의 이동 성향이 매우 높은데 이들은 주로 단기적으로 이주한다.

이주노동자의 고용

현지 조사에 따르면 이주노동자들을 고용하는 산업은 섬유, 건설, 채석, 광업, 벽돌 제조, 소규모 제조업(다이아몬드 가공, 가죽 액세서리 등), 작물 이식 및 수확, 플랜테이션, 릭샤 운행, 식품 가공, 소금 생산, 가사 노동, 안전 서비스, 성매매, 소규모 호텔 및 식료업 등이다. 이들 중 일부는 특정한 이주 흐름과 강하게 연관되어 있다. 가령 서부의 오릿사

표 3-3 산업별 이주자 규모 추정치

부문	이주자 수(명)
농업	농장 노동자: 1,000만 사탕수수 수확: 100만 목화씨 추출: 50만 캐슈 가공: 200만
광업 및 채석	600만
제조업	섬유: 3,500만
건설	4,000만
무역 · 호텔 및 식당	거리 행상: 1,000만
수송 · 통신 및 창고	릭샤 운행: 800만
사회 · 개인서비스	가사 노동: 2,000만

자료: Priya Deshingkar and Shaheen Akter, Migration and Human Development in India, UNDP Human Development Research Paper, 2009/13. p.80.

주에서 안드라쁘라데시 주로는 벽돌 제조 노동을 위한 이주가 이루어지며, 비하르에서 뻰잡으로는 농업 노동을 위한 이주가 이루어진다. 이러한 이주 흐름들은 각자 고유한 충원 및 보상 패턴을 가지고 있으며 사회 발전에 상이한 영향을 미친다.

건설: 마디야쁘라데시 남부

건설은 이주자들에게 최소한 3,000만 개(2005년경)의 일자리를 제공한다. 노동조합은 인도의 이주 건설노동자가 대략 4,000만 명에 이른다고 추산하기도 한다. 건설업에는 숙련 노동자(벽돌공, 목수 등)뿐만 아니라 미숙련 노동자들도 필요하다.

마디야쁘라데시는 인도에서 가장 발전이 더딘 주로 꼽힌다. 더구나 이 주는 지정 부족 인구수가 인도에서 가장 많고 지정 카스트도 높은 비율을 차지한다. 마디야쁘라데시의 남부 지역 부족들에게는 이주가 오래전부터 주요한 생존전략이었다. 많은 주민들이 생계를 위해 이웃의 마하라슈뜨라와 구자라뜨 주로 이주한다.

이 지역 출신의 이주 건설노동자는 현지에서 묵깟담(mukkaddam)이라 불리는 중개업자에 의해 현장으로 연결된다. 묵깟담은 노동자들에게 선금을 주어 남은 가족의 생계를 지원하고 이주자가 필요한 물품도 구매할 수 있게 해준다. 이 돈은 나중에 이주자의 임금으로 회수되는데, 소요 시간은 목적지에서 받는 임금의 크기에 따라 달라진다. 묵깟담은 이주자들을 집단으로 모집하고 목적지에서 함께 생활하며 이주자들의 소액 병원비, 이동 경비, 가족과의 통신비 등 여러 가지 생활상의 문제를 책임진다. 묵깟담은 1979년에 제정된 주간이주노동자법(Inter-state Migrant Workmen Act)에 따라 정부기관에 등록해야 하지만 그렇게 하는 사람은 거의 없다.

이주자들은 가혹한 환경에서 장시간 노동을 하기 때문에 산업재해가 일상적이고 의료지원이나 보상은 부족하다. 구자라뜨 주의 한 NGO가 수행한 연구에 따르면 절반 이상의 이주노동자들이 노지에서 잠을 자며 집이 있다고 해도 매우 열악한 상황이다. 이들은 학대, 절도, 도시 당국에 의한 강제퇴거나 철거에 시달린다. 석공, 십장, 경찰 등은 여성 이주자들을 상습적으로 성폭행하지만, 여성들은 해고와

폭력이 두려워 신고하지 못한다. 아동들은 학대에 더욱 취약하다. 노동조합이 이들의 지위 향상을 위해 노력하고 있지만 대다수는 일터가 끊임없이 바뀌기 때문에 조합에 가입하지 못한다.

의류: 델리의 의류산업

델리의 의류산업은 인도 전체 의류 수출의 35~40퍼센트를 차지한다. 사례 연구에 따르면 델리에는 3,000~4,000개의 의류 생산업체가 있다. 이 업체에서 일하는 빈곤한 1세대 노동자들을 고용하는 사람은 테께다르(thekedars)라고 불리는 하청업자들이다. 이 업체들은 이주노동자들을 선호하는데, 그 이유는 이들에게 노동조합화의 위험이 없기 때문이다. 노동자들은 바쁜 생산기에는 도시에 머물다가 그 시기가 지나면 고향으로 돌아간다. 의류업체에서는 여성 이주자들을 많이 고용한다. 이들의 노동은 장시간 노동, 건강 및 후생비의 부재, 최저임금으로 특징지어진다. 노동자들은 여러 가지 건강상의 문제에 시달리는데 두통, 스트레스로 인한 피로, 요통, 월경주기 교란, 반복성 긴장 장애(RSI), 체중 저하, 호흡기 문제, 배변 주기 장기화로 인한 신장 및 방광 감염, 분진으로 인한 축농증과 알레르기 등이 그것이다.

현재 의류산업에서 무역업자들 사이에 유행하고 있는 업종 중 하나는 자수(刺繡)다. 자수 부문의 많은 노동자들은 비하르 출신 무슬림 청소년들이다. 이들은 델리 외곽의 작은 공장에서 일한다. 임금은 생산물 단위로 주어지는데, 그 액수가 아주 적어 상품의 소비자가격과 비교해보면 비중이 보잘것없다. 그럼에도 불구하고 비하르의 송출 지역에서는 이런 일자리들이 임금이 높은 것으로 인식되고 있으며, 실제로 가족들의 재산을 늘리고 부채를 갚는 데 큰 기여를 해왔다.

더 읽을거리

권기철,《인도의 경제발전: 개혁 지역 이주》, 외줄기출판사, 2008.

김경학 외,《글로벌시대의 인도인 디아스포라》, 경인문화사, 2007.

협상 문화[•]

박현재[••]

각국의 문화는 협상의 시작 단계에서 결과까지 영향을 미친다. 따라서 거래의 성공을 위해서는 상대국의 문화와 비즈니스맨들의 상관습에 대한 이해를 바탕으로 효과적인 협상을 시도하는 것이 필수불가결한 요소다. 여기서는 인도인들과의 협상에 영향을 미치는 문화적 요인을 포괄적·효과적으로 분석하기 위해 '멧커프 & 버드 + 호프스테드의 13가지 요인 모델'에 근거해 일곱 가지로 제시하고자 한다. 이를 이해하면 한국 기업가들이 인도 상인에 대한 오해를 줄이고 효과적인 협상 전략을 구사하여 의미 있는 의사소통을 할 수 있을 것이다.

• 본문은 2009년 학술지《무역상무연구》에 게재된 논문을 수정·보완한 것임

•• 전남대학교 교수, today939@naver.com

표 3-4 멧커프 & 버드 + 호프스테드의 13가지 요인 모델

척도(Dimensions)	협상 문화의 유형	
1. 협상에 대한 기본 인식 (Basic Concept of Negotiation)	승자와 패자 (Distributive)	상호 이익이 되는 협상 가능 (Integrative)
2. 가장 중요한 이슈의 형태 (Most Significant Type of Issue)	업무 중심 (Task)	관계 중심 (Relationship)
3. 협상자의 선택 기준 (Selection of Negotiators)	능력 (Abilities)	지위 (Status)
4. 개인의 목표 반영 여부 (Influence of Individual Aspiration)	개인주의자 (Individualist)	집단주의자 (Collectivist)
5. 내부 의사결정 과정 (Internal Decision-Making Process)	독립적 (Independent)	집단 의사결정 (Majority rule)
6. 시간에 대한 인식 (Orientation toward Time)	일정 중시 (Monochronic)	일정에 관대 (Polychronic)
7. 위험 선호 정도 (Risk-Taking Propensity)	위험 회피 (Risk-averse)	위험 감수 (Risk-tolerant)
8. 신뢰 형성의 토대 (Basis of Trust)	계약 (External to the parties)	관계 (Internal to the parties)
9. 형식(의전)에 대한 태도 (Concern with Protocol)	형식에 신경 (Formal)	비형식적 (Informal)
10. 의사소통 방법 (Style of Communication)	직접 표현 (Low-context)	간접 표현 (High-context)
11. 설득의 속성(수단) (Nature of Persuasion)	논리적 (Factual-inductive)	감정적 (Affective)
12. 계약의 형태 (Form of Agreement)	명시적 (Explicit)	묵시적 (Implicit)
13. 성(性)에 대한 역할 인식	여성 존중 (Feminine)	남성 위주 (Masculine)

자료: Metcalf, L. & Bird, A., "Integrating the Hofstede Dimensions and Twelve Aspects of Negotiating Behavior : A Six Country Comparison," Leiden : Koninklijke Brill B.V.,2004.; Hofstede, G., " Motivation, Leadership and Organization ; Do American Theories Apply Abroad ?," Organizational Dynamics, 1980.

표 3-5 협상의 구성 요소

시작(1단계)	과정(2단계)	결과(3단계)
• 논쟁 혹은 의견 차이 • 갈등 없이 해결하고자 하는 의지 • 계약 체결에 대한 공통 관심사	• 협상 조건의 구성 • 상대 확인 • 의사교환 채널 구축 • 협상 문화의 이해(예: 사람 중심 vs 이슈 중심) • 상담 스타일 • 제3자의 활용 여부	• 공식적 · 비공식적 계약 체결 • 계약서의 형태 • 의사결정 방법
상호 국가의 문화	진행의 효율성	협상 결과의 적정성

자료: Bangert, D.C. & Pirzada,K., "Culture and Negotiation," The International Executive, Vo.34(1), 1992, p.45.

협상에 대한 기본 인식과 중요한 이슈

한국 상인들은 가능한 협상에서 상대방과 좋은 관계를 유지하려고 노력한다. 즉 협상과 관련 있는 일에 중심을 두기보다는 관계 중심의 성향을 가지고 있다. 한국인의 협상 마인드는 '문제' 자체에 초점을 두는 방식이 아닌 '사람'에 초점을 두는 방식이다. 이에 반해 인도 상인들은 협상장에서 이슈를 집요하게 물고 늘어지면서 자기의 이익을 추구한다.

인도 상인들은 오랜 기간 영국의 식민 지배를 받아 장기적인 관점에서 협상하기보다는 단기적인 이익에 집착하는 경향이 있다. 협상에 대한 기본 태도도 상호 이익이 아니라 자신의 이익에 민감하여 상대방의 입장은 잘 고려하지 않는 경우가 많다. 또한 토론과 논쟁을 즐기며 말을 아주 잘하는 편이다. 따라서 상대방에게는 종종 합리적이거나 이상적이지 않게 느껴질지라도 자기 나름의 논리를 가지고 상대를 설득하려고 노력한다. 인도 상인들의 협상력은 논쟁에서 이겨야 한다는 절박함에서 나오므로 상대가 지쳐 나가떨어질 때까지 계속된다. 그 과정에서 상대의 약점이 일단 노출되면 절대로 그것을 놓치지 않고 끈질기게 물고 늘어진다.

한편 한국 상인들은 일반적으로 지나치게 감정적이며, 성급한 행동을 보인다. 협상장에서 서로 기꺼이 수용할 수 있는 대안의 탐색과 수용보다는 어느 한쪽의 일방적인 떼쓰기나 협박과 같은 행동이 두드러지게 나타난다. 즉 협상을 윈-윈(win-win)게임으로 인식하지 않고 윈-루즈(win-lose)게임으로 인식한다. 최근 정치인들의 협상 행태를 보면 한국인들이 가지고 있는 협상의 기본 태도가 어떤 것인지 쉽게 인지할 수 있다.

협상자 선택 기준과 개인 목표 반영 여부

인도는 대가족 중심의 생활양식과 연장자를 존중하는 문화를 가지고 있다. 따라서 협상자를 선택할 때에는 능력이 아니라 지위에 따라 선택하고 최종 의사결정도 가장 지위가 높은 사람이 한다. 따라서 가능하면 최상급자, 즉 해당 기업의 사장과 직접 협상을 시도하는 것이 바람직하다. 아무리 하급자와 합의를 한다 해도 사장이 반대하면 소용이 없는 경우가 많기 때문이다. 이런 점에서 한국과 인도는 문화가 비슷하다고 할 수 있다.

인도인들은 각자 고유의 카스트를 가지고 있으며 가족 중심적이고 종교적이다. 또한 나(I)보다 우리(We)를 강조하는 집단주의 색채를 띠고 있다. 그러나 여기서 나타나는 집단주의적 특색은 가족 중심 집단주의이며, 협상 시에는 개인의식이 강하다. 즉 일상생활에서는 집단주의적이지만 협상에서는 개인주의적인 이중성을 가지고 있다.

협상을 성공적으로 이끌어내려는 노력은 1차적으로 승진이나 급여 인상 등 개인의 이해관계와 이익을 바탕으로 이루어지는 경우가 많다. 국제투명성기구가 발표한 국가별 부패지수를 살펴보면 핀란드가 1위를 차지해 가장 투명한 나라로 나타나 있으며, 나이지리아는 90위로 가장 부패지수가 높은 나라로 분류되었다. 한국은 48위, 중국은 63위, 인도는 69위를 보이는 등 세 나라의 부패지수가 상당히 높게 나타난 것도 이런 이중성에 기인한 것이다.

내부 의사결정 과정과 시간에 대한 인식

내부 의사결정은 한국과 인도 모두 팀의 리더가 결정하는 문화이다. 공항이나 관광지에서 만나는 인도 상인들은 항상 일정을 묻는다. 시간에 쫓길수록 협상력이 줄어들기 때문에 그들은 결코 서두르는 법이 없다. 한국 사업가가 거래를 위해 인도에 출장 가서 약속을 정한 후 미팅 장소에 나가보면 인도 사업가가 시간을 지키지 않는 것을 흔하게 경험할 수 있다. 교통 여건이 나쁜 것도 한 가지 원인이지만 인도 상인들의 시간관념을 엿볼 수 있는 대목이기도 하다. 따라서 인도 상인과 상담할 때는 서두르면 서두를수록 손해다.

위험 선호 정도와 신뢰 형성의 토대

문화적·종교적으로 자부심이 대단한 인도인들은 보수적인 성향을 띠며, 식민지를 경험했기 때문에 새로운 제도를 도입하는 것에 신중하다. 국제사회에서 널리 통용된다 하더라도 다문화 사회인 인도에는 맞지 않을 가능성이 있기 때문에 쉽게 받아들이려고 하지 않는다. 또한 만약의 경우에 있을지도 모를 위험을 회피하려고 하기 때문에 인도 협상가들을 설득하기란 상당히 어렵다. 따라서 협상장에서 여유를 가지고 단계적으로 결과를 얻어나가는 차선의 방안도 염두에 둘 필요가 있다. 싱가포르가 인도와 FTA 추진할 때 단계적인 시장개방 전략을 추진한 것이 좋은 예다.

인도 역시 동양 문화권에 속하기 때문에 기본적인 신뢰 형성은 관계 속에서 구축된다. 인도에서 진행하는 프로젝트에는 이해관계자가 많기 때문에 서로에 대해 진정성을 느낄 때까지는 시간이 필요하다. 따라서 협상 상대를 자주 만나는 것은 기본이다. 공식적인 협상 자리 외에도 수시로 만나서 이야기를 나누고 때로는 집에도 찾아가 탄탄한 신뢰를 쌓는 것이 중요하다. 계약서를 작성하여 문서화하는 것도 중요하지만 동시에 인간관계를 돈독히 맺어 놓는 것이 기초적인 신뢰 형성에 도움이 된다.

형식에 대한 태도와 의사소통 방법

한국인은 의전에 신경을 쓰는 편이지만 인도인은 그렇지 않다. 인도인과 비즈니스를 하다보면 중요한 계약 서명식에 정장을 하지 않고 나타나는 경우도 많고, 협상장에서도 지위고하에 상관없이 앉는 것을 볼 수 있다. 즉 형식보다는 내용과 실질을 숭상하는 문화를 가지고 있다.

인도 상인들은 직접적인 의사 표현을 잘 하지 않는다. 협상장에서도 예의상 상대방의 의사에 반하는 표현을 잘 하지 않기 때문에 직접 'No'라고 말하는 경우도 많지 않다. 즉 인도 역시 한국처럼 의사 표현을 할 때 간접적으로 의사를 전달하는 고문맥(high-context) 문화를 가지고 있다. 따라서 협상 시 상대방이 의미하는 것이 무엇인지 그 행간의 의미를 잘 파악해야 한다.

설득의 속성(수단)과 계약 형태

미국인과 협상을 할 때는 사실에 근거해서 논리적으로 설득을 해야 한다. 그러나 한국인은 '상거래적 사고'와 '인간적 사고'의 혼재성을 보여 협상장에서 주된 논의(issue)를 혼란스럽게 하는 경우가 있다. 인도 상인들을 설득할 때도 한국인들과 마찬가지로 감정과 논리 양쪽에 호소하는 것이 효과적인 경우가 많다. 즉 협상의 이슈에 대해서는 논리적인 설득을 하면서 인간적으로 감정에 호소하는 방법을 취하는 것이다. 다수의 인도 상인들은 스스로 자신을 감정적인(emotional) 요소가 많다고 평가한다.

인도 상인과 거래할 때는 반드시 문서로 남겨두어야 나중에 문제가 생기지 않는다는 이야기가 많다. 바로 이런 문제 때문에 계약이 발달했으며, 재판까지 갈 경우에 대비해 매우 세세하게 명시하기 때문에 100~200쪽 분량의 계약서도 흔하다. 협상과 계약은 전혀 별개다. 가끔 한 회사와 집중적으로 구매 협상을 벌인 다음 정작 전혀 다른 곳과 계약을 체결하는 경우도 드물지 않게 발생한다. 뿐만 아니라 일단 협상이 체결되어 계약서를 작성할 때가 되면 또 다시 엉뚱한 조건을 추가해 판매자를 곤경에 빠뜨리기도 한다.

인도에서 계약은 필요조건이기는 하지만 충분조건은 아니다. 계약 후 실행 단계에서 불리한 조건에 대해 종종 재협상을 요구하거나 계약을 이행하지 않을 경우 법에 호소해야 할 때도 있다. 이런 경우 통상 3~5년 이상의 시간이 소요되기 때문에 성미 급한 한국 상인은 재협상의 유혹에 빠지기 쉽다. 인도 상인과 거래할 때 명시적인 계약서를 작성하는 것은 아무리 강조해도 지나치지 않다.

성(性)에 대한 역할 인식

인도 사회도 한국처럼 남성은 밖에서 일을 하고 여성은 집에서 가사 노동을 하는 것을 기본적인 성 역할로 인식하고 있다. 하지만 인도에서는 여성이 여당 당수와 주 수상을 역임하는 것을 쉽게 볼 수 있다. 정치계에서 여성이 중요한 지위를 점하는 현상이 점점 증가하면서 비즈니스계도 이를 뒤따르고 있다. 협상장에서 여성이 중요한 결정을 하는 것을 중국처럼 많이 볼 수는 없지만 인도에서도 의사결정 권한을 여성이 갖고 있는 빈도가 점점 증가하고 있다. 특히 약자를 존중하는 인도에서 협상 시 여성을 함부로 대하거나 무시하는 행동은 하지 않도록 조심해야 한다.

더 읽을거리

박경서, "한국기업, 현지 내수시장 선점 위해 인도 간다",《친디아저널》9월호, 포스코경영연구소, 2006.

황상민, "한국인의 협상마인드",《한국심리학회지》제2권 1호, 1995.

24

경제자유화

권기철•

인도의 통제경제제도

1990년 이전까지 인도의 경제제도는 한마디로 통제체제라고 정의할 수 있다. 인도의 통제적 경제제도는 1948년 독립 이후부터 시작되어 1950년대 말에 완성되었다. 그러나 성과에 비해 부작용이 심해지자 1970년대부터 조금씩 완화되기 시작했다. 경제자유화가 비교적 광범위하게 진행된 것은 1980년대 후반부터였고, 근본적인 자유화를 맞이한 것은 1991년부터라고 볼 수 있다.

제2차 세계대전 이후 독립한 대부분의 개발도상국들과 마찬가지

• 부산외국어대학교 교수, chulk@bufs.ac.kr

로 인도의 과제 역시 식민지 기간 동안 왜곡된 경제구조를 바로 잡고 자립경제의 기반을 구축하는 것이었다. 그 구체적인 표현으로 1954년 인도 의회는 사회·경제정책의 목표를 '사회주의형 사회'의 실현에 두고, 이 목표를 달성하기 위해 1951년부터 5개년 경제개발계획을 편성하여 시행하고자 했다. 이 계획의 기본개념은 시장경제체제를 유지하되 중앙계획에 의한 경제 운용 및 중공업 우선 투자정책을 추진한다는 것이었다.

이 개념을 실현하기 위한 수단으로 몇 가지 제도가 채택되었다. 첫째, 1956년에 발표한 산업정책결의에서는 인도의 공업 부문을 국가독점, 국가와 민간의 혼재, 민간 주도로 세세히 나누어 규정했다. 둘째, 1951년에 제정된 산업개발 및 규제법(IDR법)은 일정 규모 이상의 민간기업을 모두 중앙 정부에 등록시키고 생산 품목, 생산량, 종업원 수, 기업 입지 등에 대해 정부의 인가를 받도록 했다. 이것은 인가 기업에 대한 규제인 동시에 인가 기업만 받을 수 있는 특혜를 의미하는 것이기도 했다. 셋째, 인도는 1950년대 이후 대체로 매우 강력한 수입통제제도를 시행했다. 인도 정부는 포괄수입인가품목(OGL)을 정하고 소비재 등 대부분의 상품을 수입 금지하는 제도를 유지했다.

독립 후부터 1980년대 말까지 전반적인 경제 성과는 식민지 시대에 비하면 나은 것이었지만 여타 개도국들, 특히 동아시아의 개도국들과 비교하면 매우 실망스러운 것이었다. 인도의 경제성장률은 1980년대까지 연평균 3.5퍼센트(이것을 힌두성장률이라고 부른다)에 불과했다. 이처럼 뒤처진 경제 성과는 비효율적인 산업구조와 결합하여

1980년대 이후 국민경제에 점차 큰 부담을 주기 시작했다. 인도는 주기적인 인플레이션 압력, 국제수지 적자와 재정적자의 거시경제적 불균형에 시달렸다.

이러한 불균형의 압력은 1990년에 터진 국내외의 사태에 의해 위기로 치닫게 되었다. 1990년 당시 인도의 외환보유고는 10억 달러 수준으로 떨어졌고 대외 신용등급이 하락하면서 해외 금융기관들의 대출이 중단되었다. 여기에 걸프전쟁이라는 대외적 충격이 가세했다. 1990년 8월 이라크가 쿠웨이트를 침공하면서 단기간에 석유 가격이 치솟았다. 이것은 정상적인 상황이라면 쉽게 극복할 수 있는 것이었지만, 오랫동안 거시경제정책의 실패로 인해 극도로 취약해진 인도 경제는 심각한 타격을 입었다. 해외 차입의 중단도 외적인 충격이라기보다 거시경제 상황이 건전하지 못했기 때문에 일어난 반작용이었다고 할 수 있다. 이는 결국 IMF로부터의 외환차입과 대폭적인 경제자유화로 이어졌다.

경제자유화의 경과

앞서 말했듯이 인도의 경제자유화는 1980년대부터 시험적으로 진행되기 시작했지만, 정부가 포괄적인 경제개혁 프로그램을 본격적으로 시행한 것은 1991년부터였다. 이전까지는 각종 제약이 기본적인 원칙이었고 자유화를 한다 해도 제약의 일부를 포지티브리스트

(positive list) 접근법을 통해 선택적으로 제거했다. 그러나 1991년 자유화에서는 네거티브리스트(negative list) 접근법에 따라 제약을 하지 않는 것이 기본적인 규칙이 되었다. 그런 의미에서 1991년의 자유화는 이전의 자유화와 완전히 구별된다.

1990년 국제수지 위기에 직면하자 인도 정부는 IMF로부터 자금지원을 받기 위해 경제개혁을 추진하지 않을 수 없었다. 인도의 사례는 비슷한 처지의 다른 나라들에 비해 개혁과 자유화 과정이 더 신중하고 단계적이었지만, 소위 워싱턴 컨센서스(Washington Consensus)의 요구를 그대로 반영하고 있었다. 즉 한편으로는 강력한 거시적 안정화를 추구하면서 다른 한편으로는 깊은 수준의 구조조정을 추진하는 IMF식 특징에서 벗어나지 않은 것이다.

국제수지의 위기는 표면상으로는 잘못된 거시경제정책, 특히 1984~1991년 정부의 대규모 재정적자와 그로 인한 경상수지 적자가 원인이었다. 더 근본적으로는 수입대체산업화 전략, 과도한 통제와 수량 제한으로 인한 시장기능 붕괴, 주요 산업의 공공 부문 지배에 기인한 생산시스템의 비효율성 증대와 주요 수출품의 경쟁력 약화에서 원인을 찾을 수 있다. 인도는 당면한 문제를 해결하기 위하여 한편으로는 거시경제 안정화 정책을, 다른 한편으로는 효율성을 증대시킬 수 있는 정책의 집합을 추구했다.

국제수지 문제를 해결하고 장기적인 재정 안정을 확보하기 위해 마련된 거시적 안정화 프로그램으로는 ① 1991년 7월부터 두 차례에 걸쳐 단행된 루피화의 18퍼센트 평가절하, ② 지출 감축, 조세개혁,

부분적 민영화, 공기업 운영의 수익성 원칙 도입을 통한 재정적자 감축, ③ 국가의 대내외 균형 유지를 위한 인도중앙은행의 자율성 확대 등을 들 수 있다. 그리고 이 수단들을 보완하기 위한 것으로 ① 시장 수급을 반영한 환율결정시스템으로의 이행, ② 인도 기업의 국제자본 시장을 통한 자금조달 허용, ③ 해외 기관투자가의 금융투자, 외국인 직접투자, 해외 거주 인도인의 예금을 통한 자금 유입 촉진 등의 조치가 취해졌다.

이밖에도 투자와 생산, 국내 수요의 자원 배분 효율성을 높이고, 국제수지의 장기적 균형 유지와 지속적인 성장, 대내외의 충격에 대한 경제적 대응력을 확보하기 위해 무역, 금융 시장, 산업에 관한 개혁정책들이 추진되었다. 수출입의 점진적 자유화를 거치며 수입대체산업화 전략은 저절로 폐기되었다. 이 방향에서 가장 중요한 진전은 민간 투자자들이 소수의 방위산업과 전략산업을 제외한 모든 부문에서 기업을 설립할 수 있도록 허용한 민간기업 진입자유화정책이었다.

1990년대에 가장 큰 변화를 겪은 것은 금융 부문이다. 금융개혁의 주요 내용으로는 ① 다수의 공공 은행과 금융기관의 부분적 민영화, ② 외국인을 포함한 민간은행, 뮤추얼펀드(mutual fund), 기타 금융중개기관의 진입, ③ 국채준비율(SLR: 예금의 일정 부분을 인도 국채로 보유하도록 정한 비율)과 현금지급준비율(CRR)의 인하, ④ 금융기관 운영의 국제기준(바젤협약) 도입, ⑤ 은행 예대금리의 자율적 결정 허용, ⑥ 주식시장 육성을 위한 각종 규제 개혁 및 인도증권거래위원회의 자율성 강화와 전자결제제도 도입을 들 수 있다.

바젤기준 도입, 인도중앙은행과 인도증권거래위원회의 규제 및 감시 기능 강화는 금융 부문, 나아가 거시경제 전체의 안정성과 충격 흡수 기능을 촉진하기 위한 것이었다. 그 외 여타 개혁들은 거래비용을 줄이고 경쟁을 통해 상대적으로 자원을 생산적인 경제활동 부문에 흐르게 함으로써 경제 전체의 효율성을 높이는 데 기여했다. 이런 개혁은 경제를 관료주의적 통제에서 벗어나게 하고 산출량을 높여 경제성장과 고용 증대로 이어질 것이라고 기대되었다.

경제자유화의 성과

1991년 이후 인도 경제의 모든 진전이 경제개혁 덕분이라고 말하기는 어렵지만, 1990년대 경제 성과를 이전 시기와 비교해보면 개혁의 성과를 평가하는 데 도움이 될 것이다.

개혁 이후의 경제 성과는 여러 가지 측면에서 확인할 수 있다. IMF 프로그램의 지원을 받아 구조조정을 시행한 다른 신흥국들과 달리 인도는 개혁 직후의 경기후퇴가 오래가지 않았다. 실제로 1990년대(1990년과 1991년 제외)에 GDP, 1인당소득, 자본축적 증가율은 모두 1970년대와 1980년대에 비해 높았다. 더욱 놀라운 것은 빈곤 경감과 인플레이션 완화 영역에서의 성과였다. 인도 정부가 발표한 공식 빈곤율은 1993년과 1994년에 36퍼센트였는데, 1999년과 2000년에는 26.1퍼센트로 하락했다. 이것은 1970년대와 1980년대의 하락

표 3-6 인도의 주요 경제 지표(1970~2000)

경제 지표	1970-71 ~1979-80	1980-81 ~1989-90	1992-93 ~2000-01
GDP 성장률	2.95	5.81	6.1
1인당 GDP 증가율	0.73	3.67	4.17
투자 증가율	4.65	6.38	8.31
고정자본형성 증가율	3.62	6.72	7.39
GDP 중 투자의 비중	18.27	22.04	22.85
GDP 중 저축의 비중	18.38	19.51	23.15
소비자물가 상승률	9.4	7.97	7.16
산업구조(GDP의 %)			
-농업	42.80	36.40	30.40
-제조업	22.80	25.00	27.12
-서비스업	34.40	38.60	44.92

자료: 인도중앙은행; 인도 정부

속도보다 빠른 것이다. 1980년대 중반부터 1990년대 초까지 인도의 절대빈곤 인구수는 3억 2,000만 명 내외였는데, 1999년과 2000년에는 2억 6,000만 명으로 감소했다. 빈곤 인구의 감소는 소비자물가 상승률이 1990년대 초에 두 자릿수였다가 1990년대 말에 4퍼센트대로 떨어진 것과 밀접한 관련이 있다.

가장 주목할 만한 성과는 대외 부문에서 찾을 수 있다. 1980년부터 1990년 사이에 GDP 대비 무역 비율은 13.6~14.2퍼센트 사이를 오르내렸는데, 이것이 2000년과 2001년에는 22.1퍼센트로 도약했다. 그 밖에도 ① 대외 부채와 경상수지 적자가 GDP 대비 각각 28.7퍼센트와 3.1퍼센트에서 22.3퍼센트와 0.5퍼센트로 감소한 것, ② 외환보유고가 58억 달러(수입액 2.5개월 분)에서 422억 달러(수입액 8.6개월 분)로 증가한 것, ③ 대외 단기부채가 외환보유고 대비 146.5퍼센트에서 8.2퍼센트로 급격히 낮아진 것 등을 들 수 있다.

더 읽을거리

권기철, 《인도의 경제발전: 개혁 지역 이주》, 외줄기출판사, 2008.

김응기, 《인도는 지금》, 한국재정경제연구소, 2008.

홍대길, 《꿈틀대는 11억 인도의 경제》, 신구문화사, 2004.

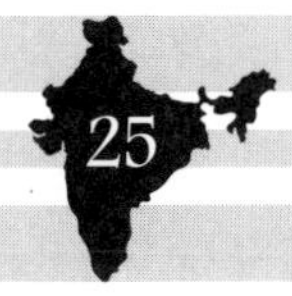

소비시장

조충제•

고성장-고소비 시대를 여는 인도

2010년 1월과 3월 인도의 휴대폰 신규가입자가 각각 2,000만 명을 돌파했다. 우리나라 인구의 절반이 인도에서 매달 휴대폰 신규가입자가 되는 것이다. 인도에는 2011년 8월 말 기준으로 8억 6,570만 명이 휴대폰을 사용하고 있다. 이는 화장실 보급률보다도 높은 수준이다. 휴대폰뿐만 아니라 자동차 수요도 가히 폭발적이다. 글로벌 금융위기의 여파가 남아있던 2010년 상반기 인도의 자동차 판매 증가율은 38퍼센트를 기록했다. 물론 2011년 10월 이후 경기 둔화 속도가

• 대외경제정책연구원 부연구위원, cjcho@kiep.go.kr

빨라지면서 소비 역시 다소 둔화되고 있기는 하지만 중장기적으로 볼 때 인도의 소비력은 약화되지 않을 것이다. 소비 증가는 단순히 경기 순환 과정에서 나타나는 일시적인 현상이 아니기 때문이다.

고성장과 함께 1인당 소득이 2000년대 후반부터 매년 거의 100달러씩 증가하고 있으며 인플레이션의 거센 압력에도 가처분소득 역시 지속적으로 높아졌다. 인도 정부는 개인소득세 면세점을 계속 인상해 왔는데, 이는 임금 인상률이 거의 매년 두 자릿수를 기록했기 때문이다. 소득이 높아지면 소비가 증가하는데, 인도에서는 두 가지 측면에서 이를 관찰할 수 있다.

하나는 소득 수준이 워낙 낮은 상태에서 당장 가처분소득이 증가하면서 우선적으로 소비가 늘어나는 것이다. 즉 소득 수준이 낮을수록 엥겔지수가 높고 소비 성향도 높아 소득이 조금만 증가해도 소비가 그 이상으로 늘어난다. 곡물과 식음료, 계란, 유유 등의 소비 증가와 농촌과 도시 중하층에서의 소비 증가 등이 주로 여기에 해당된다. 또 다른 측면은 경제의 급성장과 함께 형성된 신흥부유층을 중심으로 한 소비가 급증하는 것이다. 인도에서는 특히 2000년대 들어 IT, BT, 이동통신, 건설, 유통업 등이 급성장하면서 엄청난 소비 계층을 만들어냈다. 특히 신흥부유층에는 젊은 세대가 많아 그 소비력이 더욱 높다. 이들은 주로 내구 소비재와 프리미엄 제품 등의 수요 창출에 크게 기여하고 있다.

한편 높은 소비 성향의 저소득층이나 신흥부유층과는 별도로 원래부터 엄청난 구매력을 갖고 있는 계층이 있다. 바로 부호 계층으로

이 초고소득 계층의 사치적인 소비가 인도에서 현실화되고 있다. 이들의 소비는 과거 주로 해외에서 이루어졌지만, 최근에는 국내에서도 적극적으로 소비하면서 인도 내 사치재 시장을 견인하고 있다. 1인당 최소 1만 달러가 넘는 남극 유람선 여행패키지가 인기를 끌고, 대당 판매가가 수십만 달러에 이르는 고급 승용차 매장이 속속 설치되고 있다. 인도는 가장 유망한 세계 개인용 제트기 시장으로 선정되기도 했다. 최근 인도의 소비 팽창은 고성장과 함께 전 계층에서 일고 있는 소비 열풍의 일환이며 상당 기간 지속될 수밖에 없다. 이는 경제 현상이라기보다는 사회 현상에 더 가깝다.

2025년 세계 5위의 소비시장

최근 인도의 소비력은 대체로 중산층보다는 저소득층, 도시보다는 농촌에서 강하게 나타나고 있다. 세계에서 가장 낮은 이동통신 요금에다 저렴한 단말기의 공급으로 대부분의 휴대폰 신규가입자가 인력거꾼이나 농부 같은 저소득층 사람들로 구성된 지 오래다. 최근에는 승용차마저 소형차를 중심으로 도시 지역보다 농촌 지역에서 판매가 치솟고 있다.

세제 등을 판매하는 다부르(Dabur)는 전체 매출의 약 절반 정도를 이미 농촌 지역에서 올리고 있으며, 삼성인디아는 전체 매출의 약 19퍼센트, 오토바이 생산업체인 히어로혼다(Hero Honda)는 약 39퍼센트, 시계 및 보석류를 취급하는 타이탄(Titan)은 약 15퍼센트, 승용차 1위 업체인 마루티스즈키(Maruti Suzuki)는 약 10퍼센트, 1위 이동통신서비스업체인 에어텔(Airtel)은 약 30퍼센트의 매출을 농촌 지역에서 각각 달성하고 있다(《India Today》 커버스토리, 2010년 2월). 일반 소비재는 물론 내구 소비재 수요 증가율도 이제 도시보다는 농촌, 중산층 이상보다는 상대적으로 소득이 낮은 층에서 더 높게 나타난다. 농촌 지역과 저소득층을 겨냥한 제품 및 영업 전략의 가장 대표적인 사례가 바로 따따자동차(Tata Motors)의 나노(Nano) 승용차다.

하지만 이러한 인도의 소비 트렌드는 중장기적으로 다소 변화할 전망이다. 소비 팽창은 가속화되겠지만 그 주체로는 다시 중산층과 도시민이 부각될 것이다. 2007년 5월 맥킨지 보고서 "The Bird of Gold: The Rise of India's Consumer Market"에 따르면 인도 소비시장 규모는 2015년경의 이탈리아나 2025년경의 독일에 근접한다. 이렇게 되면 인도 소비시장 규모의 글로벌 순위는 2005년 12위에서 2025년 5위로 껑충 뛰어오른다. 금액으로 보면 1995년 10조 루피(약 2,270억 달러, 2005년 달러 대비 환율 기준)에서 2005년 17조 루피(3,860억 달러), 2015년 34조 루피(7,720억 달러), 2025년 70조 루피(1조 5,900억 달러)로 그 규모가 눈덩이처럼 불어난다.

그러나 소비 주도층은 2015년을 전후로 바뀔 전망이다. 2015년까지는 지금과 같은 저소득층과 농촌의 소비 증가율이 높아지겠지만 이후에는 다시 중산층과 도시 지역의 소비 증가율이 높아질 것이다. 맥킨지는 2005년에는 인도 소비시장의 76퍼센트가 중산층 이하에

그림 3-2 맥킨지의 인도 소비시장 규모 전망

(소득 수준별 소비, 단위: 조 루피)

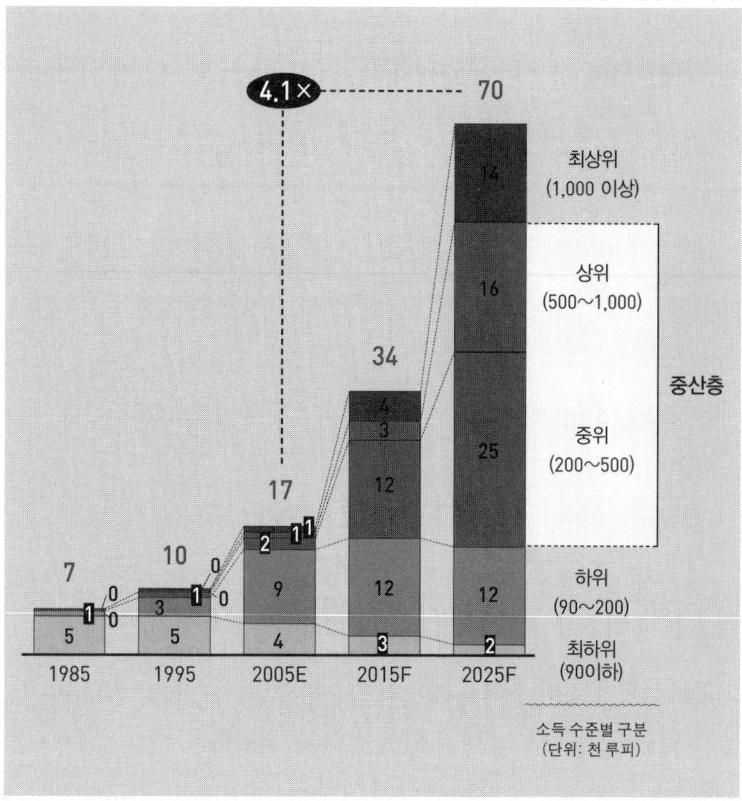

자료 : MacKinsey, The Bird of Gold: The Rise of India's Consumer Market, 2007
* 각 수치는 정수가 아니므로 연도별 합이 정확히 일치하지 않을 수 있음

서 유발되었지만, 2025년에는 소비시장의 78퍼센트가 중산층 이상에서 유발될 것이라고 전망했다. 같은 기간 도시와 농촌의 소비 비중 역시 43 대 57에서 62 대 38로 도시 비중이 매우 빠르게 높아질 것이라고 전망했다.

저소득층과 농촌 지역, 중산층과 도시 지역이 번갈아가며 인도 소비시장의 팽창을 가속화하는 이유는 소득이 그만큼 빨리 증가하고 있기 때문이다. 같은 보고서에서 맥킨지는 2025년 인도의 가처분소득이 2005년에 비해 3배 이상 증가할 것이라고 전망했다. 2005년부터 2025년까지 인도의 가처분소득 증가율은 5.3퍼센트로 같은 기간 미국의 1.5퍼센트에 비해 3배 이상, 일본의 0.25퍼센트에 비해 최소 20배 이상 높다. 도시 가계와 농촌 가계의 가처분소득 증가율을 비교하면 도시가 5.8퍼센트로 농촌의 3.6퍼센트보다 훨씬 높다. 따라서 농촌보다는 도시 지역의 소비 증가율이 점차 높아진다는 것이다.

맥킨지의 이러한 가처분소득 증가율 전망은 2025년까지 연평균 7.3퍼센트의 경제성장률을 유지해야 한다는 조건을 달고 있다. 이보다 낮은 경제성장률을 달성하면 가처분소득과 소비 증가율은 당연히 보다 낮게 전망될 수밖에 없다. 하지만 최근 인도의 성장 패턴을 보면 가처분소득과 소비 증가율 전망치가 오히려 높아져야 할 형편이다. 인도는 지난 2005년부터 2007년까지 매년 9퍼센트 이상의 성장률을 달성해왔으며 글로벌 금융위기의 직격탄을 맞은 2008년에도 6.7퍼센트의 성장률을 유지했다. 그리고 2009년에는 8퍼센트, 2010년에는 8.5퍼센트의 성장률을 달성했다.

이러한 전망은 기업에 엄청난 투자 기회를 제공한다. 2002년 이후 인도의 투자 증가율이 줄곧 두 자릿수를 유지하고 있는 것도 왕성한 소비력에 기업이 적극 대응하고 있기 때문이다. 2008년 글로벌 금융위기 이후 투자 증가율이 다소 둔화되었지만 이 국면만 벗어나면 다시 두 자릿수로 회복될 전망이다. 그렇다고 엄청난 투자 기회가 기업들을 마냥 행복하게 한 것만은 아니다. 초대형 소비시장을 두고 점차 경쟁이 치열해지고 있다. 몰려드는 신규가입자에 이동통신서비스업자들은 한편으로는 웃으면서도 다른 한편으로는 낙하하는 수익성에 생존을 위협받고 있다. 통화료 인하 경쟁이 격화되면서 가입자는 늘어도 매출은 줄어드는 기현상이 벌어지기도 한다.

실제로 2009년 기준 대형 이동통신사의 가입자당 월평균 매출은 전년 동기 대비 약 38퍼센트나 급감했다. 2009년 1월에는 전국에 1,655개의 점포를 갖고 있던 슈퍼마켓 1위 기업 수빅사가 파산했다. 인도의 소비 붐을 타고 2001년 혜성같이 나타난 수빅사는 2006년부터 3년 동안에만 무려 1,500여 개의 매장을 오픈했다. 출점 경쟁을 주도하다 결국 유동성 부족으로 자멸한 경우다. 반면 판타론리테일과 같은 유통기업은 안정적인 유동성과 유효한 전략으로 승승장구하고 있다. 빠르게 변화하는 소비자들의 소비 패턴에 적응하지 못하면 도태될 수밖에 없는 상황 역시 심화되고 있다.

대중화와 프리미엄화의 동시 진행

인도의 소비 패턴 변화에서 가장 먼저 감지되는 것은 고품질·고기능·고가격이다. 소위 '제품의 프리미엄화(premiumisation)', 즉 시장에서 프리미엄 제품에 대한 수요가 늘어나는 '시장의 프리미엄화' 혹은 '트레이딩 업(trading up)'이 급진전하고 있다. 승용차 시장에서도 이미 콤팩트 부문의 시장점유율이 하락하고 상위 시장인 미드사이즈 부문의 점유율이 급증하는 현상이 나타나고 있다. 이륜차 시장도 마찬가지다. 모터사이클의 시장점유율이 높아지는 대신 스쿠터나 모페드의 시장점유율이 빠르게 낮아지고 있다. 인도 최대의 축제이자 상품 성수기인 디왈리(diwali) 기간 매출 변화에서도 프리미엄화를 확인할 수 있다.

인도소매유통업협회(Retailers Association of India)에 따르면 2010년 디왈리 기간 동안 유통업체들의 매출은 각각 약 50~80퍼센트까지 증가했다. 국제 금(金)값이 높아진 것과 함께 프리미엄 제품의 판매가 급증했기 때문이다. 이 기간 평판 텔레비전과 양문형 냉장고 판매만 업체별로 25~30퍼센트 증가했다. 디스플레이서치(Display Search)에 따르면 2012~2013년 사이에 평판 텔레비전의 점유율이 현재 약 75퍼센트를 차지하고 있는 브라운관 텔레비전의 점유율을 돌파할 것으로 전망하고 있다. 이러한 시장의 프리미엄화는 식음료는 물론 생활용품, 의류 및 신발 등에도 광범위하게 나타난다.

인도 소비자들이 프리미엄 제품을 선호하는 것은 다른 국가나 지역에서와 마찬가지로 본능에 가까운 문제다. 다만 차이점이라면 그 속도가 기대보다 빠르고 광범위하게 일어나는 것이라고 할 수 있다. 소득이 늘면 자연히 소비가 증가하고, 특히 과시적 소비 행태가 나타난다. 즉 기능적으로 동일한 상품에 대해서도 기꺼이 높은 가격을 지불하려는 소비 행위인 베블런효과(Veblen Effect)를 보이는 것이다. 게다가 선호가 높은 쪽으로 소비자들의 수요가 몰리는 편승효과, 소위 밴

드왜건효과(Bandwagon effect)까지 가세하면서 시장의 프리미엄화가 가속될 수밖에 없는 것이 오늘날 인도 소비시장의 모습이다.

더 읽을거리

조충제, "인도 저가시장은 옛말",《친디아저널》9월호, 포스코경영연구소, 2011.

______, "2030 인도 세계 4위 소비시장으로 부상",《친디아저널》9월호, 포스코경영연구소, 2010.

______, "인도 소비유통업계는 구조조정 중",《친디아저널》4월호, 포스코경영연구소, 2009.

인도재무부 finmin.nic.in

인도중앙은행 www.rbi.org.in

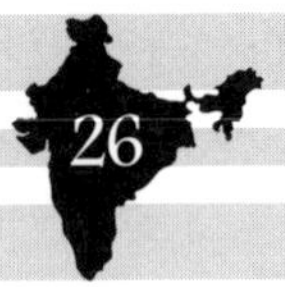

26

한·인도 CEPA

이순철•

CEPA 추진 경과 및 의의

한·인도 간 FTA인 포괄적 경제동반자협정 CEPA(Comprehensive Economic Partnership Agreement)는 2006년 3월 첫 공식협상이 시작된 이후 3년 6개월 만인 2009년 8월 7일에 공식서명하고 국회승인을 거쳐 2010년 1월 1일 발효되었다. 한·인도 CEPA는 세계경제의 새로운 축으로 부상한 브릭스(BRICS, 대문자 S는 남아프리카공화국을 뜻함) 국가와의 첫 번째 FTA로써 경쟁국보다 한발 앞서 체결했다는 데 큰 의의가 있다. 인도는 중국과 함께 BRICS를 대표하는 국가로 세계

• 부산외국어대학교 교수, sclee@bufs.ac.kr

12위의 GDP 규모와 더불어 세계 4위의 소비시장과 세계 2위의 인구(약 12억)를 보유하고 있다. 인도 경제는 견고한 내수를 바탕으로 최근 7~8퍼센트의 높은 성장률을 유지하고 있으며, 특히 세계 경기침체에도 불구하고 6퍼센트 이상의 높은 성장을 기록했다.

우리나라 전체 교역에서 인도가 차지하는 비중은 아직까지 미미하다. 그러나 양국의 교역 규모는 특히 2000년 이후 빠른 속도로 증가하고 있어 한·인도 CEPA 발효를 계기로 인도의 중요성과 비중은 더욱 높아질 전망이다. 우리나라는 FTA를 통해 최초로 인력 이동 부문을 개방하는 한편 전문 인력의 대량 유입에 대비한 제도적 장치를 마련했다. 개방 분야는 IT, 경영 컨설턴트, 엔지니어, 기초 과학과 초중등 영어 보조교사 등 160여 개이며, 이로써 인도의 경쟁력 있는 독립 전문가들을 폭넓게 활용할 수 있게 되었다.

CEPA 주요 내용

상품부문

품목 수 기준으로 양국 교역품의 85퍼센트 이상이 관세 철폐 또는 인하되었다. 한국과 인도의 관세 철폐 비중은 각각 84.7퍼센트와 74.5퍼센트이며, 관세가 50퍼센트 이상 줄어드는 품목의 비중은 한국이 89.7퍼센트, 인도가 85.5퍼센트다. 인도 측 양허율은 지금까지 우리나라가 체결한 FTA 중 가장 낮은 수준이며, 관세 철폐 및 인하 기

표 3-7 한국과 인도의 상품 양허안 내용

(수입액 단위: 100만 달러)

양허 단계	인도 측 양허				한국 측 양허			
	품목 수	비중	수입액	비중	품목 수	비중	수입액	비중
관세 철폐	3,739	71.5	2,984	74.5	9,984	88.6	1,679	84.7
– 즉시 철폐	202	3.9	1,538	38.4	6,824	60.6	1,148	63
– 5년 철폐	180	3.4	560	14	2,310	20.5	205	10.3
– 8년 철폐	3,357	64.2	886	22.1	850	7.5	226	11.4
8년 내 1~5%로 인하	459	8.8	342	8.5	34	0.3	3	0.2
8~10년 내 50% 감축*	261	5.0	96	2.4	478	4.2	94	4.8
양허 제외	768	14.7	580	14.5	765	6.8	205	10.3
전체 합계	5,227	100	4,001	100	11,261	100	1,981	100

자료: 외교통상부

* 인도는 10년 내 50% 감축, 한국은 8년 내 50% 감축

간도 5~8년 또는 10년 등 장기다. 양국 모두 민감한 농업 부문은 양허에서 대폭 제외된 반면, 우리나라의 대인도 10대 수출품은 인도 측 양허안에 모두 포함되었다.

한·인도 CEPA에서 양허된 상품의 기준관세는 2006년 4월 1일에 적용되는 최혜국대우 관세율이다. 협정의 부속서 및 양허표에서 이행 1년차란 이 협정이 발효된 다음 연도를 말한다. 단계별 관세 인하는 이행 1년차를 시작으로 매년 해당 연도의 1월 1일부터 효력이 발생한다.

서비스

양국은 모두 기존의 DDA 협상보다 높은 수준의 서비스 자유화에 합

표 3-8 한·인도 CEPA 관세 양허 카테고리

카테고리	관세 철폐 시점 자유화 종료 시점	카테고리 내용	
E-0	즉시	협정 이행 즉시 무관세	
E-5	5년차	5년 균등 철폐	
E-8	8년차	8년 균등 철폐	
RED	8년차 1~5%	8년에 걸쳐 1~5%로 균등 인하(8년째부터 1~5% 관세 적용)	
SEN	8년차 기준세율의 50%로 인하	한국	8년에 걸쳐 기준세율의 50%로 균등 인하 (8년째부터 기준세율의 50% 관세 적용)
EXC	10년차 기준세율의 50%로 인하	인도	10년에 걸쳐 기준세율의 50%로 균등 인하 (8년째부터 기준세율의 50% 관세 적용)

자료: 한·인도 CEPA 협정문

표 3-9 한·인도 CEPA 관세 양허 이행 기간

카테고리	발효일	이행 1년 1월 1일	이행 2년 1월 1일	이행 3년 1월 1일	이행 4년 1월 1일	이행 5년 1월 1일	이행 6년 1월 1일	이행 7년 1월 1일
E-0	100%							
E-5	20%	40%	60%	80%	100%			
E-8	12.5%	25%	37.5%	50%	62.5%	75%	87.5%	100%
RED	(기준세율 1~5%)× 12.5%	(기준세율 1~5%)× 25%	(기준세율 1~5%)× 37.5%	(기준세율 1~5%)× 50%	(기준세율 1~5%)× 62.5%	(기준세율 1~5%)× 70%	(기준세율 1~5%)× 87.5%	(기준세율 1~5%)× 100%
SEN	6.3%	12.5%	18.8%	25%	31.3%	37.5%	43.8%	50%

자료: 한·인도 CEPA 협정문

의했다. 우리나라는 인도의 의료, 통신, 에너지 유통, 운송서비스, 건설, 유통(소매 제외), 광고, 오락문화 시장에 진출할 수 있는 기회를 확

보했다. 특히 인도는 한·인도 CEPA 발효 후 4년 내 우리나라 은행들의 인도 지점 설치 신청을 최대 열 개까지 우호적으로 고려(favorable consideration)하고, 아울러 서비스 전문직의 인력 이동에 대한 상호 개방에 합의했다. 서비스 전문직은 컴퓨터 전문가, 엔지니어, 경영 컨설턴트, 기계·통신기술자, 영어 보조교사(학원강사 제외) 등 163개 분야다.

원산지 및 투자

양국은 일반적인 수준의 원산지 기준을 채택했으나 일부 품목에 대해서는 산업 민감도를 고려해 품목별 원산지 기준을 도입했다. 상품분류체계(HS code) 여섯 단위 변경과 역내 부가가치 비율 35퍼센트 이상을 기본으로 하고, 일부 품목에 대해서는 역내 부가가치 비율을 35~50퍼센트까지 확대 적용했다. 또한 개성공단에서 가공·생산한 제품에 대한 특혜관세를 인정했다.

투자 부문은 전 단계에 걸쳐 내국민대우(NT)를 보장하고 일부를 제외한 나머지 투자를 개방하기로 합의했다. 인도는 네거티브 방식의 투자자유화에 처음으로 합의하고, 농업·어업·광업 등 1차 산업을 제외한 제조업 전반에 우리나라 기업의 투자를 허용했다. 단일브랜드 소매업에 대해서는 51퍼센트까지 외국인투자가 허용되었다. 또한 한·미 FTA 수준으로 투자자를 보호하는 자산의 수용조치 제한 및 보상, 국산부품 사용 및 기술이전 등 각종 국내제품 사용 강제 의무조항 부과 금지, 정부정책 변화 등으로부터 투자자를 보호하는 투자자-국가 소송제도(ISD)가 도입되었다.

무역구제와 경제협력

양국은 무역마찰을 최소화하기 위해 최소부과원칙(LDR), 제로잉 금지, 조사 개시 전 통보 의무화 등 반덤핑 제소를 최소화하기 위한 조치를 적극 반영했다. 특히 상대적으로 낮은 반덤핑관세를 부과하고(LDR), 덤핑 마진 계산 시 일부 거래를 제외하여 마진을 높게 계산하는 것을 방지(제로잉 금지)할 수 있는 조치에 합의했다. 또한 경제협력의 중요성을 인식하고 다양한 분야에서 포괄적으로 협력하되, 특히 무역·투자, 정보 통신, 에너지, 섬유 등 13개 분야의 협력을 강화하기로 했다.

한·인도 CEPA의 효과

대외경제정책연구원에 따르면 한·인도 CEPA가 발효될 경우 우리나라의 실질 GDP는 단기적으로• 약 0.01퍼센트, 장기적으로•• 약 0.18퍼센트 증가할 것이라고 분석되고 있다. 인도 측 양허안의 5년 내

• 관세 철폐 이행 기간이 5년 이하인 품목은 완전 철폐, 그 이상인 품목은 5년간 감축되는 관세 인하 폭을 연산가능일반균형모형(CGE: Computable General Equilibrium)에 반영하여 분석한 결과임.

•• 10년까지의 관세 철폐를 반영함. 한·미, 한·EU의 경우에는 모든 관세가 철폐되는 것을 가정했지만, 이번에는 10년이 지나도 철폐되지 않는 부문이 있어 이를 반영한 결과임.

철폐 비율은 7.3퍼센트(품목 수 대비), 8년 내 철폐 비율은 71.5퍼센트다. 우리나라의 후생은 상품·서비스의 가격 하락, 소비자의 선택 폭 확대 등을 통해 단기에는 약 3억 달러, 장기에는 9억 달러 정도 증가할 것으로 나타났고, 산업 생산은 단기적으로 약 16억 달러, 장기적으로 약 39억 달러가 증가할 것이라고 분석되었다. 단기와 장기 모두 서비스업의 생산 증가 효과가 제조업보다 상대적으로 크다.

수출관세 철폐의 효과로 향후 10년간 대인도 제조업 수출은 연평균 1억 7,700만 달러 증가하여, 2004~2006년 수출 대비 연평균 3.9퍼센트 증가할 것으로 예측된다. 또한 다양한 분야를 포함한 시장접근, 내국민대우 확보 등으로 우리나라 서비스 산업의 경쟁력 및 수출 제고에 기여할 전망이다.

은행 지점 설치에 대한 시장접근 개선 가능성은 인도 내 우리나라 은행의 영업 경쟁력 및 효율성 제고에 잠재적으로 기여할 것이며, 중장기적으로 우리나라 통신서비스 사업자의 인도 진출 환경이 개선되는 효과가 발생할 전망이다. 특히 인력 이동의 양허로 인도 독립 전문가 유입이 촉진될 경우 인력 부족을 겪고 있는 우리나라 관련 산업의 경쟁력 또한 제고될 것으로 분석된다.

더 읽을거리

기획재정부, 《한·인도 CEPA 협상결과 및 기대효과》, 2009.
삼성경제연구소, 《한·인도 CEPA의 주요 내용과 활용 방안》, 2009.

송영철, "한·인도 CEPA의 주요 내용과 경제적 효과", 《오늘의 세계경제》, 대외경제정책연구원, 2009.

외교통상부, 《Korea-India Comprehensive Economic Partnership Agreement》, 2010.

이순철, "한·인도 포괄적 경제동반자협정의 관세 철폐 및 인하 효과에 대한 평가: 상품 양허안 중심으로", 《국제지역연구》 제13권 제4호, 2010.

조세제도

김태훈•

인도 관련 비즈니스를 검토하다 보면 복잡한 조세 때문에 어려움을 겪는 기업들을 많이 접하게 된다. 이는 한국뿐만 아니라 다른 서구 기업들도 마찬가지다. 인도 조세에 대한 전문가가 드물기도 하지만 대부분의 기업인들이 비즈니스를 우선 영업적인 측면에서 접근하기 때문에 더욱 어려움이 많다. 실제로 문제가 되는 비즈니스 모델을 접했을 때, 처음부터 전문가의 도움을 받았더라면 달라졌을 사례도 많이 접하게 된다.

인도에서 조세는 쓰나미와 같다. 평상시에는 크게 인식하지 못하지만 막상 사건이 발생하면 회복이 불가능한 손실을 경험한다. 특히 세

• 삼일회계법인 이사, paul90@naver.com

무공무원들은 먹잇감이 커지기 전까지는 전혀 움직이지 않다가 어느 정도 과실이 생겼을 때 거액의 세금을 부과한다. 이전가격(Transfer Pricing, TP)은 이러한 세금 추징의 대표적인 방법으로 인도에서 사업을 하려는 외국계 기업이라면 반드시 위험 요소로 고려해야 한다.

이전가격 동향

이전가격은 현재 인도에서 가장 주목 받고 있는 세무 이슈다. 세무조사의 주체인 TPO(Transfer Pricing Officers)는 이전가격의 정상 범위를 판단할 때 다음과 같은 경향을 보인다.

첫째, 자국에서 비교가 가능한 회사를 선호한다. IRO(Indian Revenue Officials)는 인도 내에서 비교할 수 있는 회사를 선호하고, 분석 대상 회사가 인도 밖에 위치하지 않는 한 타국의 비교 가능한 회사들을 통상적으로 인정하지 않는다. 따라서 인도 내 경쟁업체들과 유사한 이익률을 유지해야 한다.

둘째, 관세 부서와 협업한다. 인도 재무부는 관세와 소득세를 담당하는 부서 간의 정보 공유와 협업을 통해 이전가격 문제를 보다 효과적으로 해결하려는 움직임을 보이고 있다. 관세를 줄이면 반대로 이전가격에 대한 위험부담이 높아질 수 있으므로 본사와의 거래를 고려할 때는 반드시 관세와 이전가격 간의 관계를 검토해야 한다.

셋째, 특정 거래에 관심을 둔다. TPO는 아웃소싱, 구매 대행, 계약

연구 개발 등과 같이 서비스에 초점이 맞춰져 있는 거래나 연속된 손실, 마케팅 같은 무형자산에 대한 보상, 로열티 지급 등의 상황에 초점을 두어 조사한다. 이런 경우 사전에 충분한 문서화 작업이 요구된다.

이전가격 관련 조세 소송

일단 TPO의 조사대상이 되면 소송 이외에는 해결 방법이 없다. 이전가격 조정이나 다른 법인세 관련 분쟁으로 인한 소송의 단계별 절차는 다음과 같다.

그림 3-3 소송의 단계별 절차

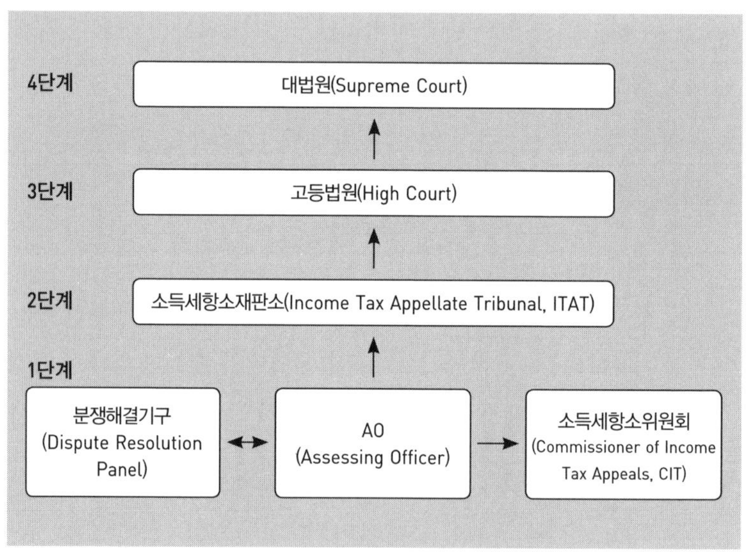

표 3-10 납세자가 선택할 수 있는 두 가지 대안

구분	분쟁해결기구(DRP)	소득세항소위원회CIT(A)
분쟁 해결 기간	9개월 이내	약 2~3년
의사 결정 주체	Panel of three Commissioners of Income-tax	CIT(A)
경정액 지급	DRP의 방향에 따라 AO가 최종 평가하기 전까지는 경정액이 확정되지 않기 때문에 납세자는 경정액 지급이 확정될 때까지 상당한 시간을 확보하게 됨	경정액 결정 통보 이후 30일 이내에 지급되어야 함(AO의 결정과 동일한 효력)
항소 권리	납세자는 항소 가능하나 RO(Revenue Officials)는 항소 불가능	양쪽 모두 항소 가능
가산세	DRP의 방향에 따라 AO가 최종 경정액을 평가한 다음 RO가 가산세 추징 기간 계산을 시작함	AO가 최종 경정액을 평가한 다음 RO가 가산세 추징 기간 계산을 시작함

인도는 최근 세무 소송이 증가함에 따라 과세관청의 조사 금액을 정확히 하기 위해 조사관들의 교육에 힘쓰고 있다. 그 결과 납세자와 과세관청의 세무 지식이 상당히 향상되었고 이전가격 세무조사도 더 엄격해지고 있다. 납세자가 세무조사에 대응할 때 주의할 사항들은 다음과 같다.

- 정보는 적시에 제출하고 지연 제출은 피한다.
- 거래에 적합한 이전가격 방법을 채택해 실무에 적용한다.
- 감사는 소득세항소재판소(ITAT)의 규정에 따라 포괄적인 관점

에서 이루어져야 한다.

- 그룹의 글로벌 이전가격 정책은 인도의 이전가격 환경에 맞게 변형해서 적용한다.
- TPO는 부분별 정보 열람을 원하므로 납세자는 정보의 산출이 용이하도록 관리한다.
- 이전가격 문서화는 이전가격에 영향을 미칠 수 있는 충분한 기능 분석 및 내외부적인 경제 요소를 고려하여 작성한다.
- 이전가격 문서화는 관세와 같은 다른 법률과 조화를 이루어야 하며, 적용의 현실성을 고려해 영업부 등 현업 부서와 협업하여 진행한다.
- 항소 단계에서는 특정 상황을 제외하고는 추가 정보를 제출할 수 없으므로 사전에 준비된 정보 및 문서화가 중요하다.
- 영업 환경의 변화, 내외부적 발전, 이전가격 규정의 변화 등을 적시에 반영한다.
- 가장 중요한 것은 장기간에 걸쳐 RA(Revenue Authorities)와 신뢰를 구축하는 것이다.

분쟁해결 수단

인도에서 발생하는 이전가격 이슈는 복잡성과 거래 규모를 고려할 때 기본적으로 불복 절차에 오랜 시간이 소요된다. 그 대안으로 대체적 분쟁해결 수단을 사용하면 분쟁을 신속하게 해결할 수 있다. 인도의 소득세법은 공식적인 중재 절차를 따로 규정하고 있지는 않지만, Director General of Income Tax(International Taxation)는 현재 이전가격과 관련해 다음과 같은 분쟁해결 수단을 고려하고 있다.

MAP(Mutual Agreement Procedure)

MAP은 인도와 기타 국가 간에 DTAA(Double Taxation Avoidance Agreements)를 체결했을 경우 적용할 수 있다. CA(Competent Authority)는 상대국의 과세청과 협상 및 논의를 통해 이중과세를 방지하려 노력한다. 이전가격을 조사한 다음 고정사업장 귀속소득 등을 포함한 이전가격의 조정이 발생할 경우 납세자는 MAP을 통해 과세청과 협상할 수 있다.

인도가 체결한 대부분의 조세 관련 조약은 Associate Enterprise Article 9(2)를 따른다. Article 9(2)는 정상가격 원칙을 반영하기 위한 조정 방법을 규정하고 있다. 2008년에 개정된 OECD Model Convention에 따르면 Article 9(2)가 적용되지 않더라도 이중과세가 발생했을 경우에는 각 나라가 관련된 조정을 제공해야 한다고 언급하고 있다. 그러나 인도 과세청은 Article 9(2)가 적용되지 않은 상황에서 이전가격 조정을 통해 이중과세가 발생하는 경우에는 MAP을 적용할 수 없다고 규정하고 있다. 실제로 독일, 싱가포르, 스위스, UAE 등의 국가와 체결한 인도의 조세 조약은 Article 9(2)를 포함하고 있지 않다.

APA(Advance Pricing Agreement)

인도 과세청은 국제 거래와 관련한 새로운 메커니즘의 APA를 고려해 왔으며, 2012년 7월 1일부터 시행하고 있다. CBDT는 아직 자세한 규정은 공표하지 않았지만, ① 정상 가격 원칙에 부합하는 납세자의 경우 APA를 신청할 수 있다. ② APA 적용 기간은 최대 5년까지 가능하며, ③ 쌍방 APA가 신청 가능할 것으로 예상된다.

Authority Advance Rulings

245N 규정에 따라 외국법인이 현재 진행 중이거나 실행 예정인 국외 특수관계 거래로부터 야기될 수 있는 세무상 이슈에 대해 사전적인 해석과 세무 부담액을 확정할 수 있는 제도이다. 납세자는 세무조사 이전에 인도의 세무 이슈에 대해 논의하고 세무 부담액을 확정할 수 있다.

Commissioner's Power of Revision

Commissioner는 AO가 Revenue와 상충된 입장을 취할 경우 관련된 사안에 직접 관여할 수 있다. 대신 납세자는 통상적인 절차를 통해 불복 절차를 밟을 수 있는 권리를 포기해야 하며, 예외적인 경우 고등법원(High Court)에 이의를 제기할 수 있다.

Writ 탄원서

납세자가 Revenue의 불합리한 조치에 피해를 호소하고자 할 경우에는 인도 법원에 Writ 탄원서를 제출할 수 있다. 기본적으로 관할 구역의 잘못이 명백하거나 권력의 남용이 발견되었지만 대체적인 분쟁해결 수단을 적용할 수 없을 때 법원이 관여하는 것으로 규정하고 있다.

Settlement Commission

인도의 이전가격 규정은 Settlement에 대한 규정을 따로 언급하고 있지 않다. 인도 현지 세법은 'Settlement of Cases'에 대한 조항을 포함하고 있지만, Settlement Commission의 권한은 처벌 및 고발 면제와 관련한 법적 승인으로 제한되어 있으며, Settlement Commission의 결정은 향후 법적 효력을 발휘할 수 없다.

해외 비즈니스는 국내와 환경이 달라 고려해야 할 리스크가 더욱 많다. 특히 인도와 같이 복잡한 조세체계를 가지고 있는 국가는 영업적인 측면이 밝다 하더라도 그 이면을 꼭 고려해야 한다. 이전가격을 예로 들어 복잡한 인도의 조세제도를 설명했지만, 인도 세무당국은 이외에도 고정사업장(Permanent Establishment, PE) 문제 등 여러 가지 방법을 동원해 외국기업의 주머니를 노리고 있으므로 항상 준비하고 깨어 있어야 한다.

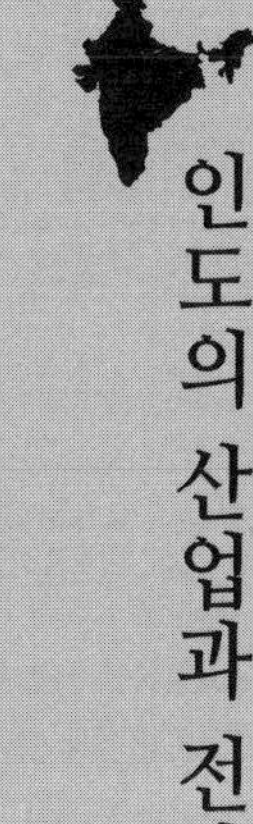

4

인도의 산업과 전망

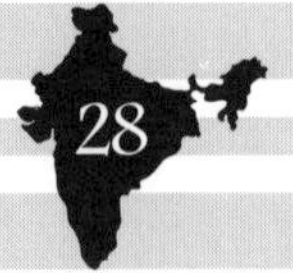

서비스업

조충제•

서비스업 중심 성장

2008년 9월 발생한 전대미문(前代未聞)의 글로벌 경기급랭의 유탄을 맞은 인도 경제는 2008 회계연도(2008년 4월~2009년 3월, 이하 모든 연도는 회계연도 기준임)에서 6.7퍼센트의 성장률을 기록했다. 이것은 선진국에 비해서는 양호하지만, 전년도 성장률 9.2퍼센트와 비교하면 매우 큰 폭으로 떨어진 것이다. 농업 부문 성장률이 4.7퍼센트에서 1.6퍼센트로 크게 둔화되었으며, 제조업 성장률도 10.3퍼센트에서 3.2퍼센트로 떨어졌다. 반면 서비스업 성장률은 10.5퍼센트에서

• 대외경제정책연구원 부연구위원, cjcho@kiep.go.kr

9.8퍼센트로 소폭 둔화되었다. 기후 등에 민감한 농업은 그렇다손 치더라도 제조업 성장률이 거의 자유낙하했음에도 GDP 성장률이 크게 떨어지지 않은 것은 서비스업이 GDP에서 차지하는 비중이 워낙 높았기 때문이다.

2010년 기준 인도 GDP에서 차지하는 제조업 비중은 15.8퍼센트인 반면 서비스업 비중은 57.7퍼센트에 이른다. 1인당 GDP가 갓 1,200달러를 돌파한 인도의 경제 수준을 감안할 때, 제조업 비중이 낮은 것은 이해가 되지만 서비스업 비중이 50퍼센트 이상을 차지하고 있는 것은 선뜻 이해가 되지 않는다. 중국과 비교해보면 더 그렇다. 중국은 1인당 GDP가 3,300달러를 돌파했지만 서비스업 비중은 42퍼센트 정도다. 인도가 이처럼 제조업보다 서비스업 중심으로 성장하고 있는 이유는 무엇일까? 이것은 인도 경제만의 특징일까? 이러한 서비스업 중심의 성장은 계속될까? 서비스업 중심의 성장이 제조업 중심의 성장보다 인도 경제에 더 도움이 될까? 갖가지 의문이 꼬리에 꼬리를 문다. 대부분의 경제 문제가 그렇듯 명확한 답을 내리기는 어렵다.

서비스업 위주의 성장은 인도만의 특징이 아니다. 인근 남아시아 국가, 즉 방글라데시, 스리랑카, 파키스탄은 모두 GDP에서 차지하는 서비스업의 비중이 50퍼센트 이상이다. 아르헨티나, 볼리비아, 브라질, 칠레, 콜롬비아, 에콰도르, 페루, 베네수엘라 등 중남미 국가들도 대부분 마찬가지다. 이 국가들의 공통점은 모두 식민지 경험을 갖고 있으며, 비공식(unorganized) 부문이 만연해 있다는 것이다. 단정 지을 수는 없지만, 식민지 경험과 비공식 부문의 만연은 서비스업 중심의 성장과 어떤 식으로든 관련성이 있는 것 같다.

서비스업 중심 성장 가설들

인도에서 제조업보다 서비스업이 더 빨리 성장하는 이유는 무엇일까? 이와 관련된 가설들 중에 소위 '수요편향가설(demand bias hypothesis)'이라는 것이 있다. 소득이 증가할수록 상품 수요보다 서비스 수요가 더 빨리 증가해 산업구조가 서비스업 중심으로 바뀐다는 가설이다. 이 가설은 제조업 비중이 높은 상황에서 소득 수준이 높아지면 서비스업의 비중이 점차 높아져 마침내 제조업 비중을 압도한다는 것을 전제로 하고 있다. 가장 전통적이지만 이 가설은 인도에 적용하기 곤란하다. 인도는 1947년 독립 이후 지금까지 제조업 비중이 서비스업 비중을 단 한 번도 압도한 적이 없기 때문이다.

또 다른 가설 중 하나는 '생산성편향가설(productivity bias hypothesis)'이다. 이 가설을 주창한 보몰(Baumol)은 기본적으로 산업을 두 부문, 즉 생산성이 지속적으로 증가하는 부문과 단절적으로 증가하는 부문으로 나누었다. 제조업은 전자에 속하고 서비스업은 후자에 속한다. 서비스업의 생산성은 정체하거나 개선되더라도 매우 단절적으로 이루어진다. 그 이유는 서비스업의 고유한 특성 때문이다. 서비스업의 핵심 투입 요소는 노동이므로 그 생산량은 노동의 양에 달려 있다. 보몰이 제시한 유명한 예가 바로 호른 5중주다. 호른 5중주는 노동의 양이 다섯 명, 열 명 단위로 늘지 않으면 연주라는 서비스가 생산되지 않는다. 즉 서비스 자체를 생산할 수가 없다는 것이다.

서비스업은 생산성이 철저히 단절적으로 향상되기 때문에 제조업보다 항상 생산성이 뒤처지는 특성을 가지고 있다. 따라서 한 나라의 생산량이 제조업이나 서비스업 부문에서 비례적으로 증가하면 자연스럽게 제조업보다 서비스업 쪽으로 더 많은 노동력이 투입된다. 다시 말해 생산성이 낮은 서비스업 부문 생산을 제조업 부문 생산과 부합시키기 위해 더 많은 노동력을 서비스업에 투입하고, 이것 때문에 산업구조가 서비스업 중심으로 바뀌게 되는 것이다. 더 나아가 그는 이렇게 산업구조가 서비스업 중심으로 진행되면 경제 전체의 생산성이 점차 떨어지는 소위 '보몰의 병폐(Baumol's diseases)'가 발생한다고 주장했다.

이 가설은 인도에 어느 정도 적용되는 것처럼 보인다. 2008년 기준 인도의 서비스업은 도소매, 숙박, 음식업 부문이 약 35퍼센트, 다음으로 공공·개인 서비스 부문이 27퍼센트를 차지하고 있다. 서비스업 중에서도 생산성이 특히 낮은 이 두 서비스업이 60년 전이나 지금이나 전체 서비스업의 60퍼센트 이상을 차지하고 있다. 상대적으로 생산성이 높은 금융이나 보험, 부동산, 비즈니스 관련 서비스업은 약 25퍼센트이며 운수, 보관, 통신 관련 서비스업은 약 12퍼센트로 역시 지난 60년 동안 큰 변화가 없었다. 다시 말해 인도는 생산성이 상대적으로 낮은 서비스업 부문이 처음부터 비대했고, 이 부문의 생산성 정체 현상이 계속되면서 일정량의 생산 증대를 유지하기 위해 노동력이 지속적으로 투입되었다. 이것이 전체 경제성장률의 3~4퍼센트에 불과한 소위 힌디 성장률의 한 원인으로 작용했을 것이다. 그럴 듯한 분석이 아닐 수 없다.

하지만 실제로는 인구의 약 60퍼센트가 농업에, 약 16퍼센트가 제조업 및 전기·수도를 포함한 광공업에 속해 있고, 약 24퍼센트만이 서비스업에 고용되어 있다. 그 외에도 이 가설이 인도에 적용되지 않는다는 보다 결정적인 증거가 있다. 보몰의 가설은 제조업에서 서비스

그림 4-1 인도의 산업별 GDP 생산 비중(2010년 기준)

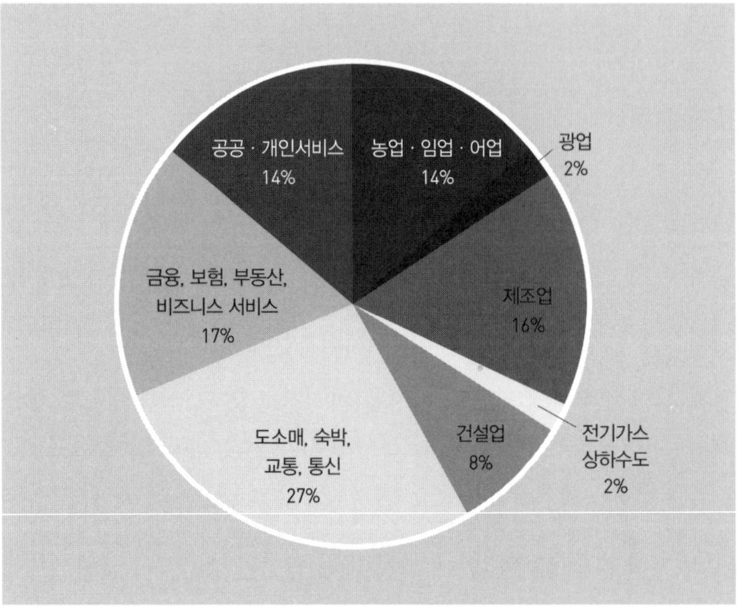

자료: Ministry of Finance, Monthly Economic Report, Nov. 2011

업으로 노동력이 이동하면서 서비스화가 진전된다는 주장을 펴고 있다. 즉 충분한 공업화 과정을 거친 선진국에나 적용 가능하다. 그러나 인도는 역사상 한 번도 공업이나 제조업의 고용 비중이 서비스업보다 높았던 적이 없었다. 아예 보몰의 가설 자체가 적용되지 않는다고 할 수 있다.

또 다른 가설 중 하나가 '중간재로서의 수요증가가설'이다. 이것은 가장 현대적인 가설로 서비스의 역할 자체를 기존 가설처럼 최종재에 국한하는 것이 아니라 오히려 중간재로서의 역할을 강조한다. 제조업이 생산의 전문화를 추구하는 과정에서 각종 서비스를 외주화(outsourcing)하고 이런 가운데 비즈니스 서비스가 급속도로 발전한다는 것이다. 마케팅, 광고, 연구 개발, 디자인 등을 중간 투입재로 사용하는 현상이 심화되면서 재화는 물론 서비스 생산을 더욱 촉진시킨다는 가설이다.

이밖에도 개도국과 선진국 간 교역 확대로 선진국의 서비스업 비중이 높아진다는 가설을 비롯해 신기술, 즉 컴퓨터나 휴대폰 등 각종 디지털 제품의 확산으로 관련 서비스업이 급성장한다는 가설, 여성 근로자의 경제활동 참여 증가가 서비스업 성장을 촉진한다는 가설 등이 있지만 인도에 딱 맞게 적용할 수 있는 가설은 없는 것 같다. 결국 인도 경제가 서비스업 위주로 성장하고 있는 것은 여러 가설들과 함께 인도의 특수성, 즉 제조업 성장의 정체와 경제정책 및 규제, 식민지 경험 등이 복합적으로 작용하고 있기 때문인 것으로 이해하는 것이 합리적일 것이다.

중장기적 전망

서비스업 주도의 경제 성장은 인도에서 언제까지 계속 될까? 이것은 과연 인도 경제에 이로운 것일까? 결론부터 말하자면 인도의 서비스업 주도의 경제 성장은 당분간 불가피해 보인다. 그리고 이것은 인도 경제에게 결코 이롭지 않을 것이다.

서비스업은 제조업에 비해 경기에 덜 민감하다. 앞서 가설에서 보았듯이 서비스는 주로 사람의 노동력과 함께 제공된다. 생산량은 경기에 따라 빨리 조정할 수 있지만 노동력은 쉽게 조정되지 않는다. 서비스업 비중이 높은 선진국들의 경기 변동이 상대적으로 적은 것도 이런 이유에서다. 인도와 같이 엄격한 노동법 때문에 해고가 상대적으로 어렵거나 경기에 둔감한 서비스 부문이 차지하는 비중이 높은 나라에서는 더 그렇다. 그러나 높은 서비스업 비중은 경기 변동성을 낮춰주는 데는 긍정적이지만 성장률을 높이는 데는 오히려 부정적이다.

제조업은 일반적으로 서비스업보다 산업의 전후방 효과가 훨씬 크다. IT 서비스 회사의 1억 원어치 매출보다는 자동차 회사의 1억 원어치 매출이 훨씬 많은 부가가치와 고용을 창출한다. 사회·공공·개인 서비스는 대부분 최종 소비자의 소비로 끝난다. 반면 제조업 생산은 1차 산업에서 원료의 조달은 물론 또 다른 생산 수요를 파급시키며, 금융 등 서비스 수요까지 유발한다. 이런 점 때문에 인도 정부도 제조업 활성화를 추진하고 있으며, 제조업 발전을 위한 인프라 개발에 적극 나서고 있다. 11차 5개년계획(2007~2011년)에는 인프라 부문 투자 예산이 10차 계획 대비 두 배 정도 늘어난 약 5,000억 달러 배정되었다. 만모한 싱(Manmohan Singh) 총리는 2012년부터 시작된 12차 계획에서 이를 1조 달러까지 높이겠다고 이미 공언한 바 있다.

하지만 인도의 공업화는 당분간 시간이 더 걸릴 전망이다. 공업, 그 중에서도 제조업이 활성화되려면 인프라가 어느 정도 갖춰져야 한다. 전력 공급이 부족하고 원자재나 제품을 원활하게 이동시키는 도로나 항만시설이 부족한 상황에서 제조업의 활성화를 기대하기는 어렵다. 다른 기관들도 인도는 인프라 때문에 당장은 대규모 투자가 필요한 공업 및 제조업 위주의 성장이 어렵고, 100인 이상 사업장의 노동자 해고 및 직장 폐쇄 등이 어려운 점을 들어 상당 기간 동안은 제조업보다 서비스업 위주로 성장할 것으로 전망하고 있다.

그럼에도 불구하고 제조업 중심의 성장이 생각보다 빨리 실현될 가능성 또한 높아지고 있다. 정부가 인프라 개발에 정책을 집중하고, 2004년부터 제조업 경쟁력 강화를 위한 민간위원회를 조직하는 한편, 2005년부터는 중국 제조업 급성장의 발판이 된 경제특구(Special Economic Zone)제도를 전격 도입하여 추진하고 있기 때문이다. 현재 인도의 제조업 성장률은 과거 어느 때보다 높다. 최소 전력이 안정적으로 공급되고 효율적인 물류 환경이 조성될 즈음 인도 제조업은 서비스업을 압도하여 눈부시게 성장할 것이다. 농업 부문에 거의 반실업 상태로 묶여있는 인구도 이때는 상당 부분 제조업으로 이동해 있을 것이다.

더 읽을거리

조충제, "인도 서비스업 중심 성장 이어가나", 《친디아저널》 5월, 포스코경영연구소. 2010.

_____, "인도의 고성장 모멘텀 계속될까", 《친디아저널》 10월, 포스코경영연구소, 2006.

인도재무부 finmin.nic.in

인도중앙은행 www.rbi.org.in

금융산업

서대교•

금융감독시스템

일반적으로 금융감독시스템은 은행·증권·보험 권역을 통합하여 감독하는 시스템과 권역별로 별도의 기구를 두고 감독하는 시스템으로 구분되는데, 인도의 경우 후자의 시스템을 채용하고 있다.

은행산업은 1935년 설립된 인도중앙은행(Reserve Bank of India, RBI) 내에 있는 금융감독위원회(Board for Financial Supervision, BFS)에서 감독 업무를 수행하고 있다. 그리고 투자자의 이익을 보호하고 증권산업의 발전을 도모하기 위하여 1992년 인도증권거래위원회법

• 건국대학교 교수, dkseo@kku.au.kr

(Security and Exchange Board of India Act)에 의거해 인도증권거래위원회(Security and Exchange Board of India, 이후 SEBI)가 설립되었다. SEBI는 증권 시장의 움직임을 감독하고 증권거래소 내의 동향을 분석하며, 필요에 따라서는 증권거래소와 예탁원에 관련된 조사도 실시한다. 보험산업의 규제와 감독 업무는 2000년 설립된 보험감독청(Insurance Regulatory and Development Authority, 이후 IRDA)에서 담당한다. IRDA는 보험 소비자의 보호를 위한 정책을 집행하는 역할도 하고 있다.

이처럼 권역별 감독체계를 가지고 있는 인도에서는 권역 간에 이해가 상충하는 문제들에 대한 협의 및 조정 역할을 하는 기구 간 협의체가 존재한다. 업종별 감독기구협의체는 금융·자본시장 고위급 조정위원회(High-Level Coordination Committee on Financial and Capital Markets, 이후 HLCCFM)로 중앙은행 총재가 위원장을 맡고 있다. HLCCFM은 인도 금융 시장의 각 권역별 감독 기능을 조정 및 통합하려는 목적을 가지고 있다.

은행산업

인도 금융 시장은 세계에서 가장 오래된 시장 중 하나로 성장 속도가 매우 빠른 편에 속한다. 인도 은행산업의 시초는 18세기로 거슬러 올라가 1786년에 설립된 The General Bank of India와 그 후 설립된

Bank of Hindustan을 시발점으로 꼽을 수 있다. 그러나 이 은행들은 지금 존재하지 않는다. 지금까지 영업을 영위하는 은행들 중 가장 역사가 깊은 곳은 1806년에 설립된 캘커타은행(Bank of Calcutta)을 전신으로 하는 인도주립은행(State Bank of India, SBI)이다.

은행산업은 1786년 이래 3단계의 개혁과정을 거쳐 현재의 산업구조를 형성했다. 1단계는 1786년부터 1969년까지, 2단계는 1969년 이후부터 1991년까지, 마지막으로 3단계는 1990년대 금융개혁 실시 이후로 구분할 수 있다. 1단계 기간에 은행업을 주도적으로 이끈 집단은 소규모 민간은행들이었다. 1948년 독립 이후 인도 정부는 인도중앙은행을 설립하고 1949년 은행규제법(Banking Regulation Act)을 제정하는 등 은행산업에 적극적으로 개입했다. 그럼에도 불구하고 1969년 이전까지 은행산업의 발전은 민간 부문이 주도했다.

2단계는 1969년 이후부터 1991년 금융개혁까지의 기간인데, 이 시기의 가장 큰 특징으로는 은행들의 국유화를 들 수 있다. 인디라 간디(Indira Gandhi) 정부는 1969년 14개 상업은행을 정부 소유로 귀속시켰으며, 이후 1980년 여섯 개 상업은행을 다시 국유화했다. 이로써 인도 정부는 전체 은행산업의 약 91퍼센트를 통제하게 되었다. 정부는 국유화를 계기로 경제 발전에 필요한 자본을 조달하기 위한 정책금융 제공에 중점을 두고 은행산업에 대한 정책 개편을 추진했다. 국유화된 은행들은 부실 여부에 관계없이 조직의 확장에 힘을 쏟아 대대적으로 예금을 동원하고 지점을 적극적으로 설치했다. 결국 정부의 과도한 개입으로 은행산업은 건전성이 부실해져 산업 자체가 외부 충격에 매우 취약한 구조를 갖게 되었다.

3단계는 1990년대 나라신하 라오(Narasimha Rao) 정부의 자유화를 포함한 금융개혁정책 실시 이후 기간을 들 수 있다. 금융개혁 이후 인도는 경제가 급속도로 성장했고, 이와 맞물려 은행산업 역시 크게 발전할 수 있는 계기를 마련하게 되었다. 정부가 이 기간 동안에 실시한 금융개혁정책은 국영은행, 민간은행, 외국계은행 등 전반적인 은행산업 발전에 상당한 기여를 했다.

인도의 은행산업은 지정은행(Scheduled Bank)과 비지정은행(Non-Scheduled Bank)으로 분류되며, 지정은행은 상업은행과 협동조합은행을 포함한다. 인도 금융 시장의 중추적인 기능을 담당하고 있는 상업은행은 주로 제조업과 무역에 필요한 운영자금을 공여하고 있으며, 정부의 지분 소유에 따라 공공 부문 은행(Public Sector Banks), 민간은행(Private Sector Banks), 외국계은행(Foreign Banks) 등으로 구분된다. 공공 부문 은행은 다시 인도주립은행, 국유화은행(Nationalized Banks), 지방농업은행(Regional Rural Banks) 등으로 세분화된다. 인도에서는 2010년 3월 말 현재 지방농업은행을 제외한 26개의 공공부문은행과 23개의 민영은행, 그리고 34개의 외국계은행이 상업은행으로 영업을 영위하고 있다.

1975년 지방농업은행법에 의해 최초로 설립된 지방농업은행은 영세 농업인과 농부, 장인, 영세 사업자에게 신용을 제공함으로써 농촌지역에 경제발전자금을 공급하는 역할을 담당하고 있다. 현재는 지역개발에 대한 기여도가 인정되어 투자 결정이나 임원 선정 등에서 경

그림 4-2 인도의 은행시스템

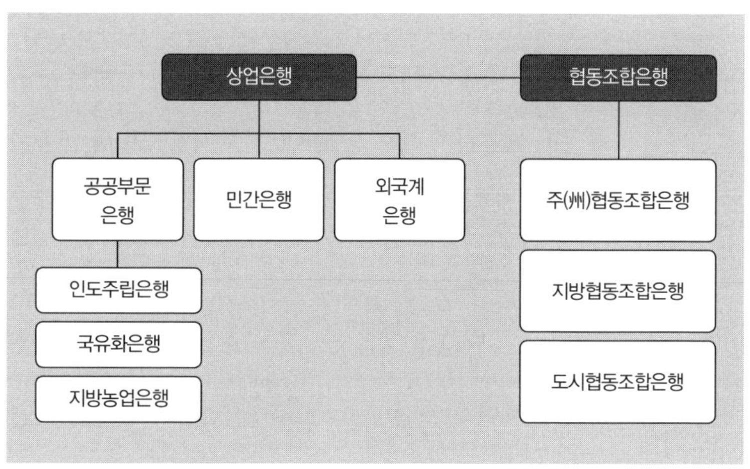

자료: 서대교·신종협, 2011

영자율권이 커지고 있는 추세다.

100여 년 전부터 존재해 온 협동조합은행(Cooperative Banks)은 인도 금융 시장의 중요한 축을 담당하고 있으며, 농촌 및 도시 지역에 자금을 공급한다. 그러나 2001년 대규모 부실 사태 이후 정부가 협동조합은행에 대한 정책을 변경하면서 도시 지역에서 협동조합은행의 수가 점차 감소하고 있는 추세다. 협동조합은행은 주(州)협동조합은행(State Cooperative Banks), 도시협동조합은행(Urban Cooperative Banks), 지방협동조합은행(District Central Cooperative Banks) 등으로 구분된다. 주협동조합은행과 지방협동조합은행은 지방의 신용공여를 책임지고 있다.

지방의 신용협동조합은 최고 단계(apex level)의 주협동조합은행, 중간 단계의 지방협동조합은행, 기초 단계의 기초농업신용조합(Primary Agricultural Credit Societies)의 3층 구조로 되어 있다. 기초농업신용조합은 도시에 비해 상대적으로 대부업자로부터 소외되어 있는 지방에 유동성을 제공하기 위해 설립되었다. 초기에는 농업 금융이나 중요한 씨앗 배분, 비료·농약·농기계·농산물 유통 등을 지원해주었는데, 가장 많은 지점을 보유하고 있어 고객에게 쉽게 다가갈 수 있는 장점을 가지고 있었다. 하지만 최근 들어 경영과 투자의 전문성 미흡으로 수익성이 점차 악화되고 있다.

이들에 대한 감독은 중앙은행 내 금융감독위원회가 담당하고 있다. 단, 지역협동조합은행, 주협동조합은행, 지방농업은행에 대해서는 우리나라의 농협과 유사한 전국농업·농촌개발은행(National Bank for

표 4-1 인도 지정은행 현황

(2010년 3월 말 기준)

구 분	은 행	회사 수
상업은행	인도주립은행(State Bank of India)	7
	국유화은행(Nationalized Banks)	19
	지방농업은행(Regional Rural Banks)	82
	민간은행(Private Sector Banks)	22
	외국계은행(Foreign Banks)	32
협동조합은행	도시협동조합은행(Urban Cooperative Banks)	1,674
	지방협동조합은행(District Central Cooperative Banks)	370
	주협동조합은행(State Cooperative Banks)	31

자료: 인도중앙은행, Report on trend and progress of banking in India 2009-2010

Agriculture and Rural Development)이 금융감독위원회로부터 권한을 위임받아 감독을 실시하고 있다.

증권산업

인도 증권 시장은 1864년 뭄바이에서 시작되었으나 실질적인 기능을 하는 거래소인 Native Share and Stock Broker's Association을 설립한 것은 1875년이다. 이는 오늘날 봄베이증권거래소(Bombay Stock Exchange, BSE)라고 불린다.

인도 증권 시장을 구성하고 있는 주요 참여자들은 증권발행자와 투자자, 그리고 이를 중개하는 중개기관들이다. 증권 시장은 발행 시장과 유통 시장으로 구분된다. 발행 시장은 증권의 신규 발행과 거래를 담당하고 있으며, 유통 시장은 기존에 발행된 증권의 거래를 담당한다. 유통 시장인 증권거래소는 인도에 여러 개가 존재하지만 가장 중요한 거래소로는 봄베이증권거래소와 인도증권거래소(National Stock Exchange, NSE)를 들 수 있으며, 이 두 개의 거래소에서 인도 주식의 대부분이 거래되고 있다.

봄베이증권거래소는 아시아에서 가장 오래된 증권거래소로 1875년 개장했으며, 1956년 증권계약규제법(Securities Contracts Regulation Act)에 의해 인도 정부로부터 주식거래소로 인가를 받았다. 봄베이증권거래소는 2010년 12월 현재 주식 시장 시가총액에서 세계 8위를 차지하고 있으며, 세계에서 가장 많은 5,000개 이상의 회사가 상장되어 있다. BOLT(BSE's Online Trading System)로 잘 알려진 봄베이증권거래소의 거래시스템은 매매를 효율적이고 투명하게 만들었으며, 매일 800만여 건의 거래 주문을 처리한다. 주식, 선물과 옵션을 포함한 파생상품, 채무증서(Debt Instruments) 등이 봄베이증권거래소에서 거래된다.

봄베이증권거래소의 주요지수는 BSE SENSEX 혹은 간략히 SENSEX라고 하는데 30개 우량기업의 주식을 대상으로 SENSEX 지수를 구성한다. 지수 산정은 다우존스와 같은 주요 증권거래소에서 사용하는 유가주식시가총액(Free-float Market Capitalization) 방식을 따르는데, 1978년 지수 100을 시작으로 2011년 9월 현재 1만 7,000대를 형성하고 있다.

인도증권거래소는 1993년 7월 증권계약규제법(Securities Contracts Regulation Act, 1956)에 의해 주식거래소로 인가를 받았다. 인도증권거래소는 시가총액에서 세계 아홉 번째의 위치를 차지하고 있으며, 1,500여 개 이상의 회사가 상장되어 있다. 인도증권거래소에서 거래되는 상품은 주식, 선물, 옵션, 도매채권(Wholesale Debt), 소매채권(Retail Debt) 등이다.

인도증권거래소는 NEAT(National Exchange for Automated Trading)라는 거래 매매시스템을 제공하여 고객이 자동화된 스크린에서 신속하고 효율적으로 주식 거래를 할 수 있게 해준다. 인도증권거래소의 주요 지수는 S&P CNX Nifty(National Stock Exchange Fifty)

혹은 일반적으로 NSE Nifty라고 하며, 주요 50개 인도 상장회사들의 주식으로 구성된다. Nifty는 가중평균시가총액(Weighted Average Market Capitalization) 방식에 근거하여 지수를 산정한다.

인도 증권 시장의 규제는 인도증권거래위원회에서 담당하고 있으며 투자자들의 수익과 증권 시장의 규제 및 개발을 위해 운영되고 있다.

더 읽을거리

권기철·김규, "인도의 금융시장개혁: 성과와 과제", 《인도연구》 제12권 2호, 2007.

금융투자협회, 《인도의 금융산업과 금융시장 현황》, 2008.

서대교·신종협, "인도 예금보험제도의 문제점과 개선과제", 《남아시아연구》 제16권 3호, 2011.

조충제, "인도 증권시장과 투자자 보호제도", 《증권금융》 제313호, 한국증권금융, 2010.

최원근, "인도 증권 시장의 구조적 이해", 《하나금융경영연구소논집》 제197호, 하나금융경영연구소, 2007.

최호상, "인도 은행산업의 기회 및 위협요인과 과제", 《세계경제》 제11호, 국제금융센터, 2011.

인도중앙은행 www.rbi.org.in

인도예금보험기구 www.dicgc.org.in

인도증권거래위원회 www.sebi.gov.in

봄베이증권거래소 www.bseindia.com

인도증권거래소 www.nseindia.com

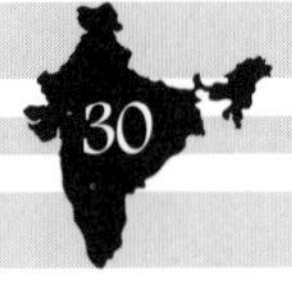

보험산업

서대교•

보험산업의 역사

인도에서 보험은 아주 오랜 역사를 가지고 있지만 근대적인 형태의 보험산업은 1818년 캘커타(Calcutta)에 설립된 Oriental Life Insurance Company를 시초로 볼 수 있다. 그 뒤를 이어 1828년 마드라스(Madras Presidency) 지역에서 Madras Equitable이 생명보험 영업을 시작하고, 1870년대 이후 봄베이(Bombay) 지역에서 Bombay Mutual(1871), Oriental(1874), Empire of India(1897)가 차례로 보험 영업을 시작했다. 그러나 이 시기에는 인도 보험 시장이

• 건국대학교 교수, dkseo@kku.au.kr

대부분 외국회사들에 의해 지배되었으며, 특히 영국 보험회사와의 경쟁에서 취약한 모습을 보였다.

1912년에 발효된 인도생명보험회사법(Indian Life Assurance Companies Act)은 보험산업에 대한 규제를 시작한 첫 번째 법안이 되었다. 1928년 인도보험회사법(Indian Insurance Companies Act)의 제정과 함께 정부는 외국회사를 포함한 인도 전역의 생명보험 및 손해보험회사의 통계자료를 수집할 법적 근거를 마련했다. 1956년 정부는 생명보험산업을 국유화하고 153개의 인도 생명보험회사와 15개의 외국 보험회사, 그리고 75개의 부금협회를 포함한 총 245개 회사를 합병하여 국영보험회사인 생명보험공사(Life Insurance Corporation, 이후 LIC)를 설립했다. LIC는 1990년대 말까지 생명보험 시장에서 독점적인 지위를 차지했다.

손해보험산업은 1850년 캘커타 지역에 설립한 영국 회사인 Triton Insurance Company Ltd.를 시초로 들 수 있다. 모든 종류의 손해보험 영업을 시작한 최초의 회사는 1907년에 설립된 Indian Mercantile Insurance Ltd.이다. 1972년 손해보험사업법[General Insurance Business (Nationalization) Act]의 제정으로 손해보험산업의 국유화가 진행되었으며, 1973년 107개 손해보험회사가 통합하여 네 개의 국영회사로 재탄생했다. 이 네 개 손해보험회사는 각각 National Insurance Company, New India Assurance Company, Oriental Insurance Company, United India Insurance Company이며, General Insurance Corporation of

India의 자회사로서 손해보험 영업을 영위했다.

보험산업의 현황

인도 보험산업은 2000년 국유화된 시장을 민영화·개방화한 이후 민영보험회사들이 보험 시장에서 차지하는 비중이 빠르게 증가하고 있다. 민영회사들은 대부분 전문적인 지식을 가진 외국인들과 국내 시장 경험이 풍부한 인도인 매니저들의 협력으로 시너지 효과를 가져와 긍정적인 경영성과를 내고 있으며, 시장점유율에서도 매우 가파른 성장세를 보이고 있다.

민영보험회사들은 상대적으로 규모가 작아 초기에 내부 환경에 유연하게 대처하고 외부 시장 변화에도 적극적으로 대응했다. 또한 선진화된 금융기술과 풍부한 자료를 바탕으로 선진 보험회사들의 보수체계를 벤치마킹하고, 인도 현지의 전문 인력을 확보했으며, 보험계약자의 신뢰를 얻기 위해 보험금 지급에도 많은 노력을 하고 있다. 민영보험회사들은 공격적인 마케팅으로 고객들에게 기상보험, 오염배상책임보험 등 여러 부분에서 폭넓은 상품과 서비스를 제공하고 있다.

이와 반대로 국영보험회사는 2000년 보험 시장의 민영화·개방화 이후 시장점유율이 지속적인 감소 추세를 보이고 있지만 그럼에도 불구하고 보험 시장의 상당 부분을 차지하고 있다. 2011년 9월 현재 한 개의 국영생보사와 23개의 민영생보사, 네 개의 국영손보사와 18개의 민영손보사가 인도에서 영업을 하고 있다. 또한 수출신용과 농업 부문을 담당하는 두 개의 국영특수보험회사가 있다.

인도에서 순수 국내 자본으로 영업을 하고 있는 보험사는 소수에 불과하다. 민영보험회사들은 대부분 외국회사와의 합작 형태를 띠고 있다. 이는 외국 자본의 지분율을 26퍼센트로 제한함으로써 외국보험사가 단독으로 법인을 설립할 수 없게 한 데 기인한다. 인도에 가장 많이 진출해 있는 외국계 합작회사는 영국계이며, 미국과 일본이 그 뒤를 잇고 있다. 2010년 3월 말 현재 총 33개의 합작회사가 인도 보험시장에서 활동하고 있는데, 이 중 생명보험사는 20개이며 손해보험사는 13개이다.

인도 정부의 외국회사에 대한 규제는 설립 형태뿐만 아니라 보험 시장의 영업 지역에도 적용된다. 인도는 국영손해보험회사들만이 인도를 제외한 해외에서 손해보험 영업을 할 수 있다. 현재 2003년 해외영업을 중단한 United India Insurance Company를 제외한 세 개 국영보험회사들이 해외 영업을 담당하고 있다. 인도 국외의 총 수입보험료 규모는 약 119억 5,000만 루피이다.

인도 보험 시장은 규모 면에서 총 수입보험료 기준으로 세계 시장의 약 1.6퍼센트의 비중을 차지하고 있다. 이는 세계 12위에 해당하며 그 비중이 점차 확대되고 있다. 인도 보험 시장은 2006년 괄목할 만한 신장세를 기록하였으나 2007년 글로벌 금융위기를 겪으면서 성장이 주춤하게 되었다. 그러나 인도 경제는 전반적으로 글로벌 금융위기의 영향을 적게 받았으며, 보험 시장 역시 금융위기 이후 바로 회복세를 보여 2009년 총 수입보험료는 전년 동기 대비 17.2퍼센트 상승한 약 651억 달러를 기록하고 있다. 이와 같은 성장세는 인도의 지속적인 경제 성장과 내수 시장의 양적 팽창에 기인한 것이다.

2009년(이하 회계연도 기준) 현재 1인당 보험료를 측정하는 보험밀도는 54.3달러로 세계 평균 595.1달러에 비해 현저히 낮은 수준이다. GDP 대비 수입보험료 비중인 보험침투 역시 5.2퍼센트에 불과하여 세계 평균 7퍼센트에 비해 낮아 향후 보험 시장의 발전 가능성이 높은 지역 중 하나다. 생명보험산업의 경우 수입보험료는 2009년 보험료 수입이 2조 6,545억 루피를 기록하여 전년 대비 19.6퍼센트의 성장을 보였다. 민영보험사의 수입보험료 규모는 전년 대비 약 23퍼센트 성장했으며 국영보험회사인 LIC는 18퍼센트의 증가세를 기록했다.

생명보험 상품을 투자형과 전통형으로 구분해보면 변액보험(Unit-Linked Insurance Plans, ULIPs)류의 상품을 일컫는 금융투자형 상품은 27.4퍼센트의 성장을 보였으나 전통형 상품은 13.33퍼센트 성장에 그친 것으로 나타났다. 전체 수입보험료 중에서 투자형이 차지하는 비중은 43.5퍼센트로 전통형에 비해 약간 낮은 편이지만 전년도 40.87퍼센트에 비해 상품의 비중이 확대되었다. 투자형 상품이 차지하는 비중은 인도 경제 발전과 함께 불어닥친 주식 시장의 활황으로 성장을 지속했다. 투자형 상품 시장은 글로벌 금융위기 이후 조정기를 거치면서 다소 위축되었으나 점차 회복하고 있는 추세로 일반적인 신흥국가의 보험 시장 발전 형태와 비슷한 추이를 보이고 있다.

인도 손해보험산업을 살펴보면 2011년 9월 말 현재 24개 회사가 영업을 하고 있으며, 이 중 신용보험과 농작물보험은 국영회사에서 운영 중이다. 손해보험사업의 수입보험료는 인도 내 사업 기준으로 2009년 3,462억 루피를 기록하여 전년 대비 14.1퍼센트의 성장률을 기록하고 있다.

인도는 2009년 현재 전체 손해보험산업의 43퍼센트를 자동차보험이 차지하고 있으며, 건강보험도 약 21퍼센트의 높은 비중을 보인다. 특히 건강보험은 전년 대비 21퍼센트의 성장률을 기록하여 손해보험산업의 성장을 견인하고 있는 종목 중 하나이며, 정부에서도 서민들의 의료 복지정책의 일환으로 지원하는 분야다. 인도에서는 다수의 인구가 빈곤층으로서 경제적으로 궁핍한 생활을 하고 있으며, 높은 비용으로 인해 의료 서비스의 혜택을 받지 못하고 있는 실정이다.

건강보험은 현재 정부와 보험회사들로부터 매우 높은 관심을 받고 있으며, 향후 손해보험 종목 중 발전 가능성이 가장 높은 분야로 손꼽히고 있다. 지난 8년간 건강보험 수입보험료 추이를 살펴보면 2001년 67억 5,000만 루피에서 2009년에는 830억 5,000만 루피로 매우 큰 증가세를 보이고 있다. 인도 정부는 건강보험만을 전문으로 하는 회사인 Star Health와 Apollo Munich, Max Bupa를 2006년과 2007년, 그리고 2010년에 각각 인가하여 건강보험 시장의 육성을 위해 노력하고 있다.

인도 정부는 빈곤층의 복지 증진을 위한 중요한 정책과제로 건강보험과 더불어 소액보험(Micro-Insurance)의 발전에 많은 노력을 하고 있다. 절대 빈곤층에 속해 있는 사람들은 대부분 문맹이며 보험에 대한 인식이 현저히 낮은 편에 속한다. 인도 정부는 2005년부터 지역 방언을 사용하는 사람들을 위해 현지 방언을 사용해 계약서를 작성하도록 하는 등 소액보험에 대한 규제를 실시함으로써 절대 빈곤층의 보험접근성을 높이기 위해 노력하고 있다.

새롭고 다양한 상품들이 소액보험 시장에서 판매되고 소액보험 시장에 대한 사회기반시설이 강화되는 등 인도에서 소액보험사업은 꾸준히 성장하고 있다. 그러나 아직까지는 규모 면에서 작은 시장이라 할 수 있다. 2010년 3월 현재 14개 생명보험사에서 28개의 상품을 판매하고 있는데, 이 중 15개는 개인상품이며 나머지는 단체상품이다.

인도는 보험 시장으로 발전 가능성이 매우 높지만 아직까지는 진입과 영업 행위에 대한 규제가 심하다. 그럼에도 불구하고 글로벌 보험회사들은 현지 회사와의 합작투자 형태로 인도 보험 시장에 조기 진출하여 시장점유율을 높이고 있다. 한국의 보험회사들도 현재 주재사무소 형태로 생보사와 손보사가 각각 한 개씩 진출해 있으며 실질적인 영업 활동을 위한 정보 수집과 시장 분석 등의 노력을 하고 있다.

더 읽을거리

서대교·신종협, "한국 보험회사의 인도 보험시장 진출 전략", 《인도연구》 16권 1호, 2011.

조용운·변혜원·이승준·오병국·김경환, 《아세안 주요국의 보험시장 규제제도 연구》, 보험연구원, 2011.

인도보험감독청 www.irda.gov.in

인도생명보험위원회 www.lifeinscouncil.org

인도손해보험위원회 gicouncil.in

제조업

김응기•

인도의 성장 주체는 제조업이 아니라 서비스업이라고 한다. 각종 경제 지표에서 나타난 분석을 보면 지금까지는 이 주장에 이론의 여지가 없다. 인도는 제조업에 필요한 각종 인프라가 부족해 해외직접투자도 대부분 서비스업에 치우쳐 있다. 그런 인도가 세계의 공장인 중국을 뒤쫓는다는 것이 가능할까?

2010년 6월에 발표된 글로벌 컨설팅기업 딜로이트 투씨 토마츠(Deloitte Touche Tohmatsu)의 "2010 세계 제조업 경쟁력지수"라는 보고서는 인도의 제조업이 최근 몇 년처럼 상승세를 유지한다면 곧 중국을 위협할 수준에 이를 것이라고 전망했다. 26개 선진국과 개발

• (주)비티엔 대표이사, gate@gate4india.com

도상국을 분석한 보고서는 중국에 이어 경쟁력지수 2위를 차지한 인도가 5년 이내에 중국과 대등한 경쟁력을 가질 것이라는 매우 낙관적인 전망을 내놓았다. 그렇다면 서비스업의 성장에 가려져 저평가받았던 인도 제조업의 실체는 무엇인가?

열악했던 인도 제조업

1948년 독립 이후 인도는 산업화를 위해 노력했지만 영국의 오랜 식민지 지배로 자본과 기업가 등 기반 여건이 크게 부족했다. 그럼에도 불구하고 인도 정부는 산업화 과정에서 또 다시 외국의 지배를 받을까 우려하여 국가가 주도하는 계획통제 및 폐쇄경제정책을 실시했다.

이는 결국 실패로 돌아갔다. 저조한 생산성과 조악한 상품을 만들어내기에 급급한 그 시기의 인도 제조업은 산업 지역 지정, 투자 종목과 규모에 대한 제약 그리고 과다한 과세라는 국가통제 경제운영이 만들어낸 결과다. 국영기업을 보호하고 자본과 기술을 가진 대기업의 진출을 억제하면서 소기업 위주로 운영되었던 당시 제조업 시장은 소비자의 선택으로 상품이 매매되는 것이 아니라 판매자에 의해 일방적으로 공급되는 불완전경쟁시장이었다. 이런 환경에서 제조업은 올바른 성장을 할 수 없었다.

제조업의 부진은 결국 국가경제에도 악영향을 미쳤다. 인도는 1970년대 GDP 3퍼센트 성장, 1980년대 5퍼센트 성장에 그치면서 당시 고도성장을 하던 여타 개발도상국에 비해 크게 뒤졌다. 무엇보다 제조업의 부진으로 실업률이 최고 25퍼센트에 달하면서 국민소득이 밑바닥 수준으로 떨어지고 인도는 가난한 나라라는 인식이 심어졌다. 그 결과 외채가 GDP의 30퍼센트 수준까지 차올라 결국 1991년 외환위기를 맞았고, 이후 타의에 의해 개방경제로 전환하게 된다.

제조업의 재기

개방경제 도입 이후 인도는 다행히 빠른 회복세를 보이며 고도성장을 기록했다. 90년대 6~7퍼센트대, 2000년 이후 8~9퍼센트대의 성장률을 기록한 것은 그 주축에 정보통신산업을 비롯한 서비스업이 있었기 때문이다. 성장이 가시적 성과를 보여준 2006년 인도의 산업 비율은 농업 18.4퍼센트, 광공업 20.4퍼센트, 그리고 서비스업 61.2퍼센트로 구성되었다. 그 때문에 인도는 눈부신 경제 성장에도 불구하고 제조업이 빈약한 불안정한 구조를 가지고 있다는 평가를 받기까지 했다.

이런 흐름에서 제조업은 주목받지 못했다. 그러나 이는 겉모습에 불과했다. 저조한 성장을 이어오던 제조업이 2004년부터 농업 비중을 앞지르기 시작하더니 급기야 2007년에는 서비스업 성장률 11.1퍼센트를 앞지르는 12퍼센트의 성장률을 기록했다. 이후로도 제조업은

표 4-2 연도별 GDP 성장과 제조업의 성장률 변화

(단위: %)

연도	GDP	1차 산업	2차 산업 중 제조업	서비스업
2004	7.5	0.0	8.7	9.1
2005	9.5	5.9	9.0	10.3
2006	9.7	3.8	12.0	11.1
2007	9.2	4.9	8.2	10.9
2008	6.7	1.6	2.4	9.7
2009	7.4	0.2	10.8	8.5
2010' 1Q	8.8	2.8	12.4	9.7

자료: 취합 후 저자 재구성

2008년 글로벌 침체기를 제외하고 최근 10년 동안 매년 평균 7.1퍼센트씩 성장하면서 서비스업과 함께 인도 GDP의 증가를 이끌고 있다.

앞서 제시한 보고서의 분석뿐 아니라 최근 세계 경제기관들도 서비스산업이 이끌어온 경제 성장의 효과가 저변에 파급되면서 축적된 내부 자본과 시장 수요를 바탕으로 도약하는 인도의 제조업에 주목하고 있다. 인도 정부는 물론 해외 기관에서 GDP 성장과 별개로 제조업의 성장에 관심을 갖는 이유는 서비스업만으로는 경제 운영에 큰 영향을 미치는 고용 확대와 물가 안정 등을 이루기 어렵기 때문이다. 선진국처럼 소비와 직업 창출이 용이한 서비스업이 GDP 성장을 이끌어가는 가운데 제조업 역시 함께 성장하는 것이 이상적이다. 인도는 지금 서서히 이 궤도에 오르고 있다.

제조업의 구성과 성장

제조업은 우선 규모 면에서 금속, 석유화학, 전자, 일반 화학, 자동차, 자동차 부품, 조선, 섬유 및 의류, 음식료품 및 가공 등을 꼽을 수 있다. 그 중에서 전통적인 제조업인 식품과 섬유, 의류는 성장하고 있기는 하지만 금속, 석유화학, 자동차, 조선 등이 크게 부상하면서 전체적으로 비중이 낮아지고 있다. 제조업의 구성이 달라지고 있는 것이다.

자동차와 같은 운송장비나 석유화학, 금속 관련 산업이 최근 제조업의 성장에 중요한 위치를 차지하고 있다. 한 예로 자동차는 2001년에 총 531만 6,000대가 생산되었는데, 2010년에는 1,791만 6,000대로 생산량이 330퍼센트나 증가했다. 자동차 제조와 더불어 부품 제조 역시 가파르게 성장해 이제는 인도 스스로가 세계 자동차 부품 제조의 허브를 꿈꾸는 실정이다. 첸나이, 뿌네, 노이다 등지에 진출한 한국 기업의 수가 170여 개 이상이라는 것을 감안하면 부품 제조업의 허브가 되겠다는 희망사항이 마냥 허황된 것만은 아니다.

금속(철강)산업 역시 세계 평균보다 높은 9퍼센트대의 성장을 보이고 있는데, 이는 중국에 이어 세계 2위다. 최근 인도는 내부 문제로 한국 포스코의 오릿사 일관제철소와 같은 대형 프로젝트가 표류하고 있어 중국의 연평균 성장률 20퍼센트에는 미치지 못하지만, 장기적으로 보면 점차 둔화될 중국에 비해 인도의 성장은 진행형이다. 조선업 역시 경쟁국에 비하면 아직 열세지만 낮은 생산비와 내수시장을 발판으로 지난 5년 동안 연평균 60퍼센트라는 고성장을 해왔다. 앞으로도 10년간 계속 20~30퍼센트씩 빠르게 성장할 것으로 전망된다.

그뿐만이 아니다. 전통적으로 산업 비중이 높았던 석유화학은 물론 취약했던 식음료 가공 및 제약업에서도 꾸준한 성장세를 보이고 있다. 2011년 인도 정부는 제조업의 GDP 비중을 현재의 15~16퍼센트에서 2022년 25퍼센트까지 끌어올리기 위한 제조업 육성 신정책을 마련했다. 정부가 전력과 도로 등 인프라 개선에 최우선 투자를 선언하고 있어 제조업에 내수자본은 물론 해외투자도 더 많이 유입될 것이다. 2011년 한국에 생산기지를 두었던 볼보 굴착기가 인도에 신공장을 착공하는 등 많은 외국기업이 인도의 제조업에 투자하고 있다. 자료에 의하면 2006년 이후 대인도 외국인직접투자의 제조업 비율은 연 20퍼센트대로 증가해 전체의 42퍼센트를 차지한다. 이러한 동향이 인도 제조업의 지속적인 성장을 뒷받침하고 있다.

보랏빛 전망 속에 도사린 문제들

인도는 1인당 제조업 부가가치가 브라질보다 낮은 것으로 측정된다. 유엔 산업개발기구(UNIDO)의 자료에 의하면 인도의 제조업 부가가치는 브라질의 6분의 1에 그치고 있다. 생산성은 여전히 인도 제조업의 최대 취약점이다.

성장 가능성 면에서는 세계의 공장 중국을 뒤쫓고 있지만 정작 생산성을 측정하는 1인당 부가가치에서는 이처럼 하위에 머물고 있다.

그 원인은 인도가 제조업을 거쳐 서비스업으로 성장이 진행된 것이 아니라 서비스업이 고공성장하면서 좋은 인력이 서비스업에 몰려 제조업에 숙련된 노동력이 공급되지 않았다는 데 있다. 값싼 노동력은 풍부하지만 양질의 노동력은 여전히 부족하다.

다음으로 인도 제조업의 고도화를 가로막는 것은 매번 거론되는 사회간접자본, 즉 인프라의 취약성이다. 개별 제조업으로 해결할 수 없는 인프라의 부족이 정부의 끊임없는 투자에도 불구하고 여전히 미흡한 상태를 보이며 성장의 발목을 잡고 있다. 그뿐 아니다. 제조업이 필요로 하는 최적 입지의 공급 부족과 가격 상승 역시 문제다. 연관 업종의 지원을 원활하게 하는 제조업 집적단지가 충분히 공급되어야 함에도 불구하고 복잡한 제도와 정부의 부패, 비효율적인 행정이 이를 가로막고 있다.

이 밖에 정부 정책 리더십의 허약함도 지적된다. 인도는 자치적인 주 정부 이외에 연립내각으로 존재하는 연방 정부의 한계를 지니고 있어 중국의 강력한 정책 추진력에 비해 정부의 리더십이 매우 낮다.

기회와 비전

거듭 지적된 취약점에도 불구하고 인도가 세계의 공장으로 성장할 수 있다고 점쳐지는 이유는 무엇인가? 이는 실현가능한 것인가?

인도 경제에 대해 끊임없는 문제점과 한계가 거론되면서도 인도 경제는 순항을 이어 왔다. 그 결과 이제는 인도를 가장 유망한 미래의 경제대국 반열에 올리는 것에 아무도 이의를 달지 않는다. 2011년 2월 기준 인도 제조업은 부족한 환경하에서도 지난 23개월 동안 한 번도 쉼 없이 성장하였다. 그것도 어느 한 분야의 집중 성장이 아니라 천연가스, 에어컨디셔너, 트랙터, 질소비료, 볼 베어링, 케이블, 자동차 부품, 건설 장비, 타이어 등 많은 업종에서 가파른 상승세를 보이고 있다. 그 외에 섬유기계, 전력 송전설비, 원유 정제, 산업용 운송장치, 에너지, 주류 등 22개 업종에서도 역시 괄목할 만한 성장을 이루었다.

12억 4,000만 명이라는 거대한 인구로부터 지속적으로 배출되는 풍부한 가용인력과 교육제도를 통해 양성된 글로벌 인재와 같이 다른 나라에서 찾아보기 힘든 자원들이 기술산업시대를 타고 인도에 기회를 주었다. 그뿐만이 아니다. 넓은 국토와 다양한 자원, 세계 10위의 명목 GDP와 구매력평가 GDP 기준 세계 3위의 경제력에서 나오는 거대한 내수시장, 그리고 다소 무능한 행정력이지만 지난 20년간 일관적으로 추진해온 성장정책이 제조업의 성장을 견인하고 있다.

이를 누구보다 잘 알고 있는 인도 정부는 장기적인 비전으로 2022년까지 제조업의 GDP 기여도 25퍼센트 달성, 일자리 1억 개 창출과 고용 인구수 두 배 증가, 자동차 부품 제조 등 주요 부문의 글로벌 경쟁력 배양을 내세우고 있다. 그리고 이러한 비전을 달성하기 위해 글로벌 투자 적지로 꼽힐 수 있는 인프라를 갖춘 4~5개 국가 제조·투자 특별구역(National Manufacturing and Investment Zones, NMIZs) 설립을 추진 중에 있다.

한국 기업의 선택

해외에서 제조업 투자자본이 들어오고, 교육을 통해 젊은 노동인구가 우수한 인적자원으로 육성되고, 글로벌 수준의 민간 대기업들이 연구·개발을 계속하고 있는 인도가 제조업 강국의 여건을 갖추고 있다는 것은 엄연한 사실이다. 일부 부정적인 시각이 있지만 대부분은 인도가 중국에 견줄 수 있는 세계의 공장이 되는 것이 단지 시간문제라는 점을 공감하고 있다. 그러면 한국 기업은 이를 어떻게 받아들여야 할 것인가?

한국의 인도 경제 리포트는 시장 진출은 물론 생산거점 확보 차원에서도 한·인도 산업협력 전략을 주장하고 있다. 그럼에도 불구하고 아직까지도 중소기업의 자생적 진출이 미약한 것은 기업의 전략에 문제가 있기 때문이라고밖에 지적할 수가 없다. 피동적인 자세에서 인도의 러브콜을 기다려서는 안 된다. 인도는 이미 소프트웨어뿐 아니라 직접투자를 통해 어느 정도의 하드웨어 기술까지 직·간접적으로 갖추고 있어 한국과의 제조업 협력이 생각보다 절실하지 않다. 이런 상황에서 한국이 인도로부터 러브콜이 오기만을 기다린다는 것은 짝사랑이다.

한국 기업, 특히 중소 제조기업은 생존을 위해서라도 자원과 인력, 거대시장이라는 천혜의 여건을 갖춘 인도를 십분 활용하는 자생적 진출에 나서야 한다. 이를 위해 정부가 할 수 있는 지원은 지금까지 실천하지 못한 인도 내 중소기업 전용 산업단지를 조성하는 것이다. 넓은 인도의 한 구석에 전용단지라는 전시행정용 문패를 달기보다는 업종에 맞게 개발된 각각의 산업거점에 교두보를 확보하는 것이 보다 실용적일 것이라고 생각한다.

더 읽을거리

이순철·최윤정·정재완·Prabir De,《인도 산업발전 전망과 한·인도 산업협력 확대방안: 주요 제조업을 중심으로》, 대외경제정책연구원, 2007.

홍석빈,《'Next China' 인도 경제의 기회와 위험》, LG경제연구원, 2010.

인도통상산업부 산업정책진흥과 www.dipp.nic.in

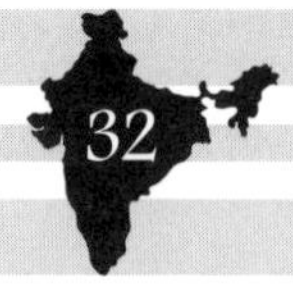

IT 산업

김웅기•

NASSCOM(인도 IT 산업 관련 기업협회)은 2011년 인도의 정보기술(IT)산업 총매출이 840억 달러가 될 것이라는 낙관적인 전망을 발표했다. 전년 대비 25퍼센트의 성장을 예측한 것이다. 이러한 예측은 반짝 분위기에서 만들어진 것이 아니다. 지난 10여 년 동안의 IT 산업 연혁을 살펴보면 글로벌 경제 침체기를 제외하고는 항상 이보다 높은 35~40퍼센트의 고성장을 유지했다. 매출 10억 달러 이상인 기업이 20개나 될 정도로 인도의 IT 산업은 질과 양 모든 부분에서 성장했다.

IT 산업은 인도 경제에서 중요한 위치를 차지하고 있다. IT 산업 육성을 시작한 지 4년 후인 1988년에는 산업 규모가 GDP의 1.6퍼센트

• (주)비티엔 대표이사, gate@gate4india.com

에 지나지 않았지만 2011년에는 6.4퍼센트로 커졌다. 뿐만 아니라 대외수출 비중이 26퍼센트에 이를 정도로 인도 경제에서 중추적인 역할을 하고 있다. 이는 3,500만 명이 종사하고 있는 섬유산업의 대외수출과 비교하면 더욱 두드러진다. 섬유산업 종사자의 7퍼센트에 지나지 않는 230만 명 정도의 인원으로 섬유산업의 두 배 이상의 수출을 달성한 것을 보면 과연 인도의 IT 산업은 21세기 인도 경제를 이끄는 스타산업이라고 해도 이상하지 않을 것이다. 한국의 일반인들이 21세기 인도를 새롭게 인식하게 된 것도 IT 산업 때문이다.

비 하드웨어 중심의 IT 산업

당연한 이야기이지만, IT 산업은 개인용 통신기기나 반도체 상품만으로 이루어진 것이 아니다. 소프트웨어 제품과 R&D 서비스, 정보기술 용역서비스, 정보기술을 기반으로 한 비즈니스 아웃소싱서비스, 그리고 관련 하드웨어 등 네 가지 영역이 모두 IT 산업에 속한다. 인도는 이와 같은 네 가지 구성에서 하드웨어를 제외한 세 영역, 즉 비(非) 하드웨어 분야에서 주로 성장했다.

한국의 IT 수출이 대부분 반도체와 휴대폰, LCD 등 하드웨어로 구성되어 있는 반면, 인도의 IT 수출은 비 하드웨어적인 특징을 가지고 있다. 막대한 투자를 요하는 생산 시설과 첨단기술력을 가진 기업을 위주로 한 하드웨어 산업이 미비한 인도는 하드웨어 수출이 1퍼센트에도 미치지 못할 만큼 미미하고 거의 모든 수출이 비 하드웨어 구조인 소프트웨어 개발과 IT 관련 서비스업으로 이루어져 있다. 인도 IT 산업 총매출의 70퍼센트를 차지하고 있는 수출의 구성을 보면, 2009~2010년 기준으로 소프트웨어와 게임, 애니메이션 등 비 하드웨어 제품의 수출이 7퍼센트, 서비스 매출이 92퍼센트다.

이렇게 보면 인도 IT 산업을 순수하게 소프트웨어 개발 중심 산업이라고 표현할 수는 없다. 오히려 서비스 산업에 치우친 구조다. 그러나 인도의 소프트웨어 제품 수출이 연평균 30퍼센트 이상 성장하고 있다는 사실에 주목해야 한다. IT 관련 서비스 일색인 지금의 인도에서 소프트웨어 제품 생산은 꾸준히 그 비중을 늘려가고 있다. 소프트웨어 제품 매출 1~2위를 차지하고 있는 따따컨설턴시서비스와 인포시스는 IT서비스 매출에서도 역시 상위를 차지하고 있다.

소프트웨어 지향의 인도 IT 산업

소프트웨어 제품은 2010년 일시적으로 매출이 감소하고 있다. 그러나 NASSCOM은 2015년까지 소프트웨어 제품이 2010년 대비 다섯 배 이상의 매출을 기록할 것이라는 도발적인 전망을 하고 있다. 이런 전망의 배경에는 소프트웨어 제품 개발 중심 기업 운영을 성장의 가치로 내세운 400여 개의 토종 IT기업들이 있다.

2011년 8월 한국 IT 산업에 경고등이 켜졌다. 구글이 휴대폰 제조

그림 4-3 소프트웨어 제품 매출 추이

(단위: 10억 달러)

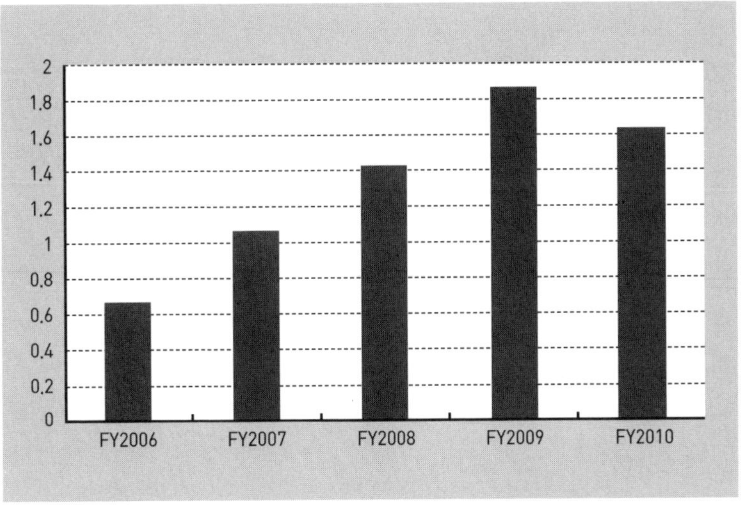

자료: 저자 재구성

의 강자 모토로라를 인수한 것이다. 한국도 이러한 글로벌 트렌드에 휩쓸리지 않을까 우려한 한국 IT기업들은 더 늦기 전에 스스로를 방어하고자 해외에서 소프트웨어 기업 인수에 나서는 한편 R&D센터 확대 계획을 발표했다. 구글의 모토로라 인수를 계기로 하드웨어 편향적인 IT 산업의 문제점을 새삼 깨달은 것이다. 인도의 IT 산업이 자체 기술력을 바탕으로 소프트웨어 개발을 지향하는 것은 고객 주문에 응하는 서비스업의 한계를 벗어나 향후 글로벌 시장을 선도할 수 있는 올바른 성장 전략이다. 이렇듯 인도는 IT 서비스를 매출의 기본으로 하면서도 성장 과정에서 축적된 기술력을 바탕으로 고부가가치 소프트웨어 제품 개발로 영역을 확대시키는 두 마리 토끼를 쫓고 있다.

진화하는 IT 산업의 경쟁력

알려진 대로 인도의 IT 산업은 1984년 미국 기업 텍사스인스트루먼트(Texas Instruments)가 인도의 실리콘밸리로 불리는 벵갈루루에 센터를 세운 것에서 시작되었다. 그 후부터 인도의 IT 산업은 비 온 다음 죽순 자라듯 초고속으로 성장했다. 전문가들은 이구동성으로 인도가 아웃소싱을 경영표준으로 내세운 미국이라는 거대한 해외시장을 등에 업고 우수한 인적자원을 저렴한 비용으로 활용하면서 급성장한 것이라고 정의했다. 이러한 분석은 더 이상의 설명이 필요 없을 정도로 명료하다.

그러나 이것만이 인도 IT 산업의 경쟁력은 아니다. 시작은 미국 기업의 아웃소싱 천국에서 출발했지만 여기에 그치지 않고 자생적 산업으로 가치를 변화시켜 진화를 이룬 것이 인도 IT 산업 경쟁력의 진짜 핵심이다. 출범 초기 코딩 같은 단순한 아웃소싱은 영어에 능통하고 저렴하면서 능력 있는 풍부한 인적자원을 바탕으로 매출을 연 100~200퍼센트 성장시키는 데 전혀 부족함이 없었다. 이러한 모델이 알려지면서 해외기업들이 인도로 몰려들어 벵갈루루에만 평균 2주에 세 개의 외국기업이 센터를 세우는 말 그대로 인도 러시가 일어났다.

그러나 질 좋은 저비용 지식노동에 의한 아웃소싱의 팽창만으로 인도가 20년 이상 성장할 수 있었다는 생각은 잘못된 것이다. 단순 아웃소싱은 비슷한 여건을 가진 후발국의 추격에 곧 고전하기 십상이다. 아일랜드, 필리핀, 중국과 같은 경쟁국을 상대로 인도가 여전히 우위를 지키면서 성장하고 있는 것은 경쟁력의 진화가 있었기에 가능했다.

경쟁력의 진화는 산업구조의 진화에서 비롯되었다. 시키는 대로 하는 아웃소싱 파트너에서 자기 지식 제공자로 산업구조를 업그레이드 한 것이 기존 경쟁력을 높이고 새로운 경쟁력을 만들어낸 것이다. 고객의 시간을 절약해주는 단순한 심부름에서 과제에 참여하는 역할의 업그레이드, 그리고 나아가 과제 전체를 위임받아 자기 지식 기반으로 완수할 수 있게 되면서 이전보다 높은 대가를 받고 있다.

이것에 그치지 않고 특정 분야에서는 고객과 비즈니스 동반자 관계로 격상하여 성과에 따른 이익을 공유하고, 나아가 제품과 서비스를 자체적으로 기획하고 생산해 시장에서 직접 '브랜드'를 세일즈하기에 이르렀다. 이러한 변화가 경쟁력의 진화이다. 단위 시간과 인적자원의 투입은 같지만 매출은 몇 십 배, 몇 백 배로 늘어나 마침내 TCS나 위프로 등 20여 개 슈퍼 IT기업이 글로벌 무대에 등장했다.

산업 거점의 확대

한때 한국 수출의 일등공신이었던 섬유산업은 이제 그 위상을 잃어버렸다고 해도 지나친 표현이 아니다. 폐업이 속출하는 섬유공단을 대신해 타 산업에 그 자리를 내준 지 오래다. 첨단소재 섬유 개발과 기능성 제품으로 섬유한국의 명맥을 이어가고는 있지만 하부 구조가 상실된 지금 한국을 섬유강국이라고 할 수는 없다.

그렇다면 가치 업그레이드로 진화했다는 인도의 IT 산업은 어떤가? 성장에 의해 저부가가치 아웃소싱 산업이 더 이상 존재하지 않는가? 그렇지 않다. 인적자원이 핵심인 IT 산업에서 인도 역시 인건비 상승과 부족으로 한때 경쟁력 위기론이 제기된 적이 있었다. 저임금을 자랑하던 인도에서 성장 이후 전문 인력 공급과 수요의 불균형으로 고용 비용이 천정부지로 치솟아 몇몇 해외기업들은 인도 조직을 축소 또는 철수시키기도 했다. 그때 이와 같은 문제를 해결했던 것은 부가가치를 높이는 산업구조의 진화와 산업 거점의 저변 확대였다.

IT 산업의 저변이 벵갈루루와 델리 NCR, 뭄바이 같은 고부가가치 중심의 1대 거점에서 중저급 산업을 품을 수 있는 2대, 3대 거점으로 확대되면서 모든 산업 단계가 가치사슬을 유지하며 균형적으로 발전하고 있다. 한국보다 33배 넓은 국토와 평균연령 25세 이하라는 젊은 인구구조 속에서 배출되는 노동인구의 증가가 이를 가능케 했다.

표 4-3 인도의 IT거점 도시

핵심거점 1대 도시	벵갈루루, 델리 NCR, 뭄바이, 뿌네, 하이드라바드, 첸나이, 콜카타
부상하는 2대 도시	찬디가르, 자이푸르, 럭크나우, 아흐메다바드, 인도르, 나그뿌르, 부와네슈와르, 망갈로르, 코임바또르, 마두라이, 코치, 뜨리반드람
유망성장 3대 도시	데라둔, 깐뿌르, 수라뜨, 아우랑가바드, 비자까빠뜨남, 마이소르, 뽄디쩨리, 후블리, 보빨, 빠뜨나, 란치

자료: 저자 재구성

수출시장 편향에서 내수시장 동반성장으로

수출시장이라는 외부 수요에서 출발한 인도 IT 산업은 이제 거대한 수요를 지닌 내수시장을 새로운 성장의 모티브로 하고 있다. 2001년부터 2010년까지 10년 동안 수출 부문이 연평균 31.2퍼센트 성장함에 따라 동시에 내수시장도 연평균 23.1퍼센트씩 성장했다. 2010년 32조 원에 이른 인도의 IT 내수시장은 양적·질적으로 팽창하고 있는데, 그 핵심 요소는 정부와 기업의 IT 인프라 투자가 커지고 있다는 점에서 찾을 수 있다.

449개의 활주로가 있는 인도 전역에서 공항 인프라 개선에 막대한 공공 및 민간투자가 쏟아지는 것도 내수 IT시장의 한 예다. 각종 사회간접자본에서 발생하는 내수시장의 IT 소비는 이에 그치지 않고 성장이 돋보이는 소매·유통, 헬스·의료, 금융, 전력 송전·배전, 차세대 이동통신 그리고 단위 금융산업 등에서도 크게 형성되고 있다. 내수시장의 증가는 인도 IT 산업을 이끌어가는 또 하나의 성장축이다.

한국 IT 산업의 대인도 관계

결론적으로 한국 IT 산업은 인도만큼 세계시장에 대응하지 못하고 있다. 산업구조로 본 기업 교류와 IT 시장의 양국 기업 참여 등 어떤 측면에서도 한국이나 인도 모두 만족할 만한 성과를 얻지 못하고 있다. 한국이 인도와 맺은 관계는 LG와 삼성 등 대기업 위주의 인도 R&D센터 운영과 국내 연구소 활용을 위한 인도 IT 전문가의 계약직 채용이 전부라고 해도 과언이 아니다.

기업의 인도 전문가 활용은 기업마다 1~2명이나 많게는 4~5명 정도를 1~2년 단기 프로젝트에 계약직으로 고용하는 정도다. 이러한 교류는 2001년부터 시작되었으나 10년이 지나도 그 규모가 연인원 200여 명에서 전혀 늘지 않았다. 그나마 상당수는 대기업의 자체 수요로 충당하고 있다. 이러한 인력 교류조차 개별 인력의 고용에 그칠 뿐 미국과 유럽, 일본 등 우리의 IT경쟁국이 인도와 맺고 있는 기업 교류가 아니다. 2000년 이후 두 차례 양국 정상회담과 수차례 장관회담에서 합의한 산업 교류를 통한 시너지 효과 추진정책은 구호에 그치고 말았다.

인도 IT 시장에서도 한국은 휴대폰이나 반도체 등 하드웨어를 제외하고는 뚜렷한 몫을 챙기지 못했다. 메트로의 자동요금징수시스템과 전력배전시스템 등 일부에서 거둔 성과가 있지만 시장 크기에 비하면 초라한 성적표다. 소프트웨어 인력이 부족한 상황에서 해외 진출이라는 고단한 과제를 안고 있는 한국 IT 산업이 인도를 배제하고도 성장을 기약할 수 있다면 지금의 관계가 잘못되었다고 볼 수만은 없다. 그러나 경쟁국의 행보를 보면 IT 산업의 구조상 인도와의 교류는 선택이 아니라 필수다. 인도 IT 산업을 짚어보며 우리의 대인도 관계에 부족함은 없는지 되돌아봐야 할 것이다.

더 읽을거리

김응기, "인도IT업계, 글로벌 친화력으로 성장을 이끌다", 《친디아저널》 6월호, 2012.

______, 《한·인도 CEPA 체결에 따른 SW 분야에서 우리의 대응방안》, 한국공학한림원(NAEK), 2011.

______, 《인도IT 산업에 던져진 과제와 미래전망: 한국IT 산업과의 연관성을 위하여》, 전자부품연구원 전자정보센터, 2007.

______, 《인도 ITES-BPO 산업의 성장과 시사점》, 전자부품연구원 전자정보센터, 2005.

제약산업•

박현재••

한국과 인도 간 국제 경쟁력을 비교해볼 때, 인도가 주로 앞서나가고 있는 분야는 IT 산업(소프트웨어 분야)과 제약산업이다. 비즈니스 세계에서 전쟁에 이기려면 경쟁사를 잘 파악해야 하지만, 대다수 한국 제약기업들은 아직 우물 안 개구리처럼 내수시장에 머물고 있다. 인도에 있는 대표적인 제약기업인 란박시, 닥터레디스, 시플라의 경쟁력의 실체를 살펴보고, 한국 기업들이 그들과 협력하여 국제 시장에 나아갈 수 있는 방안에 대해 생각할 수 있는 기회가 되었으면 한다.

• 본문은 2010년《친디아저널》에 기고한 것을 수정·보완한 것임

•• 전남대학교 교수, today939@naver.com

'란박시,' 일본에게 길을 묻다

텔레비전 연속극을 보면 가끔 백혈병으로 고생하는 환자들이 등장한다. 이들이 많이 사용하는 약은 스위스 노바티스(Norvatis)사에서 개발한 'G'라는 제품이다. 이 약을 전 세계에서 가장 싸게 살 수 있는 나라는 어디일까? 성인 남자들이 많이 찾는 비아그라를 가장 싸게 살 수 있는 나라는? 그리고 중고등학생 자녀를 둔 부모가 세계적인 피부 전문 제약회사로 유명한 유럽 소재 G사의 여드름 연고를 가장 저렴하게 살 수 있는 나라는? 앞선 세 질문의 답은 모두 '인도'다.

2010년 1월 인도와 한국 간에 CEPA가 정식으로 발효되었다. 이를 계기로 양국 간의 협력은 더욱 활성화될 전망이다. 한국과 인도의 산업 경쟁력을 비교해볼 때 인도가 앞서나가는 분야가 몇 가지 있는데 그 중 하나가 제약산업이다. 특히 복제약 분야의 국제 경쟁력은 한국보다 훨씬 뛰어나다. 복제약이란 특허가 만료된 의약품을 오리지널(original) 제약회사의 허가 없이 똑같이 복제해서 만든 것을 말한다. 인도 제약회사 중 매출액 기준 1위를 차지하고 있는 '란박시(Ranbaxy)'가 바로 이 분야의 글로벌 강자다.

란박시는 1961년 의약품 원료를 생산하는 회사에서 출발해 1973년 자사를 주식시장에 공개했고, 1977년 나이지리아에 첫 합작회사를 설립했다. 현재 미국 등 11개 거점 국가에 생산 시설을 보유하고 있으며, 49개국에 현지 법인을 두고 125개국에서 제품을 판매하고 있다. 구르가온 등의 지역에 세 개의 연구소를 가지고 있으며, 매출액 대비 약 9~10퍼센트를 연구비로 투자한다. 또한 활발한 복제약 사업을 위해 강력한 특허팀을 보유하고 있다.

란박시는 란지뜨 싱과 구르박스 싱에 의해 1937년 일본 회사 시오노기의 수입판매상으로 첫발을 내디뎠다. 란박시라는 회사명은 란지뜨와 구르박스의 이름 앞뒤를 따서 지은 것이다. 1952년 이들의 사촌 바이 모한 싱이 회사를 인수하고, 1967년 그의 아들 빠르빈더 싱이 합류하면서 전략적인 경영을 통해 비약적으로 발전하기 시작했다.

란박시는 1998년 세계 최대의 제약 시장인 미국 진출을 시발점으로 오늘날 세계 복제약 부문의 강자로 변신했다. 현재 약 25~30퍼센트의 매출을 미국에서 올리고 있으며, 2007년 4월에서 2008년 3월까지 회계연도 매출은 663억 5,000만 루피(약 15억 4,000만 달러), 순이익은 79억 루피(약 2억 달러)를 기록했다(한국 제약회사 매출 1위는 동아제약으로 2010년 매출액이 약 8,000억 원이다). 2005년부터 루마니아의 테라피아 등 12개 제약회사를 인수 합병해 글로벌 네트워크를 갖춘 란박시는 2012년까지 매출 50억 달러를 달성하고 미국에서 다섯 손가락 안에 드는 복제약품 회사로 도약할 원대한 포부를 품고 있었다.

그러나 2008년 6월 일본에서 세 번째로 큰 제약회사인 다이이치산교(이하 산교)가 현 CEO인 말빈더 모한 싱과 그 가족의 지분을 포함한 전체 지분 64퍼센트를 인수하여 란박시를 산교의 자회사로 만들었다. 인수 배경은 오리지널 의약품 특허권 만료, 의약품 가격 인하, 성장률 1~2퍼센트의 내수시장 침체 등으로 고전하고 있던 일본 제약회사들이 연 7~10퍼센트의 고성장을 하고 있는 인도에 매력을 느꼈기 때문이다. 특히 초고령화 사회로 접어든 일본에서는 의료비 지출에 부담을 느낀 정부가 복제약 사용을 권장할 기미를 보이고 있다. 산교는 이에 대비함과 동시에 세계적으로 커져가는 복제약 시장의 글로벌 경쟁력을 확보하기 위해서 란박시가 필요했다. 산교는 란박시의 인수 합병 이후 1,200억 달러에 달하는 세계 복제약 시장에서 10위의 자리를 차지했을 뿐 아니라 란박시의 글로벌 채널도 활용할 수 있게 되었다. 향후 산교의 신약 개발과 란박시의 원가 경쟁력이 합쳐져 시너지를 낼 것으로 기대된다.

그렇다면 왜 인도 토종 제약업체인 란박시가 일본 회사에게 미래의 길을 묻고 있는 것일까? 첫째, 갈수록 경쟁이 치열해지는 복제약 생산만으로는 미래의 성장을 담보할 수 없다. 따라서 신약 개발이 필요한데, 이 분야에서 성공하기 위해서는 막대한 자본력이 필요하다(보통 한 개의 신약을 개발하기 위해서는 5억~10억 달러의 비용이 소요된다). 란박시는 1,200여 명의 과학자를 보유하고 연간 약 1억 달러의 연구개발비를 지출하고 있다. 이는 인도에서는 가장 큰 규모지만 세계적인 수준에 비하면 터무니없이 적은 수치다.

둘째, 란박시가 미국 복제약 시장에서 성공을 거두자 다수의 인도 제약회사들이 미국 복제약 시장에 진입해 제 살 깎기식 경쟁을 벌이고 있다. 이로써 심각한 가격 인하와 현저한 수익률 감소가 예상된다.

셋째, 미국 복제약 시장에서 제품 승인을 받을 때는 특허 분쟁으로 인한 위험이 도사리고 있다. 란박시는 특허 소송으로 연간 3,000만~4,000만 달러를 지불하고 있는데, 갈수록 거세지는 미국

메이저 제약회사들의 특허 소송 및 견제로 그 비용이 천문학적으로 늘어날 것으로 예상된다.

넷째, 신약 개발 능력이 부족한 란박시로서는 혁신적인 개발력을 보유한 산교에 인수됨으로써 저렴한 복제약 개발 과정에서 획득한 제품 프로세스 개선 노하우를 수익성이 큰 신약 분야의 개발에 사용할 수 있게 되었다.

산교의 란박시 인수 합병으로 인도 시장은 앞으로 주요 외국 제약 회사들의 각축장으로 변모할 가능성이 크다. 일본 2위의 제약회사인 아스텔라스도 인도에 주재사무소를 개설해 인도 공략에 본격적으로 나설 준비를 하고 있으며, 미국의 화이자 등도 인도 제약회사와의 전략적 제휴를 강화하고 있다. 인도는 미국식품의약안전청(FDA) 기준을 충족한 의약품 제조시설을 다수 보유하고 있어 외국 제약회사들과의 OEM(Original Equipment Manufacturing, 주문자 상표에 의한 제품 생산)이 확대될 전망이다. 한국도 인도 내수시장 공략과 인도 제약회사의 경쟁 우위를 적극 활용하기 위해 LG생명과학, 대웅제약, 에스디 등이 진출해 있다.

란박시의 영원한 라이벌 '닥터레디스'

요즘 한국 대학생들은 이과보다 문과를 선호한다. 한국 정부에서는 어떻게 하면 이공계 분야를 진흥시킬 것인지 고심 중이다. 반면 인도는 연간 70만 명이 넘는 과학 및 엔지니어 전공자와 1,500명에 달하는 박사학위 수여자를 배출하고 있는 이공계 인재 강국이다. 인도는 이런 인재들을 기반으로 복제의약품이나 의약 중간체, 의약 원료 등의 제조 거점으로 세계 의약품 시장의 허브 역할을 하고 있다. 인도는 화학 합성 기술이 탁월하며, 선진국에 비해 생산 비용이 2분의 1, 연구개발 비용이 8분의 1, 임상시험 관련 비용이 10분의 1에 불과하다.

한국 제약회사들 중 상당수는 완제품을 생산하기 위해 들어가는 원료나 중간체를 인도 제약회사에서 구매하는 경우가 많다. 무늬만 한국산 의약품이지 실제로 뜯어보면 인도 의약품인 셈이다. 하지만 인도산 원료를 가지고 만들어진 완제품의 품질에 대해 걱정할 필요는 없다. 인도 유수의 제약회사들은 품질 기준이 매우 까다로운 미국에 한국보다 더 많은 의약품을 수출하고 있기 때문이다. 한국 시장에서 질 좋고 상대적으로 저렴한 인도산 의약품을 직접 목격할 수 있는 날도 머지않았다.

이와 같은 인도 의약품 시장에서 란박시와 쌍벽을 이루고 있는 회사가 바로 '닥터레디스(Dr. Reddy's, 이하 닥터레디)'다. 현재 란박시의 주요 지분을 일본 회사가 가지고 있으므로 인도 토종 기업 중에서는 1위의 제약회사라고 할 수 있다. 하이드라바드에 본사를 둔 닥터레디는 1984년 안지 렛디(Dr. K. Anji Reddy)에 의해 설립되었다. 그는 뭄바이대학에서 의약과 정밀화학을 공부하고 화학공학박사 학위를 취득한 엘리트 과학자로서 닥터레디를 설립하기 전부터 제약회사에 근무했고, 유니로이드(Uniloid)와 스탠다드오가닉(Standard Organics)을 설립해 운영한 경험을 가지고 있었다. 이후 미국에서 제약화학을 전공한 그의 아들 사띠쉬 렛디(Satish Reddy)가 회사를 경영하기 시작하면서 회사의 글로벌화가 더욱 촉진되었다.

닥터레디는 주로 의약품 원료를 생산하는 회사로 출발했으나 1980년대 중반 수입 위주인 인도 의약품 시장에서 의약품을 직접 생산·수출하는 선구자 역할을 수행했다. 그리고 1993년에는 일본을 제외한 아시아 의약품 회사 중 최초로 뉴욕 증권 시장에 회사를 상장했다. 닥터레디의 총 종업원 수는 약 1만 1,000여 명이며, 2006년 인도 제약회사 가운데서 가장 빨리 10억 달러 매출 고지를 점령했다.

닥터레디도 란박시와 마찬가지로 특허가 만료된 의약품을 저가 복제약으로 생산해 미국에 수출하는 전략을 취하고 있다. 현재 40여 개 제품을 수출하고 있으며, 미국에서 제약회사 사운데 12위를 기록하고 있다. 란박시와 비교할 때 닥터레디가 가지고 있는 강점은 인도 회사 최초로 미국에 두 개의 복제 바이오의약품(Biopharmaceuticals)을 판매하고 있다는 점이다. 닥터레디는 화학 합성에 의한 의약품뿐만 아니라 시장 잠재력이 훨씬 큰 바이오의약품 분야에서도 제품 개발력을 보유하고 있어 향후 진정한 강자로 떠오를 가능성이 높다.

닥터레디는 미국·인도·유럽·중국 등 여섯 개 거점 국가에 우수 의약품 제조 기준에 부합하는 생산 시설을 보유하고 있다. 그 외에도 여덟 개의 미국식약청 인증 의약품 원료 제조시설을 가지고 있는데, 인도에 여섯 개, 멕시코에 한 개, 그리고 영국에 한 개가 위치하고 있다. 완제품 생산 시설은 인도에 여섯 개, 미국에 한 개로 총 일곱 개이며,

이 가운데 인도에 있는 시설 한 개와 미국에 있는 시설은 미국식약청의 인증을 받았다.

닥터레디는 2008~2009 회계연도 기준 매출이 694억 4,100만 루피(13억 7,000천만 달러)로 전년 대비 39퍼센트의 신장률을 보이고 있으며, 이 중 글로벌 복제의약품이 72퍼센트로 가장 큰 비중을 차지하고 있다. 글로벌 복제의약품 관련 매출을 지역별로 살펴보면 인도 17퍼센트, 북미 40퍼센트, 유럽 24퍼센트, 러시아 15퍼센트, 그리고 기타 4퍼센트로 나타나 북미와 유럽이 주요 시장임을 알 수 있다. 기술 및 연구개발 분야에서는 인도 하이드라바드에 두 개, 영국 캠브리지에 한 개로 총 세 개의 우수한 연구소를 가지고 있으며, 매출액 대비 약 8~10퍼센트를 연구비로 투자한다. 신약 개발 능력도 우수해 인도 제약회사 중 제일 먼저 신약 후보 물질을 개발하고 글로벌 제약

표 4-4 닥터레디 매출액

(단위: 100만 루피)

분야	2008-2009			2007-2008		
	매출액	이익	매출액 대비 이익률	매출액	이익	매출액 대비 이익률
원료 의약품	18,758	5,595	30%	16,623	5,645	34%
글로벌 복제의약품	49,790	30,448	61%	32,871	19,567	60%
기타	893	457	51%	512	196	38%
합계	69,441	36,500	53%	50,006	25,408	51%

자료: 닥터레디 연간회계보고서

회사에 라이선싱 아웃(Licensing-out)한 성과를 보인기도 했다. 닥터레디는 특히 제약 원료 분야에서 강점을 보이며, 전 세계에 140여 종의 원료를 공급하는 세계 3대 제약 원료 공급사로 꼽히고 있다.

한편 세계 유수의 제약회사와의 협력도 강화하고 있다. 2009년 글락소스미스클라인(GlaxoSmithKline)사와 인도를 제외한 이머징마켓을 대상으로 공동 제품 개발 및 판매를 위한 전략적 제휴를 체결한 것이 그 좋은 예다. 제휴 당시 닥터레디가 외국 유명 제약회사에 인수될 것이라는 소문이 떠돌았는데, 닥터레디도 란박시처럼 언제든지 글로벌 메이저 제약회사에 인수 합병될 수 있을 정도의 경쟁력을 가지고 있다.

의약품 분야를 선도하는 회사들은 미래 의약품 분야의 성장이 주로 인도나 중국 등 신흥 시장에서 이루어질 것이라고 예측하고 발 빠른 움직임을 보이고 있다. 내수시장만 바라보고 있는 한국의 제약회사들도 이제 돌파구를 찾기 위해 인도 진출 혹은 인도 제약사와의 협력 확대에 적극 나서야 할 때다.

'시플라,' 한국시장을 두드리다

한국 사람들에게 '국민은행'이나 '동아제약'을 아느냐고 물어보면 거의 모든 사람들이 "그렇다"라고 대답할 것이다. 그렇다면 한국이 아닌 타국에서 똑같은 질문을 하면 어떨까? 거의 모든 외국인들이 "모른다"라고 대답할 것이다. 자국에서는 잘나가고 있지만 국제 경쟁력이 취약해 우물 안 개구리 신세를 면치 못하고 있기 때문이다.

이런 한국의 제약 시장에 인도 내수시장 1위를 달리고 있는 '시플라(Cipla)'라는 회사가 시플라코리아를 만들면서 2006년 7월 처음으로 한국에 직접 진출했다. 그동안 에이전트를 통해 원료 의약품만을 공급해 오다가 이제 한국 제네릭(generic, 특허가 만료되었거나 특허보호를 받지 않는 의약품) 시장을 직접 공략하기 위해 깃발을 높이 든 것이다. 이는 제네릭 시장에서 세계적인 경쟁력을 갖춘 란박시, 닥터레디 같은 인도 회사들이 곧 한국 시장에 밀어닥친다는 것을 의미한다. 제네릭 의약품을 다른 회사보다 빨리 개발하기만 하면 이윤을 확보할 수 있는 의료정책에 기인해 내수시장만 바라보고 있는 한국의 제약회사들은 향후 큰 어려움에 직면할 것이다.

시플라의 본사는 인도의 의약 허브로 많은 제약회사가 위치한 뭄바이에 자리 잡고 있다. 시플라는 1935년 화학을 전공한 하미드 박사(Dr. K. A. Hamied)에 의해 설립되었다. 그는 인도가 영국의 지배하에 있던 1898년에 태어나 민족주의 정신으로 무장하고 자본금 60만 루피로 시플라를 설립해 1937년 첫 상품을 출시했다. 그 후 2차 세계대전 동안 구급약에 목말라하는 국가를 원조하면서 인도 약학산업의 선두주자로 발돋움했다. 그의 아들인 유수프 하미드 박사(Dr. Y. K. Hamied)가 캠브리지대학에서 화학박사 학위를 받고 돌아와 1960년 연구개발 분야 책임자로 시플라에 참여하면서 오늘에 이른 것이다.

인도 제약 시장은 양적 측면에서는 세계 3위, 가격 측면에서는

14위를 기록하고 있으며, 약 100억 달러의 규모를 가지고 있다. 현재 12~15퍼센트의 성장률을 보이고 있어 2015년경에는 세계 10대 시장으로 성장할 것으로 추정된다. 인도의 총 매출은 내수보다 수출의 비중이 높아 수출에서 54퍼센트의 판매를 나타내고 있다. 무려 21퍼센트에 달하는 수출 성장률은 인도 제약회사들의 국제화 노력을 엿볼 수 있는 부분이다.

시플라는 인도 내수시장에서 약 5.3퍼센트의 시장점유율로 당당히 1위 자리를 점하고 있으며, 종업원 2만여 명, 총 매출액 약 12억 달러를 기록하고 있다. 뒤를 이어 글락소스미스클라인이 2위, 란박시가 3위를 차지하고 있다. 1위의 비결은 1,000여 가지에 이르는 다양한 제품 구성과 광범위한 인도 대륙을 아우르는 강력한 유통망을 기반으로 5,000여 명의 영업사원, 60여 명의 마케팅 직원이 인도 전역의 병원을 누비며 의사 대상 판촉을 하고 있기 때문이다.

란박시, 닥터레디와 더불어 인도 '제약 삼총사'로 꼽히는 시플라는 글로벌 제약회사가 특허권을 가지고 있는 후천성면역결핍증(AIDS, 에이즈) 치료제를 아프리카 등 가난한 국가에 파격적인 가격으로 공급해 특허권 논쟁을 불러일으킨 것으로도 유명하다. 이는 1년 약값이 2만 달러씩 하는 상황에서 돈이 없어 치료를 받지 못하는 가난한 에이즈 환자들에게 값싼 치료제를 공급하기 위한 것이었다. 시플라는 가격 경쟁력을 갖춘 제네릭 제품을 전 세계 185여 개국에 공급해 7억 달러 이상의 실적을 기록하고 있다. 지역별 판매 비중은 아프리카 34퍼센트, 미국 25퍼센트, 유럽 22퍼센트로 특히 아프리카 시장에서 강세를 보이고 있다.

시플라가 바디(Baddi), 인도르, 고아 등에 보유하고 있는 생산시설은 미국식품의약청, 독일, 영국, 호주 그리고 남아프리카공화국 보건당국에 의해 승인되었다. 주력 제품은 완제품으로 항암제, 항염제, 항바이러스제 등 매우 다양하며, 약 210여 개 이상의 원료 의약품을 개발해 미국, 유럽, 한국 등에 등록을 완료했다. 한국에서는 우선 항암제를 주력으로 27개 원료의약품이 허가를 받은 상태이며, 다섯 개 완제품에 대해서도 한국식약품안전청(KFDA)의 허가를 얻어 한국 시장 공략을 위해 철저한 준비를 하고 있다.

시플라는 의약품 연구 개발에 집중해 현재 가지고 있는 약 320여 개의 특허 외에 1,000여 개의 특허를 추가로 신청해놓은 상태다. 특히 나노기술 및 신약전달시스템(New Drug Delivery System) 분야의 핵심 기술과 제품 개발에 노력을 기울여 건조 분말로 된 의약품 흡입기 등을 시판하고 있다. 또한 기업의 사회적 책임을 다하기 위해 시플라재단을 설립하고, 극심한 고통에 시달리는 말기 암환자의 수고를 덜어주기 위해 뿌네(Pune) 근처에 암환자 고통 완화 의료시설을 만들어 운영하고 있다.

아이엠에스(IMS Health)에 따르면 2008년 세계 의약품 시장 규모는 신흥국들의 급속한 성장으로 약 7,800억 달러에 달하며, 세계 제네릭 의약품 시장 규모는 전체 매출액의 약 10퍼센트인 780억 달러로 추정된다. 전 세계 매출 규모가 매우 큰 대형 의약품의 특허 만료로 제네릭 의약품 시장은 향후 약 5~9퍼센트 성장하여 2014년에는

1,300억 달러에 달할 것으로 예상된다. 이 중 단일 국가 시장으로는 미국이 340억 달러로 가장 크며, 일본이 그 다음을 차지한다. 현재 세계 최대 규모의 제네릭 회사인 이스라엘의 테바(Teva)는 2008년 기준 110억 달러의 매출을 올리고 있다.

이런 상황에서 한국 제약회사들은 어떻게 돌파구를 찾을 수 있을까? 인도가 그 해결의 실마리를 제공하고 있다. 인도에는 앞서 언급한 '제약 삼총사'뿐만 아니라 다수의 국제 경쟁력을 보유한 제약회사들이 있다. 한국 제약회사들이 인도 회사들이 보유한 세계적인 역량을 지렛대 삼아 국제 경쟁력 제고에 힘쓴다면 한국에서도 10년 이내에 테바 같은 회사가 출현할 수 있다. 그 첫 출발점은 자사의 보유 역량과 상호보완 효과가 있는 인도의 제약회사를 찾아 연구 개발, 생산, 마케팅, 임상 분야의 양해각서를 체결하는 것이다. 이후 전략적 제휴를 맺고 합동 마케팅(Co-Marketing)과 합동 프로모션(Co-Promotion), 연구 생산 분야의 협업을 추진하는 등 능동적인 자세를 견지한다면 세계 시장 진출의 발판을 마련할 수 있을 것이다. 2020년 한국의 '글로벌 제약 삼총사'의 출현을 기대해본다.

더 읽을거리

박현재, "인도 제약사 란박시의 글로벌 성장 전략에 관한 사례 연구", 《무역학회지》 32권 5호, 2007.

Dickson, M. and J. P. Gagnon, The Cost of New Drug Discovery and Development, *Discovery Medicine* Vol. 4, 2004.

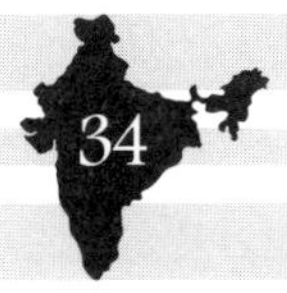

다국적기업

최준석•

인도 다국적기업 개괄

인도에는 많은 다국적기업이 진출해 있다. 1991년 경제개방 이후 세계적인 IT 기업들이 인도의 벵갈루루를 중심으로 우수한 이공계 인력에게 투자하기 시작하면서 '인도=아웃소싱 대국'이라는 이미지를 만들어냈다. 이어 세계 2위의 인구 대국인 인도의 소비시장을 보고 다국적기업들이 몰려왔다. 인도가 상당 기간 경제성장률 8퍼센트 이상을 기록해왔고 앞으로도 그럴 것이라는 여러 기관의 예측에 따라 인도인의 지갑이 두꺼워지는 것을 확인했기 때문이다.

• 주간조선 편집장, iohcsj@gmail.com

오늘날 수도 뉴델리와 인도 최대의 경제도시 뭄바이의 거리에서 눈에 띄는 대표적인 다국적 브랜드는 노키아, 유니레버, 콜게이트(미국의 가정위생용품), 존슨앤드존슨, 보다폰(영국의 이동통신업체), 펩시콜라, 코카콜라, 스즈키(일본의 승용차업체), 현대자동차, LG, 삼성, 델컴퓨터, HCL 등 수도 없이 많다. 다국적기업은 한 국가에 본부를 두고 다른 나라에서 법인이나 지사 형태로 활동하는 업체를 말한다. 다국적기업이 인도에 얼마나 진출해 있는지 통계적인 수치를 구하기는 쉽지 않지만, 인도 정부의 자료를 통해 외국계 기업이 인도 내에 얼마나 되는지는 확인할 수 있다. 인도 기업부(Ministry of Corporate Affairs)의 2010~2011 회계연도 연례보고서에 따르면 1956년 제정된 '기업법' 591항에 부합하는 인도 내 외국기업의 수가 2010년 3월 31일 현재 3,050개라고 한다.

인도 산업부 산하 기업지원청(Secretariat for Industrial Assistance, 이후 SIA) 뉴스레터에 따르면 1991년부터 1999년까지와 그 이후 2009년 3월까지 외국인들의 투자 흐름이 달라진 것을 확인할 수 있다. 인도가 경제 개방에 나선 1991년 8월부터 1999년 12월까지는 외국인직접투자(FDI)가 운수업 9퍼센트, 전자장비 8퍼센트, 서비스 7퍼센트, 통신 7퍼센트, 화학 7퍼센트, 기타 62퍼센트 순으로 이루어졌다. 그러나 2000년 1월부터 2009년 3월까지는 서비스 21퍼센트, 컴퓨터 소프트웨어·하드웨어 10퍼센트, 통신 7퍼센트, 주택과 부동산 6퍼센트, 건설 6퍼센트, 기타 50퍼센트로 나타난다. 첫 번째 시기에 비해 두 번째 시기에는 서비스 부문의 투자가 뚜렷하게 늘어나고 있으며, 새로운 투자 분야는 컴퓨터 소프트웨어와 하드웨어, 건설, 주택, 부동산 등 다섯 개다.

2000년 1월부터 2009년 3월까지 인도에 투자를 많이 하는 국가들을 보면 모리셔스(전체 투자액 대비 42.8%), 싱가포르(11.3%), 미국(5.4%), 영국(5.0%), 키프로스(4.2%), 네덜란드(3.1%), 독일(2.4%), 프랑스(1.5%), 일본(1.2%) 순이다. 모리셔스는 인도양에 있는 조세회피국(Tax Haven)이어서 실질적인 돈의 국적이 어디인지 확인하기 힘들다. 근래에는 대인도 투자국 순위에서 독일과 일본의 중요성이 줄어들고 키프로스, 아랍에미리트 연합이 10위 안에 들어갔다. 일본의 투자 규모는 2008년에 증가하여 직접투자 순위 6위(전체 투자액 대비 2.9%)를 차지했다. 인도는 1991~1992 회계연도에 1억 2,900만 달러의 FDI를 받아들였고, 2008~2009 회계연도에는 이것이 351억 달러로 늘어난 바 있다.

인도에 진출한 다국적기업들

인도에서 두각을 나타내는 다국적기업을 국적별로 살펴보면 미국 기업이 가장 활발하다는 보고서가 많다. 그러나 한국의 이웃 나라인 일본 기업들의 전략적인 인도 진출과 2000년대 중반 이후 괄목상대할 만큼 늘어난 중국 기업의 인도 진출도 눈여겨봐야 한다. 인도와 전통적으로 유대가 있는 유럽 다국적기업들의 진출 역시 활발하다.

일본과 인도 간의 경제협력은 1984년 나카소네 야스히로(中曽根康弘) 일본 총리가 인도를 방문하면서 본격적으로 시작됐다. 일본과 인도는 아시아에서 중국의 팽창을 견제할 수 있는 대국이라는 이해관계를 공유하고 있다. 나카소네 총리 방문 이후 스즈키와 도요타, 혼다 등 자동차 회사를 중심으로 일본 기업의 직접투자가 대규모로 진행되었다. 그 외에도 제약(EISAI), 건강음료(야쿠르트), 펄프(니혼코소), 쌀 처리(Yanmar) 분야에서 일본 기업들의 투자가 이어졌다.

뉴델리 주재 일본대사관은 인터넷 사이트를 통해 2011년 10월 1일 기준으로 총 812개 기업의 1,422개 사업장(Business Establishment)이 인도에 진출해 있다고 말했다. 주별로 일본계 기업 사업장 수를 보면 북인도의 델리-하리야나(385개), 남인도의 따밀나두(286개), 뭄바이가 주도인 마하라슈뜨라(218개) 순으로 많았다. 일본계 기업의 숫자는 꾸준히 증가해 2008년 1월 438개, 2008년 10월 550개, 2009년 10월 627개, 2010년 10월 725개, 그리고 2011년 10월 현재 812개로 늘어났다.

일본 기업은 특히 인도 기업의 인수 합병에 적극적이다. 인도의 경제주간지 《비즈니스 투데이》는 2011년 12월 25일 온라인판에서 인도에 대한 일본의 M&A와 그린필드 직접투자가 지난 5년 사이 18배나 늘었다고 보도했다. 대규모 인수 합병 건은 2007년 4월 파나소닉이 인도 최대의 전기용품업체인 앵커의 주식 80퍼센트(4억 5,000만 달러)를 인수한 것과 2008년 6월 일본 제약업체 다이이치산교가 인도 최대의 복제약 생산업체 란박시의 주식 50.1퍼센트(46억 달러)를 매입한 것, 그리고 2008년 11월 NTT 도코모가 인도 이동통신업체 따따 텔레서비시스에 27억 달러를 투자한 것이 거론된다. 한국 기업의 인도 기업 인수 합병이 거의 전무하다시피 한 것과 대조적이다.

가장 대표적인 인도 내 일본 기업은 자동차업체 스즈키가 대주주로 있는 마루티스즈키다. 인도 승용차 시장의 절반 이상을 장악해온 마루티스즈키는 승용차 시장의 절대 강자로 1981년 2월 마루티 우디옥으로 시작해 마르티 800이라는 소형 자동차 모델로 인도 시장에서 공전의 히트를 기록하며 역사를 만들어냈다. 마루티스즈키는 1994년 인도 자동차업체 중 처음으로 누적 생산대 수 100만 대를 기록했다. 이 회사는 2007년 9월 17일 '마루티스즈키인디아'로 이름을 바꿨다.

혼다는 2010년까지 인도 최대의 오토바이 생산업체로 현지 업체 히어로그룹과의 합작 투자를 통해 뉴델리 외곽에서 히어로혼다를 운영해왔다. 2008~2009년 히어로혼다는 328만 대의 오토바이를 판매했으며, 히어로혼다 스플렌더 모델은 전 세계에서 가장 많이 팔린 이륜차로 기록되기도 했다. 그러나 혼다는 2010년 보유 주식을 합작 파트너인 히어로그룹에 넘기고 철수했다. 소니는 가전 부문에서 한국의 LG와 삼성에 밀려 한때 인도 시장에서 철수하기까지 했으나 2010년부터 부분적으로 회복하기 시작해 요즘은 높은 신장세를 보이고 있다.

미국 기업들은 인도 경제가 문을 연 1991년 직후 인도에 진출해 기술, 청량음료, 농업, 자동차, 장비, 금융 분야에서 매년 두 자릿수의 성장을 기록하고 있다. 인도 주재 미국상공회의소에 따르면 1992년에는 0명이던 회원 수가 오늘날 300명으로 늘어났다고 한다. 미국 기업은 주로 기술 분야에서 큰 성공을 거뒀다. IBM인디아를 포함해 인도 내 상위 20개 IT기업 중 9개가 미국계다.

대중의 삶에 깊숙이 침투한 미국 브랜드로는 콜게이트, 펩시, 코카콜라가 있다. 인도인은 한낮의 더위를 식히기 위해 코카콜라나 펩시콜라를 마시고 콜게이트 치약으로 이를 닦는다. 미국의 대형할인점 월마트는 인도의 바르티엔터프라이즈와 협력하는 한편, 직접 진출하기 위해 끝없이 인도 시장을 두드리고 있다. 자동차업체 포드와 GM은 이미 인도에 진출해 있으나 큰 시장점유율은 보유하지 못하고 있다. 포드는 남부 해안도시 첸나이에 공장을 설립하여 가동 중이다.

인도 전체 인구의 약 70퍼센트가 직·간접적으로 종사하는 농업 분야에는 미국의 농산물 다국적기업 몬산토와 곡물 메이저 카길이 진출해 있다. 몬산토는 인도에 진출한 지 60년이 넘었으며, 잡종 옥수수 씨앗업체로는 인도 최대 규모다. 카길은 1987년 합작으로 인도에 진출하여 정제유와 곡물, 기름씨앗(Oilseeds), 면화, 설탕, 동물 사료 등 광범위한 사업을 하고 있다. 최근 인수 합병 기록을 보면, 2011년 3월 카길 인도법인이 해바라기 기름 브랜드인 '스위카르(Sweekar)'를 마리코로부터 20억 루피 이상 주고 사들였고, 이에 앞서 2010년 11월 아그로테크푸드로부터 식물성유지 브랜드인 '래스(Rath)'를 인수한 바 있다.

최근 인도에서 가장 주목받고 있는 다국적기업은 중국계 기업들이다. 중국은 인도의 최대 무역상대국으로 2010년 교역 규모가 600억 달러를 넘었다. 이는 전년도의 420억 달러보다 크게 늘어난 수치다. 지난 2006년 12월 뉴델리에서는 인도에 진출한 중국 기업 32곳이 인도중국기업상회(Chamber of Chinese Enterprises in India, 이후 CCEI)를 결성했다. 이는 중국 기업이 인도에 어느 정도 진출했다는 방증으로 해석할 수 있다. 경제신문《비즈니스 스탠다드》는 당시 인도에 약 50개의 중국 기업이 진출해 있었으며, CCEI의 대표가 SINO스틸 인도법인의 대표 홍선왕(Hongsen Wang)이었다고 보도했다. 인도상공회의소연합(FICCI)의 아미뜨 미뜨라 사무총장은《비즈니스 스탠다드》를 통해 "미국, 일본, 독일, 이탈리아 기업들은 인도에 상공회의소를 두고 많은 투자를 하고 있다. 중국도 이들을 따라가는 것"이라고 말했다.

인도 주재 중국대사관의 인터넷 홈페이지는 2012년 1월 22일 현재 '인도의 중국 기업들'이라는 페이지에서 여섯 개 중국 기업을 소개하고 있다. 이들은 광섬유업체 평화통신(烽火通信), 통신장비업체 화웨이, 세계 4위의 휴대폰 생산업체 ZTE(中興통신), 장쑤성 해외기업집단유한공사(Jiangsu Overseas Group Corporation), 중국수강(首鋼) 국제무역공정공사(China Shougang International Trade and Engineering Corporation) 인도연락사무소, CMIEC(China Metallurgical Import and Export Corporation) 인도연락사무소다. 중국대사관이 어떤 기준으로 여섯 개 기업들을 소개한 것인지는 알 수 없으나 일정 부분 존재감이 큰 기업일 것으로 추정된다.

인도는 중국 기업의 진출을 내심 환영하지 않는다. 두 나라 사이의 국경 분쟁과 대국 간의 자존심 경쟁 때문일 것이다. 그럼에도 불구하고 중국 기업은 공격적으로 인도에 진출하고 있다. 인도 경제지 《파이낸셜 익스프레스》는 2011년 1월 17일 "중국 브랜드 레노보컴퓨터가 인도 시장에서 HP, 델, 에이서와의 경쟁 끝에 9퍼센트의 시장 점유율을 기록했으며, 화웨이와 ZTE도 인도 시장에 성공적으로 진출하고 있다"고 보도했다. 레노보인디아의 대표 아마르 바부(R. K. Amar Babu)는 "레노보는 2014년까지 인도 시장에서 1위를 차지할 것이라는 담대한 목표를 가지고 있다"고 밝혔다. 시장조사기업 애널리시스 메이슨에 따르면 2011년 현재 ZTE는 인도 통신장비 시장에서 에릭슨(스웨덴), 화웨이(중국), 노키아지멘스네트웍스(핀란드)에 이어 4위를 차지하고 있다.

유럽의 다국적기업으로는 노키아(핀란드), 보다폰(영국), 힌두스탄유니레버(영국-네덜란드계)가 널리 알려져 있다. 노키아는 인도 휴대폰 시장의 절대 강자로 한국의 삼성, LG와 현저한 격차를 보이며 앞서 가고 있다. 유럽 기업들은 인도 이동통신업에도 적극 투자하여 늘어나는 이동통신 시장의 열매를 따려 하고 있다.

더 읽을거리

오화석, 《슈퍼 코끼리 인도가 온다》, 매일경제신문사, 2007.

최준석, 《간디를 잊어야 11억 시장이 보인다》, 위즈덤하우스, 2007.

Nathalie Belhoste, Jeremy Grasset, The Chaotic History of Foreign

Companies in India, *Asia Visions 6*, July 2008.
Rajesh Chadha, FDI in India and its Growth Linkages, *National Council of Applied Economic Research*, August 2009.
Background on U.S.-Indian Economic Relationship
www.america.gov/st/texttrans-english/2010/November/20101106123212yggep0.1769221.html(검색: 2012년 1월 20일).
Multinational Companies in India
business.mapsofindia.com/india-company/multinational.html(검색: 2012년 1월 20일).

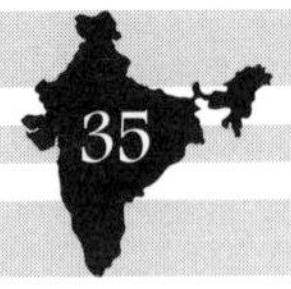

재벌 기업

오화석•

전통 재벌

여기서 재벌이란 일반적인 의미의 재벌과 유망 대기업 혹은 기업그룹을 포함한다. 따라서 원래의 의미에 얽매이지 않고 인도를 대표하는 전통적인 기업을 선정해 소개한 것이다.

따따그룹

따따그룹은 인도 최대의 기업그룹으로 우리나라에도 잘 알려져 있다. 이 그룹의 주력기업인 따따자동차는 지난 2004년 대우상용차를 인수

• 인도경제연구소 소장, hwaseokoh@naver.com

해 따따대우상용차라는 이름으로 국내에서 활발한 영업을 하고 있다.

따따그룹은 덩치와 비중으로 볼 때 인도에서 한국의 삼성그룹을 능가하는 위상을 가지고 있다. 따따그룹은 자동차와 철강, 수력 발전, 화학, 소비재, 정보기술(IT), 중공업 등 일곱 개 분야에서 100여 개 기업군을 거느리고 있다. 그룹의 총 가치는 850억 달러(85조 원 규모)이며, 고용 인원 28만 9,000여 명에 국내총생산의 3.1퍼센트를 차지하고 있는 명실상부한 인도의 간판 기업이다. 특히 주목할 점은 따따그룹이 1858년 창업 이래 100여 년 동안 인도에서 최고 기업으로 자리잡고 있다는 사실이다. 국내는 물론 세계 기업의 역사를 보더라도 한 세기 동안이나 독보적인 위치를 점하고 있는 기업은 흔치 않다.

따따그룹은 외형이나 '문어발식' 기업구조로 볼 때 영락없이 우리나라 재벌 기업을 빼닮았다. 그러나 따따는 우리 재벌들과는 달리 국민들로부터 지탄받지 않는다. 오히려 인도인들로부터 존경과 사랑을 한몸에 받고 있다. 그 이유는 따따그룹이 직원들의 복리후생을 누구보다 앞서 실천하고, 이익금의 사회환원과 빈민구제사업 등에도 매우 적극적이기 때문이다. 따따는 8시간 노동제(1912년)와 유급휴가제(1920년), 임신휴가(1928년), 성과급제(1934년), 퇴직금제(1937년) 등을 인도 역사상 최초로 도입한 기업이다. 당시 최고 복지선진국이었던 영국에서도 1914년에야 하루 12시간 노동제가 처음으로 도입됐다는 점을 고려할 때 따따의 복지후생제도가 얼마나 혁신적이고 선구적이었는지 짐작할 수 있다.

특히 따따그룹의 지주회사인 '따따선즈(Tata Sons)'는 자산의 66퍼센트를 공공재단이 소유하고 있다. 다시 말해 모회사 지분의 3분의 2를 자선 단체들이 보유하고 있는 셈이다. 이 재단은 한 해 1억 달러 이상의 돈을 사회복지를 위해 기부한다. 인도인들이 따따가 돈을 많이 벌면 벌수록 자신들에게 좋은 일이라고 믿는 이유가 여기에 있다.

후진국이 대개 그렇듯 인도에도 정경유착이 매우 심한 것으로 알려져 있다. 정치인과 기업인 사이에 끈끈한 부패의 고리가 있어 정치 발전을 저해한다. 그러나 따따는 윤리강령에 따라 정치인에게 돈이나 편의를 제공하는 것을 철저히 금하고 있다. 그 때문에 정치인도 따따그룹에는 손을 벌리지 못하는 것으로 유명하다. 선진국 문턱에 도달했다는 평가를 받으면서도 정경유착이 비일비재한 우리나라의 상황은 타타의 사례와 비교하면 한없이 부끄러운 일이다.

릴라이언스그룹

릴라이언스그룹은 최근 매출과 시가총액 측면에서 따따그룹과 쌍벽을 이룬다. 두 그룹은 앞서거니 뒤서거니 하며 인도 최대의 기업그룹 자리를 놓고 경쟁하고 있다. 2002년 창업주인 디루바이 암바니(Dhirubhai Ambani)가 사망하자 장남 무케시 암바니(Mukesh Ambani)의 릴라이언스그룹과 차남 아닐의 ADAG(Anil Dhirubhai Ambani Group)그룹으로 분리됐다. 무케시 회장의 재산은 2010년 3월 현재 290억 달러로 동양 최대일 뿐만 아니라 전 세계에서도 4위를 차지하고 있다. 그의 부친 디루바이 암바니는 맨손으로 릴라이언스를 일궈낸 20세기 최고의 인도 기업인으로 통한다.

릴라이언스그룹의 모태인 '릴라이언스 커머셜 코퍼레이션'은 1958년에 설립되었다. 자본금은 디루바이가 스스로 모은 5만 루피(약 130만 원)였다. 초기에 이 회사는 향신료, 마늘, 고추, 설탕, 모래 등 인도 상품을 해외에 판매했다. 수출로 많은 돈을 번 다루바이는 1960년대 초 단순 무역업을 버리고 본격적으로 섬유산업에 뛰어들었다. 릴라이언스는 당시 인도 정부의 수출장려정책인 라이선스 제도(수출을 많이 하면 수입할 수 있는 권리를 부여함)를 적극 활용해 사업을 크게 성공시켰다.

그러나 정부의 정책 변화로 더 이상 라이선스 판매를 할 수 없게 되자 1978년 '비말(Vimal)'이라는 자체 의류 상표를 내놓는다. 이후 비말 외에도 '사리스(Sarees)', '드레스(Dress)', '수트(Suit)'등 다양한 브랜드를 출시해 성공했다. 비말을 내놓기 직전인 1977년 11월 릴라이언스는 인도 중산층 사회를 뒤흔드는 일을 벌인다. 아직 제대로 성숙하지 않은 뭄바이 증시에 기업을 상장하기로 결정한 것이다.

릴라이언스의 주식시장 상장은 인도 증권 시장을 혁신적으로 변화시키는 계기가 됐다. 주식에 별로 관심이 없던 일반 중산층들이 대거 릴라이언스의 주식을 사겠다고 몰려들었다. 릴라이언스는 상장 후 하늘 높은 줄 모르고 성장했다. 주식을 상장하던 해인 1977년 12억 루피(300억 원)에 불과했던 매출은 다루바이가 죽기 직전인 2002년 9,900억 루피(25조 원)로 치솟았다. 같은 기간 순익도 1억 5,000만 루피(37억 5,000만 원)에서 1,250억 루피(3조 1,000억 원)로 급증했다. 기업 가치를 나타내는 주식의 시가총액은 1980년 12억 루피(300억 원)

에서 2002년 1조 6,000억 루피(40조 원)로 치솟았다.

업종도 다변화했다. 1980년대 들어 릴라이언스는 섬유 외에 석유 가스, 석유화학, 플라스틱, 전력, 생명공학, 정보통신 등으로 사업을 다각화했다. 1980년대 말 릴라이언스는 이미 규모와 업종 면에서 따따그룹과 어깨를 나란히 하는 인도 최대의 기업그룹으로 급부상했다.

아디띠야비를라그룹

1947년 독립 이후 사회주의적 폐쇄경제하에서도 외국에 나가 왕성한 활동을 한 인도가 자랑하는 다국적기업이 있다. 바로 아디띠야비를라(Aditya Birla)그룹이다.

아디띠야비를라그룹은 현재 태국, 필리핀, 인도네시아, 중국, 이집트, 미국, 캐나다, 호주 등 25개 국가에 진출해 있으며, 매출액의 50퍼센트 이상을 해외에서 올릴 정도로 명실상부한 다국적기업이다. 2007년 그룹 매출액은 240억 달러, 시장가치는 315억 달러로 인도 4위의 재벌이다. 세계 최대 알루미늄 압연 업체인 힌달코(Hindalco)를 주력 기업으로 하며, 합성섬유인 VSF(Viscose Staple Fiber) 세계 1위, 절연체(insulator) 세계 3위, 카본블랙 세계 4위, 시멘트 세계 11위의 생산업체다.

비를라 가문은 다수의 기업을 경영하는 것으로 이름이 높다. 현재 비를라 가문이 운영하는 기업그룹만 해도 일곱 개나 된다. 지난 1983년 창업주나 다름없는 G. D. 비를라(Ghanshyam Das Birla) 회장이 사망한 후 인도를 호령하던 비를라 제국은 아디띠야비를라, CK비를라, MP비를라 등 일곱 개 그룹으로 갈라졌다.

일곱 개 비를라그룹 가운데 가장 규모가 크고 대표성이 있는 기업이 바로 G. D. 비를라의 손길과 입김이 배어 있는 아디띠야비를라그룹이다. 아디띠야비를라그룹은 1910년 창업됐다. G. D. 비를라는 자신이 일군 사업을 손자인 A. V. 비를라(Aditya Vikram Birla)에게 물려주었고, 현재는 증손자인 K. M. 비를라(Kumar Mangalam Birla)가 경영을 책임지고 있다. 올해 42세에 불과한 K. M. 비를라의 재산은 70억 달러로 인도 7위의 갑부이다.

만약 1980년대 비를라 가문이 갈라지지 않았다면 비를라그룹은 릴라이언스나 따따그룹을 능가하는 기업이 되었을지도 모른다. 현재 일곱 개 비를라그룹에서 생산하는 품목은 자동차를 비롯해 직물, 화학, 섬유, 알루미늄, 구리, 시멘트, 비료, 통신, 금융, IT, 설탕, 유통 등 거의 전 산업을 포괄할 정도다. 일부에서 비를라를 제국이라 부르는 것도 결코 과언이 아니다. 사회적 책임에 철저한 기업으로 꼽히는 아디띠야비를라그룹은 2007년 인도에서 '가장 훌륭한 고용주'로 선정되었으며, 《월스트리트저널》에서 발표한 '아시아 20대 기업'에 포함되기도 했다.

마힌드라앤드마힌드라그룹

마힌드라앤드마힌드라(M&M)그룹은 2010년 말썽이 많았던 쌍용자동차를 인수해 우리에게 잘 알려진 인도의 대표적인 스포츠유틸리티 자동차(SUV) 생산업체다. 마힌드라는 자동차가 주력 산업이지만 자동차 부품, 트랙터, 금융, 정보기술, 기간산업, 서비스 용품까지 다양한 제품을 생산한다. 인도 10위권 그룹 중 하나로 2010년 매출액이 71억 달러(약 8조 5,000억 원)이고 종업원은 10만 명이 넘는다.

마힌드라는 1945년 J. C. 마힌드라, K. C. 마힌드라 형제와 당시 유명한 정치인이었던 말리크 굴랍 모하메드가 함께 창업했다. 이 회사는 '20세기 지프의 대명사'인 미국의 윌리스지프를 조립해 군에 납품하면서 지속적으로 성장했다. 1956년 뭄바이 증시에 상장하고 1969년에는 유틸리티 비이클(UV)과 소형 트럭을 해외로 수출하기 시작했다. 1982년에는 트랙터 회사를 새로 설립하고 1986년에는 정보

표 4-5 인도의 10대 재벌

(기준: 시가 총액, 2010년 6월)

순위	이름	대표
1	릴라이언스그룹	무케시 암바니
2	따따그룹	라딴 따따
3	ADAG그룹	아닐 암바니
4	바르티그룹	수닐 미딸
5	위프로그룹	아짐 프렘지
6	스털라이트인더스트리	아닐 아가르왈
7	DLF그룹	꾸샬 빨 싱
8	옴쁘라까시진달그룹	진달 가족
9	아다니그룹	가우탐 아다니
10	아디띠야비를라그룹	K. M. 비를라

자료: wikipedia

기술 분야의 회사인 테크마힌드라(Tech Mahindra)를 세웠다. 마힌드라는 현재 인도 최대의 트랙터 생산업체로 세계 순위 3위다.

2000년 창업주 K. C. 마힌드라의 손자인 아난드 마힌드라가 최고경영자(CEO)가 되면서 그룹은 일대 변혁을 겪는다. 회사 로고를 새로 만드는가 하면 글로벌 진출을 본격화하는 등 글로벌기업체제로 탈바꿈하기 시작한 것이다. 마힌드라그룹은 유럽, 미국, 남아공, 중국, 영국, 이집트 등에 해외 법인을 두고 있으며, 이집트와 중국, 영국에서는 현지 생산도 하고 있다.

마힌드라는 현재 오토바이, 오토릭샤(3륜), 트랙터, 트럭, UV, SUV, 승용차, 전기자동차 등 전 차종을 생산한다. 마힌드라가 생산하는 자동차 모델은 현재 20개가 넘는다. 장차 글로벌 자동차 왕국을 꿈꾸고 있는 것이다.

신흥 재벌

1991년 경제 개방 이후 인도에서 급속히 성장한 기업을 위주로 소개한다. 이 기업들은 경제 개방이라는 순풍을 타고 비교적 빠른 시간 내에 인도의 대표 기업으로 급부상했다. 대표적인 신흥 재벌로 불리는 바르티(Bharti)그룹, 인포시스테크놀로지(Infosys Technologies), DLF그룹, 퓨처(Future)그룹 등을 살펴본다.

바르티그룹

지금은 휴대전화 시대다. 개인당 국민소득이 약 1,000달러에 불과한 인도 역시 휴대전화 사용자 수가 폭발적으로 늘어남에 따라 한국의 SK텔레콤이나 KT, LGU플러스 같은 이동통신서비스 회사가 20여 개나 성업 중이다. 그 중에서 단연 선두를 달리고 있는 업체가 바로 바르티에어텔(Bharti Airtel)이다.

2010년 7월 8일 인수 금액이 107억 달러(약 12조 3,000억 원)에 달하는 개발도상국 사상 최대 규모의 인수 합병이 성사됐다. 주인공은 인도 최대의 정보통신회사인 바르티에어텔로 인수 대상 기업은 쿠웨이트 자인(Zain)그룹이 보유한 아프리카 15개 국가의 정보통신사업 지분이었다. 이로써 바르티그룹은 아시아와 아프리카 18개국에 1억 8,000만 명의 가입자를 가진 명실상부한 글로벌 기업으로 급부상했다. 세계 순위에서도 중국의 차이나모바일, 영국의 보다폰, 싱가포르의 싱텔에 이어 4위의 휴대전화서비스업체로 도약했다. 2011년 6월 현재 바르티에어텔은 20개국에 진출해 가입자 2억 3,000만 명을 자랑하고 있다. 특히 인도의 신규 휴대폰 가입자 수가 매달 1,000만 명을 웃돈다는 점에서 향후 바르티에어텔의 위상은 더욱 높아질 것이다.

바르티그룹의 창업주인 수닐 미딸(Sunil Mittal) 회장은 단돈 50만 원으로 자전거 부품상부터 시작해 한 세대 만에 인도 정보통신 제왕에 등극한 인물이다. 그의 탁월한 경영 능력은 세계적으로도 인정받고 있다. 2006년 《포천》은 그를 '올해의 기업인'으로 선정했으며, 《포브스》도 그를 '자수성가한 아시아 3대 갑부'로 꼽았다.

1992년 인도 정부의 정보통신 시장 개방은 미딸 회장에게 결정적인 기회였다. 정부의 휴대폰서비스업체 공개입찰 발표를 신문에서 읽은 미딸은 이 사업에 진출하기로 결정했다. 휴대폰서비스업체 입찰 컨소시엄에 참가한 업체는 30개 사가 넘었다. 프랑스의 비방디와 컨소시엄을 이룬 바르티는 델리, 뭄바이, 콜카타, 첸나이 등 인도의 주요 대도시 네 곳을 모두 입찰받는 기염을 토했다. 이후 라이선스 비용을 지불하지 못한 다수의 업체들이 도산하기 시작하자 미딸 회장은 그들의 라이선스를 싼 값에 사들여 전국을 장악한다. 그가 인도 정보통신 제왕에 등극하는 순간이었다.

'인도 정보통신 제왕'의 위치를 굳힌 2006년 말 미딸 회장은 시장을 놀라게 할 또 다른 계획을 발표했다. 미국 월마트와 제휴해 소매시장에 진출한다는 것이었다. 소매업을 해본 경험이 전혀 없는 그로서는 매우 충격적인 발표였다. 2012년 현재 50대 중반에 불과한 미딸 회장의 끊임없는 도전은 계속되고 있다.

인포시스테크놀로지

'직원들을 백만장자로 만들자'는 창업 목표를 외치는 회사가 있을까? 설령 그런 목표를 내건다고 하더라도 형식적이거나 구호에 불과한 경우가 대부분이다. 그러나 '직원들을 백만장자로!'라는 확고한 목표를 세우고, 어려운 상황에서도 이를 꾸준히 실천해 결국 실현한 기업이 있다. 인도의 대표 IT 기업인 인포시스테크놀로지가 바로 그 회사다.

인포시스는 인도 기업 가운데 가장 많은 백만장자를 보유하고 있다. 2008년 초 현재 인포시스에는 자산 100만 달러가 넘는 백만장자가 3,000명에 이른다. 삼성전자의 백만장자 수가 수백 명에 불과하다는 사실을 볼 때 이는 엄청난 숫자다. 인포시스는 직원들을 백만장자로 만들기 위해 인도 기업 가운데 최초로 직원들에게 스톡옵션을 제공했다. 또한 직원의 행복을 최우선으로 하여 자유로운 근무환경, 여가활동 최대 지원, 완벽한 복지시설 등 여건이 허락하는 한 직원들에게 모든 것을 투자한다. 이것이 인포시스가 성공한 비결 중 하나다.

그 외에도 기업투명성 측면에서 아시아 최고 수준을 자랑하고, 수익금을 사회에 환원하며, 세계에서 가장 존경받는 글로벌 지식기업으로도 명성을 얻고 있다. 아직까지 가족이나 친족이 기업을 소유하고 경영하는 전근대적인 구조를 유지하는 인도에서는 찾아보기 힘든 사례다.

'인도의 MS'로 통하는 인포시스는 재계에서도 엄청난 성공신화의 주역이 되었다. 인포시스는 지난 10년간 연평균 50퍼센트 이상의 고속 성장을 질주해 2009년 회계연도(2009년 4월~2010년 3월)에서 45억 9,000만 달러의 매출과 16억 2,000만 달러의 영업이익을 달성했다. 1981년 자본금 1,000달러로 시작한 회사가 2010년 9월 현재 시장가치 370억 달러에, 직원 수 11만 5,000여 명의 글로벌 기업으로 성장한 것이다.

인포시스는 기업 경영과 문화, 시설, 복지 등 거의 모든 면에서 기존 인도 기업들과 달리 글로벌 스탠더드를 앞서 실천함으로써 '인도에서 가장 존경받는 회사상', '지배구조가 가장 건실한 회사상', '최고 사원

복지상', '최고 경영상' 등 기업에게 주는 최고 권위의 상을 매년 휩쓸고 있다.

DLF그룹

인도 경제가 고속성장함에 따라 부동산 시장도 활황을 거듭하고 있다. 부동산 가격이 급등할 때 기회를 잡는 것이 부동산 개발회사들이다. DLF그룹은 인도 경제의 성장세를 잘 활용해 급속히 성장한 대표적인 부동산회사이다.

최근 인도의 경제 성장을 한눈에 볼 수 있는 곳은 뉴델리 인근 신도시인 구르가온(Gurgaon)이다. 이곳에는 선진국 못지않은 최신 고층 빌딩들이 가득하다. 그러나 십수 년 전만 하더라도 구르가온은 황량한 농토에 불과했다. 이곳이 오늘날 '인도 발전의 상징'이 된 것은 1990년대 후반 DLF그룹이 건설한 DLF시티가 개발되면서부터다. DLF시티는 총 면적 3,000에이커(약 370만 평)에 펼쳐져 있는 아시아 최대의 타운십이다. 이곳은 2만 가구의 주택과 300만 제곱피트의 상업단지, 100만 제곱피트의 쇼핑센터, 호텔, 식당, 병원, 학교, 아놀드 파머가 설계한 18홀 골프장 등 선진국 수준의 방대한 시설을 자랑한다. DLF는 현재 2억 5,000만 제곱피트에 이르는 새 프로젝트를 진행하고 있으며, 향후 10만 에이커의 거대한 개발계획도 추진 중이다.

DLF시티를 건설한 이는 DLF그룹의 꾸샬 빨 싱(Kushal Pal Singh) 회장이다. 그는 DLF시티 개발로 세계 최대 부동산 갑부 중 한 명으로 등극했다. 그는 1979년 50세의 나이에 부동산 개발 사업에 뛰어들었다. 다른 사람 같으면 은퇴를 준비할 나이에 맨손으로 '글로벌 부동산 재벌'이라는 새로운 꿈을 꾸며 도전에 나선 것이다.

그는 당시 총리였던 라지브 간디를 통해 토지개발 규제를 풀고 지극정성으로 농민들로부터 신용으로 땅을 구매해 DLF시티를 건설했다. 또한 잭 웰치 당시 제너럴엘렉트릭(GE) 회장과의 인맥을 활용해 1997년 GE캐피털 인터내셔널 서비스와 GE메디컬시스템의 백오피스를 이곳에 입주시켰다. GE가 DLF시티에 둥지를 틀자 세계의 저명한 기업들이 몰려들기 시작했다. 브리티시항공, 네슬레, IBM, 에릭슨 등 많은 다국적기업들이 잇따라 구르가온으로 몰려들자 인도 IT 기업들도 덩달아 입주 러시를 이루었다.

기업들이 밀려오면서 주변 상가와 쇼핑몰이 활기를 띠기 시작했다. 주말이면 델리에서 온 수많은 쇼핑객과 위락 인파로 구르가온은 몸살을 앓았다. DLF시티는 인도 도시개발의 모델이 되었다. 싱 회장은 DLF 개발 방식을 뭄바이, 벵갈루루, 콜카타, 첸나이 등 인도 전역으로 확장하고 있다. DLF가 2007년 주식을 공개했을 때 이 회사의 주식시장 상장 가격은 인도 역사상 최대치인 총 20억 달러를 기록하기도 했다.

퓨처그룹

최근 인도에서 일고 있는 소매 판매 붐의 중심에 퓨처그룹이 있다. 퓨처그룹은 1987년 판타룬(Pantaloon)이라는 바지 체인점으로 시작해 인도 최대의 소매체인그룹으로 급부상했다. 뭄바이가 본사인 퓨처그룹은 2010년 현재 전국 71개 도시에 1,000여 개의 매장을 가지고 있다. 매장 규모는 1,000만 제곱피트가 넘고 고용 인원은 3만 5,000여 명에 이른다. 매출과 시가총액 부문에서 인도 최대의 소매체인그룹인 셈이다.

퓨처그룹의 주요 기업은 판타룬리테일을 비롯하여 하이퍼마켓 체인 빅바자르(Big Bazaar), 푸드바자르(식품 체인), 퍼니처바자르(가구 체인), 센트럴(쇼핑몰), E-존(가전), 블루스카이(패션 액세서리), 디팟북스(서점), 푸드바자르닷컴(인터넷 쇼핑몰), 퓨처캐피탈홀딩스(금융) 등이다. 퓨처그룹은 최근 식품, 가전, 인터넷 쇼핑몰 등 유통을 비롯해 사모펀드, 소비자 금융, 보험 등 금융 부문으로 사업 영역을 급속히 확장하고 있다.

판타룬리테일의 판매 전략은 '혼란(Chaos) 마케팅'으로 유명하다. 인도 중하층 계급은 으리으리한 고급 매장을 꺼리기 때문에 물건을 뒤죽박죽 늘어놓는 것이 판매에 도움이 된다는 전략이다. 예를 들어 넓은 매장 통로를 반으로 좁히고 가지런한 물건을 뒤죽박죽 흩어놓거나 싱싱한 상품 위에 일부러 살짝 시든 물건을 얹어놓기도 한다. 물건을 고르는 재미를 높이기 위한 조치다. 야채도 깨끗하게 닦아서 진열하는 대신 밭에서 갓 뽑아 온 것처럼 지저분한 상태로 놔둔다. 조금 때가 묻어 있어야 손님들에게 신선하다는 인상을 줄 수 있기 때문이다. 깨끗한 매장을 지저분하게 바꾸는 데는 상당히 많은 돈이 들었지만 이런 전략 덕분에 비좁은 가게에 손님이 끊이지 않고 매출도 빠르게 늘고 있다.

아이디어를 낸 사람은 퓨처그룹의 창업주인 키쇼르 비야니(Kishore Biyani) 회장이다. 그는 브랜드 소매체인 시장의 불모지인 인도에 '소매혁명'을 일으키며 유통의 영웅으로 부상했다. 비야니 회장은 2012년 현재 50세에 불과하다. 몇 년 전만 해도 그의 이름은 인도인들에게 매우 생소했지만 2001년 빅바자르를 창업하고부터 사람들의 입에 오르내리기 시작했다. 지금은 인도 사람치고 그의 이름을 모르면 간첩이다. 비야니 회장은 최근 경제 붐을 타고 대성공을 거두며 '인도 유통산업의 제왕' 자리에 올랐다. 그가 보유한 재산은 2008년 3월 현재 6억 9,000만 달러(약 6조 9,000억 원)에 이른다. 그는 2007년 명망 있

표 4-6 인도 20대 기업

(기준: 매출 순위)

순위	이름	순위	이름
1	Reliance Industries	11	HDFC Bank
2	Coal India Ltd	12	Wipro
3	Oil and Natural Gas Corporation	13	Larsen & Toubro(L&T)
4	TATA Consultancy Services(TCS)	14	NMDC
5	Infosys Technologies	15	HDFC
6	ITC	16	Bharat Heavy Electricals(BHEL)
7	State Bank of India(SBI)	17	MMDC
8	Bharti Airtel	18	Indian Oil Corporation
9	NTPC	19	Hindustan Unilever
10	ICICI Bank	20	Adani Entertaiment

자료: wikipedia

는 미국소매업자연맹(ANRF)에 의해 '올해 최고의 글로벌 소매업자'로 선정되었고, 하바드 경영대학원의《하버드 비즈니스 리뷰》에 성공 사례로 소개되기도 했다.

더 읽을거리

김종식 저,《타타그룹의 신뢰경영》, 랜덤하우스코리아, 2011.

오화석,《부자들만 아는 부의 법칙》, 김영사, 2009.

______,《슈퍼코끼리 인도가 온다》, 매일경제신문사, 2007.

루시 랄라 지음, 이옥순 옮김,《인도를 일군 타타》, 동풍, 1995.

아츠푸미 미카미 지음, 박종수 옮김,《인도의 재벌》, 비즈프레스, 2008.

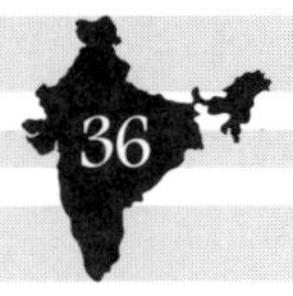

M&A

김태훈•

지금까지 많은 한국 기업들이 인도에 진출했으며 앞으로도 진출을 고려하고 있다. 대부분의 한국 기업들은 한국에서처럼 인도에서도 부지 매입, 공장 건설, 생산, 판매라는 방식(이후 그린필드 방식)을 적용하고 있다. 인도에서 그린필드 방식으로 성공하기 위해서는 부지, 인력, 인프라가 필수적인데 이를 단기간에 모두 갖추기는 매우 어렵다. 실제로 몇몇 한국 기업들이 부지 매입부터 곤경에 처해 더 이상 사업을 진행하지 못하고 있는 것을 고려할 때 이제는 다른 방식을 시도해볼 필요가 있다.

인수 합병(이후 M&A)은 인도 진출을 고려하는 기업이라면 그린필

• 삼일회계법인 이사, paul90@naver.com

드 방식의 대안으로 검토해볼 만한 방법이다. 1990년대 초반 인도 정부가 경제개혁을 단행한 이래 수많은 기업들이 인도에 설립되었다. 그들은 이미 부지, 인력, 인프라를 갖추고 있기 때문에 적합한 기업을 골라 인수한다면 그만큼 인도 진출을 앞당길 수 있으리라 판단된다. 인도에서는 하루 사이에도 수많은 M&A 거래가 이루어지고 있으며, 거래 건수와 규모는 시간이 지날수록 더욱 증가할 것이다.

M& A 참고 사항

나는 2006년부터 인도와 인연을 맺고 수많은 기업들을 자문해왔다. 그 결과 한국 기업들의 M&A에 대한 이해도가 이전에 비해 상당히 높아졌음을 느낀다. 2006년에는 대부분의 회사들이 전통적인 신설투자(그린필드 방식)만을 고집했지만 지금은 상황이 바뀌어 인도 진출을 생각하는 기업들이 M&A 또는 공동기업체(Joint Venture, 이후 JV)도 고려하는 사고의 유연성을 갖게 되었다. 그동안 진행된 M&A 사례들을 통해 한국 기업들이 참고할 만한 사항을 소개하고자 한다.

모든 기업이 매물이다

인도 M&A에 대해 한국 기업들과 상담을 하면서 가장 자주 듣는 말은 "매물리스트를 보여달라"는 것이다. 이는 부실기업 공개매각에 익숙한 한국 기업들에게는 당연한 말이다. 그러나 인도에서는 대부분의

M&A가 비공개로 진행된다. 물론 인도에도 한국 법원의 파산부 같은 BIFR(Board for Industrial & Financial Reconstruction)이 있어서, 이곳에서 관리하는 업체들도 일부 매각되고 있지만 대부분의 M&A 거래는 비공개로 이루어진다.

'매물'이라는 것은 주인이 팔 의사가 있어야 하는 것인데, 지극히 이윤을 추구하는 인도인들의 상업 관행상 명백하게 매각 의사를 표명하면 가격이 떨어질 수 있기 때문에 매물리스트가 존재할 수 없다. 반면에 가격만 맞으면, 즉 자신이 기업을 운영하여 창출할 수 있는 수익보다 더 많은 부를 창출할 수 있다면 언제든지 기업을 매각할 수 있다. 따라서 인도에서는 M&A 대상을 결정하는 과정이 우리보다 좀 더 복잡하다.

위임장 문화

인도에서는 모든 기업이 인수 대상이 될 수 있기 때문에 잠재적인 매물에 접근해 매각 의사를 타진하는 것이 중요하다. 인도 기업들은 거래가 어느 정도 진척되기 전까지는 매각·매수 자문사와 협의하는 것을 선호한다. 이는 인도 사회에 뿌리 깊게 자리 잡고 있는 분업주의의 영향을 받은 것으로 보인다. M&A는 일반 기업들이 다루기에는 특수한 지식이 요구되는 분야이므로 전문성을 가진 자문사와의 거래를 선호하는 것이다. 잠재적인 매물에 인수자의 의사를 전달하려면 자문사에 위임장(Mandate)을 주어 보다 적극적인 의사를 표명하는 것이 중요하다.

위임장을 주었다는 것은 인도인들에게 매수 또는 매각 의사가 있음을 표명하는 첫 번째 단계다. 몇몇 한국의 대기업들이 인도 기업을 인수하려고 시도했을 때 인도의 주재원이 나서서 직접 매각 의사를 타진한 적이 있었다. 한국에서 출장 온 대표단이 담당자를 직접 만났지만 문화적 차이로 인해 결과는 좋지 않았다. 판매자는 먼저 잠재적 인수자가 자문사를 선정하여 위임장을 부여했는지 문의한다.

협상의 과정

인도인들은 모든 거래를 협상으로 해결하려 한다. 특히 M&A 같은 거래에서는 가격이 대부분 일대일 협상으로 결정된다. 공개 매각 일정에 따라 가격을 제시하고 우선협상 대상자를 결정하는 한국의 현실과는 매우 다르다. 기본적으로 비공개 매각이며, 일대일 협상이기 때문에 미리 준비하지 않으면 상대방의 협상 전략에 휘말릴 수 있다. 매도자는 높은 가격을, 매수자는 낮은 가격을 지향하므로 매수자 입장에서는 논리적으로 어떻게 자신의 가격을 방어하고 상대방의 가격을 낮추느냐에 거래의 성패가 달려 있다. 인도인의 피에는 협상 DNA가 있다는 말이 있는데, 이는 M&A에도 적용된다. 따라서 협상을 조금이라도 유리하게 하려면 최선의 준비를 하고 유리한 협상을 위해 시간을 자신의 편으로 만들어야 한다.

평가 방법이 다르다

한국 기업들은 인수대상 기업을 평가할 때 과거의 실적에 많은 비중을 둔다. 이는 이미 시장 상황이 성숙해 인수대상 기업의 시장점유율을 증가시키기 어렵기 때문에 물가상승률 정도의 매출 증가 추세가 미래에도 이어진다고 보는 것이다. 반면에 인도 기업들은 기업을 평가할 때 과거보다 미래의 성장 가능성에 더 큰 비중을 둔다. 이러한 이유로 물가상승률을 훨씬 상회하는 매출증가율을 적용하기도 한다. 매출 추정에 대한 접근 방식이 다르기 때문에 매도자와 매수자가 처음 만나 인수가격을 논의할 때도 차이가 많이 날 수밖에 없다.

한국에서 일반적인 기업가치(Enterprise Value, 이후 EV)가 세금 및 이자 공제 전 순이익에 감가상각비를 합산한 금액(EBITDA)의 5~10배 수준이라면, 인도에서는 이의 두 배인 10~20배라고 본다. 2008년 복제약 제조업 세계 7위인 란박시의 대주주 일가가 일본의 제약업체 다이이치산교에게 주식 전부(34.8퍼센트)를 매각한 가격을 통해 추정해본 결과, EBIDTA 대비 EV는 약 21로 인도에서 기업을 인수하기 위해서는 적어도 EBITDA 대비 EV를 10~15 정도 각오해야 할 것으로 보인다.

타이밍이 중요하다

M&A(Inbound & Outbound)는 금융위기 이후 한동안 급감했다가 2010년부터 다시 증가하고 있다. 이는 한정된 타깃을 가지고 여러 투자자들 간에 경쟁이 심화되고 있다는 의미다. 한국이 상대적으로 금융위기의 영향이 적었다는 것을 감안하면 좋은 타깃을 싸게 살 수 있는 기회를 놓쳤다고 해석할 수도 있다. 상대방의 어려움이 M&A 시장

에서는 나의 기회가 되는 것이다. 그렇지만 아직까지 기회는 있다. 유럽 경제가 아직 회복되지 않았기 때문에 타깃을 놓고 유럽계 투자자와의 경쟁이 심하지 않을 것으로 예상되기 때문이다.

인도 경제는 수차례 정부의 금리 인상으로 쉽게 회복되지 않고 있고 루피가 역사상 최저치(53Rs/USD)를 기록하고 있기 때문에, 타깃 입장에서 투자자 간 경쟁을 유도하여 최대의 금액을 받을 수는 없다는 것을 명심하자. 인도 M&A는 일반적으로 입찰보다 일대일 협상이 많기 때문에 시간이 누구 편인지 아는 것이 매우 중요하다. 시간을 자기편으로 만들지 못하면 M&A에 불리하며, 특히 거래 종료일을 정해 놓는 경우 실패하기 쉽다는 점을 명심해야 한다.

능력있는 자문사가 필요하다

크로스보더(Cross Boarder) M&A에 능력 있는 자문사를 고용하는 것은 필수적이다. 특히 잘 알려지지 않은 시장에서 경험이 풍부한 길잡이를 만나는 것은 매우 중요하다. 한국 기업의 성향을 잘 파악하고 있으면서 현지에 정통한 자문사라면 최적이다. 한국 기업들은 M&A에 소요되는 부대비용에 매우 인색한 경향이 있다. M&A 자문사는 절대적으로 자본의 논리에 따라 움직이는 집단이다. '싼 게 비지떡이다'라는 속담은 이들에게도 철저히 적용된다. 자문료를 조금 아끼려다 인수가액을 훨씬 많이 지불할 수도 있다.

2010년 인도 M&A 재무자문사 순위표를 살펴보면 한국계 기업이 선택할 수 있는 자문사는 인도계 자문사나 Global IB보다는 회계법인

E&Y(Ernst & Young), 딜로이트(Deloitte), PwC(PricewaterhouseCoopers)가 적합해보인다. 이들은 한국 기업의 사정을 잘 알고 있으며, 현지에도 정통하고 비교적 저렴한 편이다. 따라서 인도 M&A를 고려하는 한국 기업들은 일단 한국에 있는 해당 회계법인과 상담을 하고 이들의 인도 네트워크를 통해 업무를 진행하는 것이 보다 효과적이다.

이별도 미리 고려한다

2010년 말 인도의 히어로그룹(Hero Group)과 일본의 혼다모터(Honda Motor Co.)가 JV 투자로 설립한 '히어로혼다(Hero Honda)'가 26년간 유지해 온 JV 투자계약을 청산하기로 결정했다. 2010년까지 인도 이륜차 시장의 48퍼센트를 점유하고 있던 절대 강자로서 히어로와 혼다 양사 간의 JV 청산이 어떤 영향을 가져올지 관찰하는 것도 재미있는 일일 것이다.

두 회사 간의 JV 청산은 전적으로 계약에 따라 이루어졌다. 즉 최초 계약서에 JV 관계를 청산할 경우에 대비한 문구에 따라 비교적 깔끔하게 양사의 관계가 정리되었다는 것이다. 과거에는 현지 기업과 외국 기업 간의 JV 투자가 많았으나 현지 기업들이 기술경쟁력을 갖출 만큼 충분히 성장하면서 JV 계약을 연장하지 않고 청산하는 경우가 많아졌다. 또한 업종별 투자 제한 때문에 JV를 하는 경우에도 궁극적으로 특정 업종을 제외하고는 투자 제한이 풀릴 것으로 예상된다. 따라서 JV를 구성할 때는 반드시 청산에 대한 것도 고려해야 한다.

계약서는 자신을 보호할 수 있도록 최대한 자세히 작성해야 하며,

문제가 발생했을 경우 감정적으로 대처하지 말고 계약서에 근거해야 한다. 인도의 사법제도는 절차가 느리다는 비판을 많이 받지만 판결의 공정성에 대해서는 누구도 비판하지 않기 때문에 그나마 믿을 수 있다.

법과 규제를 확실하게 체크한다

2011년 인도 정부는 Takeover Rules를 개정하고 인도증권거래위원회(Security and Exchange Board of India, 이후 SEBI)에서 2011년 7월 이를 승인했다. 주요 내용은 제3자 배정 유상증자 또는 대주주 등으로부터 25퍼센트의 주식을 매수하여 공개매수 의무가 부과될 경우 시장에서 26퍼센트까지 매수해야 한다는 것이다. 만약 26퍼센트의 공개매수가 모두 성공하면 인수자는 총 51퍼센트의 지분율(대주주나 제3자 배정 유상증자로 25퍼센트 취득+공개매수로 26퍼센트 취득)을 확보하게 된다.

인도 정부는 2011년 6월 1일자로 반독점규제를 더욱 강화했다. Takeover Rules 개정안에 따르면 인도 상장기업의 지분을 25퍼센트 이상 인수하려는 투자자는 추가 26퍼센트를 공개매수해야 한다. 또한 자산 규모가 3억 3,300만 달러 이상인 기업을 M&A하려면 반독점규제에 따라 규제당국의 승인을 받아야 한다. 정부의 미로 같은 규제는 외국인 투자자에게 특히 까다롭게 적용되어 인도 주요 산업분야의 장애물이 되고 있다.

그러나 한편으로는 새로운 Takeover Rules가 한국 투자자들에게 도움을 줄 수도 있다. 자금력이 충분할 경우 상장회사를 인수하고 공개매수를 통해 지분율을 자동적으로 51퍼센트까지 늘임으로써 경영권의 안정을 도모할 수 있는 것이다. 따라서 M&A를 둘러싸고 있는 각종 규제를 어떻게 활용하느냐가 중요하다.

패밀리 비즈니스의 이해

인도가 세계 최대의 민주주의 사회라고 일컬어지는 것은 특정 사안에 대해 모든 이해관계자들을 만족시키려고 많은 시간과 노력을 들이기 때문이다. 의사결정 과정에서 배제되는 집단이 없기 때문에 이를 활용해 고의로 의사결정을 지연시키기도 한다. 특정 집단이 시간을 이용해 자신들이 원하는 바를 얻는 것은 인도인들이 즐겨 쓰는 전술이다.

이러한 민주주의는 인도 기업에도 그대로 반영된다. M&A를 추진할 경우 기존 대주주의 지분을 인수하는 것이 기본 골자인데, 대주주는 대개 두세 명의 패밀리 멤버들로 구성된다. 한국 기업은 패밀리 멤버 중 최고 연장자가 결정을 하면 나머지 구성원들도 당연히 따라야 하지만 인도는 그렇지 않다. 패밀리 멤버들은 각자 자신의 패밀리가 있으며, 그들의 의견이 전체 의사결정에 반영되어야 한다. 따라서 각자의 요구도 다르고 의사결정에 많은 시간이 소요된다. 패밀리 멤버들은 각자 보유하고 있는 기업이 있으며, 이 기업들 간의 거래도 상당하다.

한국 기업이 타깃으로 하고 있는 기업을 검토할 때는 얼마나 많은 패밀리 멤버가 대주주로 구성되어 있는지, 그리고 얼마나 많은 패밀리 기업들과 거래하고 있는지를 반드시 파악해야 한다. 또한 대주주와

M&A에 관한 MoU를 맺을 경우 대주주의 대표자를 반드시 지정하고, 나머지 패밀리 멤버들은 자신의 의사를 위임한다는 문구를 넣어 지나친 시간의 지연을 방지한다.

PMI도 중요하다

인도 기업을 인수했을 경우에는 PMI(Post Merger Integration)도 매우 중요하다. 대부분의 인도 기업들은 패밀리 비즈니스 형태로 운영되기 때문에 상대적으로 내부통제가 부실하며 비능률적인 요소들이 곳곳에 산재해 있다. 또한 회계시스템을 포함한 ERP도 구축되어 있지 않은 경우가 많아 이를 한국 수준에 맞게 선진화하는 것도 고려해야 한다. 더군다나 한국 본사가 IFRS를 적용받을 경우 인수한 기업도 IFRS에 따라 재무제표를 작성해야 하는데, 인도는 아직까지 IFRS가 도입되지 않았기 때문에 회계인프라 통합 문제에 직면해 있다. 따라서 단순히 주재원을 파견하는 것뿐만 아니라 인수가 결정되기 전부터 어떻게 PMI를 준비할 것인지 본사 차원에서 준비해야 한다.

사 례 들

A사는 인도 진출을 위해 수많은 자료를 모으고, 국내 인도 전문 컨설팅업체와 해외 유수의 컨설팅업체로부터 진출 전략 자문을 받았다. 또한 대표이사가 대학교수와 함께 인도를 방문하여 여러 업체들을 만

나 안목을 키웠다. JV를 만들어 진출하는 것이 기본안이었는데, 아직까지 마무리 짓지 못하고 있다. 소매업종을 영위하는 A사 특성상 급변하는 인도의 법과 규제를 파악하기가 쉽지 않았다.

B사는 인도 업체와 전략적 제휴를 맺고 인도 시장과 한국 시장을 함께 공략하고자 했다. 그런데 인도에서 B사가 속한 산업에 대해 한국 시장은 아직까지 잘 알려져 있지 않았다. B사는 어떻게 인도 파트너들을 찾고 제휴를 추진할지 고민 중이다.

C사는 과거에 인도의 상장회사를 인수했으나 최근에 동사를 자진 상장폐지했다. 사업 확장을 위해 다양한 자금조달 방안을 추진해보았지만, 상장회사의 자금조달 절차가 매우 복잡해 결국은 상장폐지한 것이다. 상장폐지 과정에서 여러 가지 어려움을 겪었음은 자명하다.

2011년 3월 23일자《뉴욕타임스》에는 인도에서 합작 파트너의 횡포 때문에 큰 곤욕을 치르고 있는 독일 풍력발전회사의 기사가 실렸다. 기업문화와 철학이 다른 당사자들이 만나 비즈니스를 하는 것이 쉽지 않은데, 이 경우에는 독일 회사의 대응이 미숙했던 것으로 보인다.

투자 법규

김봉훈•

FDI 관련 법규의 변화

인도는 전통적으로 영국의 법체계를 사용하고 있어 대륙법보다 매우 까다롭고 복잡하다. 이처럼 까다로운 법체계는 외국 기업들이 인도에 투자할 때 장애로 나타나고 있다. 인도에서는 한번 소송이 시작되면 평균적으로 5년 정도는 소요되기 때문에 사전에 인도의 법체계를 잘 이해하는 것이 중요하다. 이 글에서 인도의 법체계를 모두 이해할 수는 없지만, 외국인직접투자(Foreign Direct Investment, 이후 FDI) 관련 법규와 그 절차를 중점적으로 살펴보고자 한다.

• ㈜맥스틴인도경영자문 대표, gators@maxtin.co.kr

인도의 FDI 법규는 시대적 흐름으로 나누어 설명할 수 있다. 1991년은 인도가 금융위기를 겪으면서 경제를 개방한 역사적인 사건이 있었던 시기다. 이 사건을 기점으로 인도 정부는 2000년대부터 적극적인 외국 투자를 유치하는 방향으로 전환하면서 투자에 대한 법규를 대폭 완화하는 정책을 발표하기 시작했다.

인도 정부의 FDI 규제 완화 노력과 2004년 이후 우호적인 외국인 투자 정책으로 FDI가 증가함과 동시에 외국인투자 관련 법체계에도 변화가 나타났다. 대표적인 것이 FDI 관련 법체계가 포지티브시스템에서 네거티브시스템으로 바뀐 것이다. 즉 외국환규제법(Foreign Exchange Regulation Act, 이후 FERA)체계에서 외국환관리법(Foreign Exchange Management Act, 이후 FEMA)체계로 변화했다.

표 4-7 FDI 법규의 변화

시기	내용
1991년 이전	일부 FDI가 외국환규제법(Forean Exchange Regulation Act, FERA) 하에서 40%까지 허용됨
1991년	35개의 우선개방 대상 산업군에 대해 FDI 자동승인이 이루어졌으며 51%까지 허용하는 조치가 취해짐
1997년	111개의 우선개방 대상 산업군에 대해서 FDI 자동승인이 이루어졌으며 투자 범위도 100%, 74%, 51%, 50% 등으로 다양해짐
2000년	FDI에도 네거티브리스트를 적용하여 FDI가 허용되지 않는 일부 산업군을 제외한 모든 산업군에 자동승인제를 도입함
2000년 이후	네거티브리스트에 있던 산업군에 FDI가 일부 허용되기 시작하면서 2004년 이후 FDI 유입액이 급격히 늘어남. FDI 허용 산업군은 보험(26%), 자동차(100%), 인쇄(26%), 국방(26%) 등임

자료: 인도투자촉진청(www.dipp.gov.in)

FDI 기본 규제

인도에 투자하려는 외국기업들이 고려해야 할 여러 가지 법규 항목에 대해 살펴보자. 이 글에서 모든 것을 구체적으로 설명하기는 어렵지만 최소한 다음과 같은 사항들은 반드시 이해하고 있어야 할 것이다.

우선적으로 고려할 사항은 인도 정부의 산업정책을 잘 이해하는 것이다. 산업정책 속에는 투자 시 고려해야 할 많은 법규들이 숨어 있다. 그 중에서도 '산업허가(Industrial Licensing)'에서 공공 부문 법규, 필수적인 산업허가제, 중소산업정책, 지역제한 법규 등을 확인하는 것이 중요하다. 예를 들어 월마트는 중소규모 상인에게 적용되는 엄격한 법체계로 인해 멀티브랜드의 외국인 100퍼센트 투자가 승인되지 않아 결국 단독 투자를 포기하고 인도 회사와 합작으로 진출할 수밖에 없었다. 인도는 28개 주마다 다양한 지역 산업정책을 가지고 있으며, 특히 인구가 밀집된 도시에서는 25킬로미터 이내의 산업에 대한 규제가 까다롭기 때문에 이를 반드시 고려해야 한다.

FDI 자동승인 시에는 인도중앙은행(Reserve Bank of India, 이후 RBI)에 통보해야 한다. 자동승인 가능 여부는 FEMA의 규정에 따라 투자 규모가 정해져 있는데 이는 인도증권거래위원회(Security and Exchange Board of India, 이후 SEBI)에서 확인할 수 있다. 투자 한도를 정해놓고 그 한도 이하에서 자동승인을 하는 경우도 있다.

또 다른 투자 시 규제는 사전허가를 받는 경우이다. 이는 외국인투자촉진위원회(Foreign Investment Promotion Board, 이후 FIPB)에서 결정하는데, 보통 1~2개월 정도의 시간이 소요된다. FIPB 승인은 정부가 이미 결정한 가이드라인에 따라서 하는 경우도 있지만 개별적인 원칙(Case by Case)에 따라 유권해석이 내려지는 경우도 많기 때문에 허가에 대해 사전에 정확히 알기란 쉽지 않다.

FIPB는 2012년 1월에 약 20건의 외국인투자를 승인했으며, 금액은 약 103억 4,000만 루피(한화 2,585억 원)였다. 싱가포르의 한 기업이 인도의 소매업에 투자하기 위해 승인받은 금액은 약 40억 루피(약 1,000억 원)에 달했으며, 두 건의 투자에 대해서는 FIPB가 승인을 하지 않았다고 발표했다. 그 이유는 외국회사가 투자 후 3년 이내에 주식배당을 송금하려 했기 때문이다.

인도 투자 시 진입 방법에는 여러 가지가 있지만 보통은 단독투자, 조인트벤처, 지점 개설 등을 활용한다. 인도 정부는 이러한 진입에 대해서도 여러 가지 규제를 두어 외국 투자의 적정함을 판단한다. 국내기업들은 대부분 단독투자로 법인을 설립해 투자하고 있으며 초기에는 연락사무소 등의 형태로 진출하는 경향을 보인다.

법인 설립 규정 및 절차

인도에서 법인을 설립하기 위한 절차 및 요건은 매년 법규가 조금씩 변함에 따라 달라지고 있다. 따라서 본문에서 제시하는 사항들은 기본적인 것을 이해하는 차원임을 인지해야 한다.

외국기업은 '회사법(Companies Act, 1956)'에 따라 자회사 또는 합작회사 형태로 법인을 설립할 수 있다. 인도 기업으로 법인을 설립할 경우에는 국내 기업에 적용되는 법규정을 준수해야 한다. 법인은 주식의 공모 여부에 따라 비공개회사(Private Company)와 공개회사(Public Company)로 나뉜다. 대부분의 제조업은 자동승인 업종으로 회사등록소(Registry of Company, 이후 ROC)에서 등록하거나 부가행정 처리를 통해 법인 설립이 가능하다. 자동승인 품목이 아닌 경우에는 FIPB의 승인을 받아야 하며, 제조업인 경우 공장 등록 등의 허가와 신고가 추가된다. 일반적인 법인 설립 과정은 다음과 같다.

첫째, 등기이사 두 명을 지정하고 이사들의 전자사인(Digital Signature)과 DIN Form을 신청한다. DIN Form은 이사의 신상정보에 대한 서류이며 이 절차는 약 5일 정도 소요된다.

둘째, 회사 명칭 신청을 위한 신청서(Form 1A) 제출은 실질적인 법인 설립의 첫 번째 단계이다. 이 단계에서는 설립하고자 하는 회사의 명칭을 최대 여섯 개까지 지정하여 ROC에 제출해야 한다. 만일 여섯 개 명칭이 모두 이미 사용 중이라면 신청서를 다시 작성해야 하므로 신청 전에 가능한 명칭 여부를 확인하는 것이 필요하다.

셋째, 회사 명칭이 승인되면 회사정관을 작성한다. 정관에는 설립 목적 및 자본금이 명시되어야 하며, 이사 두 명이 직접 서명한 후 회계사와 법원의 공증을 받아야 한다.

넷째, 최종적으로 Form32(이사 임명에 관한 서류), Form18(회사 주소지에 관한 서류), DIN Form의 세 가지 서류와 정관 및 기타 자료를 첨부하여 ROC에 다시 제출한다. 모든 서류를 준비하고 ROC에 등록하면 보통 15일 후에 법인증(Incorporation Certificate)을 받을 수 있다. 법인 신청 시 모든 서류에 서명한 이사가 신청 전부터 허가가 완료될 때까지 인도에 머물면 법인 설립 기간을 최소화할 수 있다. 델리에서 법인을 설립할 때 등록 기간은 45일 정도 소요되며, 만약 등기이사가 인도에 거주하지 않으면 한 달 정도 더 걸린다.

기본적인 법적 절차 이외에도 다음과 같은 일들을 정확히 처리하지 못하면 법인의 활동에 제약을 받게 된다. 특히 인도는 세금 관련 법규가 까다롭기 때문에 투자 시 이러한 점을 반드시 고려해야 한다.

세금 관련 고유번호를 발급받기 위해서는 소득세번호(Permanent Account Number)를 신청해야 한다. 소득세번호에는 법인세 납부에 필요한 법인용과 개인소득세 납부에 필요한 개인용이 있다. 법인등록증을 받은 후에 신청 가능하며 기간은 7~10일 가량 소요된다. 이와 더불어 사무실 임대료, 차량비, 전화비 등 비용 지출에 대한 세금을 납부하는 데 필요한 TDS(Tax Deduction at Source) 번호를 신청한다. 이 번호는 향후 법인세 환급에도 이용된다. 신청 전에 사업 형태에 따라 판매세(Sale Tax), 서비스세(Service Tax), 특별소비세(Excise Tax) 등 세금 형태를 확인한다. 소득세번호와 마찬가지로 법인등록증을 받은 후에 신청할 수 있으며, 기간은 7~10일 가량 소요된다.

마지막으로 법인증을 수령한 후 은행계좌를 개설한다. 계좌 신청에는 정관, 사무실 계약서, 회사 대표를 결정한 서류(Resolution Letter), 이사의 여권, 비자, 사진 3매, 거주증명서, 회사 직인 등이 필요하다.

표 4-8 인도 투자 시 기본 조사 항목

항목			단위
위치	인근 도시		도시명, 거리(㎞), 소요시간(분)
	인근 항구		항구명, 거리(㎞), 소요시간(분)
	인근 공항		공항명, 거리(㎞), 소요시간(분)
부지	조성 면적		㎡
	부지 단가		루피/㎡
	구입 형태(소유, 임차)		
	주요 입주업체		
세제	기본 세율		%
	우대 세율 (세율, 우대 기간 등)		
유틸리티	조달 방법	전기	
		연료 (NG, LPG, LNG)	
		용수	
	단가	전기	루피/㎾h
		연료 (NG, LPG, LNG)	루피/N㎥
		용수	루피/㎥
인원	인원 조달 방식		
	인근 학교 및 학생 수		
	인건비	Salary	$/인.월
		Wage	$/인.월
	근로조건		
	Annual Turn-over		%
	노조 및 성향		
	파업 이력		
물류 수단	주요거점		
	물류 수단		
	물류 거리		km
	물류 비용		루피/㎞
	소요 일수		일(日)

자료: 맥스틴인도자문(주), 인도 투자전략보고서

외국인투자 관련 조세법 판결

보다폰(Vodafone International holdings B.V.)이라는 네덜란드 회사(지주회사)는 2007년 모리셔스와 인도 회사를 통해 허치슨에사르(Hutchison Essar Ltd.)를 인수했다. 이 과정에서 실질적으로 소득이 발생한 것으로 판단한 과세당국은 보다폰에 약 20억 달러의 과세를 부과했다. 이에 보다폰은 거래가 실질적으로 인도에서 일어나지 않은 점과 자산의 소유권이 이전되지 않은 점을 들어 항소했다.

2012년 1월 인도 대법원이 보다폰에 대한 20억 달러의 과세처분을 취소하는 판결을 내림으로써 외국 투자자들의 주식 이익에 대한 인도 과세당국의 지나친 과세에 제동이 걸렸다. 대법원의 판결은 외국 투자자들에게 조세 형평성과 안정성에 대한 믿음을 심어주는 계기가 되었다.

국내 기업들 역시 이러한 법규에 따라 법인 설립을 진행한다. 만약 생산법인을 세우는 경우에는 법규보다 더 까다롭게 투자의 성공 여부를 좌우할 수 있는 사전 조사를 실시해야 한다. 특히 인도는 투자환경에서 인프라 부분이 문제로 작용할 수 있으므로 세밀한 사전 조사가 필요하다.

결과적으로 인도에 투자할 때는 투자 법규가 까다롭다기보다 투자환경이 열악해 사전 대비를 하기 힘든 경우가 많다. 인도 정부는 원칙적으로 투자 승인 후에는 인도 기업과 외국기업을 동일시하는 원칙을 가지고 있다. 하지만 인도법은 예외적인 조항이 많아 유권해석의 여지가 있기 때문에 절차가 복잡하게 느껴진다. 따라서 사전 투자 조사에 좀 더 노력을 기울여야 한다.

더 읽을거리

맥스틴인도자문(주), 《인도 투자전략 보고서》, 2011.
법무법인 율촌, 《조세 News Alert》, 2012.

인도투자촉진청 www.dipp.gov.in
외국인투자촉진위원회 www.fipbindia.com
인도중앙은행 www.rbi.in

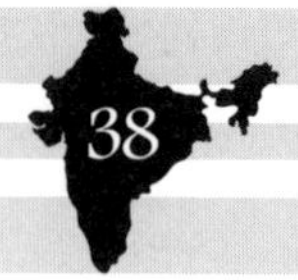

부동산 시장

김봉훈[•]

부동산 시장의 개요 및 특징

부동산 시장 개방은 인도 경제가 본격적으로 성장한 2005년부터 시작되었다. 하지만 개발을 목적으로 하지 않는 외국인의 단순한 투기성 부동산 투자는 아직도 엄격히 규제되고 있는 실정이다. 정부는 2005년 이후 외국인의 투자를 장려하기 위해 부동산 개발 분야에 외국인직접투자 100퍼센트 허용이라는 조치를 취하고 있다. 그 내용은 다음과 같다.

• ㈜맥스틴인도 경영자문 대표, gators@maxtin.co.kr

- 외국인투자촉진위원회(Foreign Investment Promotion Board, 이후 FIPB)의 사전승인 없이 자동승인(Automatic Route)으로 인도 중앙은행(Reserve Bank of India, 이후 RBI)에 사후신고 가능
- 최소 개발 규모: 주택 건설 10만 제곱미터(대지 면적 기준), 일반 건설 5만 제곱미터(연면적 기준)
- 최소 자본금: 단독 1,000만 달러, 합작 500만 달러
- 부동산 개발을 위해 취득한 토지는 기반시설(도로, 상하수도 등) 설치 후 단독주택 용지(Plot)로 판매 가능

인도 부동산 시장이 현재까지 꾸준한 성장세를 이어 온 주요 원인을 살펴보면 정부의 노력과 더불어 도시화, 관광객 증가, 금융 조달의 간소화, 경제 성장, 개방정책 등을 꼽을 수 있다. 그 구체적인 이유를 살펴보면 다음과 같다.

- 2001년 9월 뉴욕의 9 ·11사태 이후 해외 거주 인도인들의 인도 부동산 투자 시작
- 시장 활성화 및 외국업체 투자로 증가한 고수입자들의 고급 주택 수요 증대
- 매매가나 임대율의 상승보다 대출이자율이 낮아 대출을 받아 주택을 매입하려는 수요 증대
- 델리 인근 위성도시에 외국업체들의 투자 증대로 인한 외국인 증가

인도의 부동산 시장은 크게 세 가지로 구분해서 설명할 수 있다. 국내 기업들이 가장 관심을 가지고 있는 것은 아마도 특별경제개발구역(Special Economic Zone, 이후 SEZ)를 포함한 산업단지 부문일 것이다. 최근 국내 대기업들은 SEZ 법규에 초점을 맞추고 있다. 포스코가 오릿사 주에 추진 중인 제철소 건립도 SEZ에 속하는 분야 중 하나다.

다음은 쇼핑몰을 포함한 상업지구 분야다. 인도의 내수 시장이 증가함에 따라 이 분야의 개발에 외국 부동산 회사들이 참여하고 있다. 인도 전역에서 보면 수도권지역(National Capital Region, 이후 NCR)과 뭄바이, 벵갈루루 지역이 고르게 개발되는 것을 알 수 있다.

마지막으로는 거주 지역 개발을 위한 주택 시장이다. 향후 5년간 주목해야 할 것이 바로 이 부문의 성장이다. 대부분의 분석 실태에서도 이 부문의 성장률이 가장 높을 것으로 전망하고 있다. IBEF(India Brand Equity Foundation)의 2011년 부동산 시장 보고서는 2010년부터 2014년까지 주택 시장의 연평균 복합성장률(Compound Average Growth Rate, CAGR)을 19퍼센트로 전망하고 있는데, 이것은 다른 부문에 비해 두 배 정도 높은 수치다.

주택 시장의 특징

인도 전역의 주택 시장을 한마디로 특징짓는 것은 매우 어려운 일이다. 과거 인도의 주택 시장은 4층 이하의 저층 주택을 중심으로 공급되었고 이 부문의 수요는 여전히 높다. 하지만 최근 수도권이나 주요 일곱 개 도시를 중심으로 10~20층 정도 높이의 아파트 건설이 붐을 일으키고 있다.

인도의 중산층이 전기와 수도 등 인프라가 열악한 환경에서 벗어나기 위해 아파트를 선호하고 있는 것이다. 물론 인도 인구의 1퍼센트만이 아파트를 소유할 능력을 가지고 있는 실정이지만, 아파트 공급은 지속적으로 확대되고 있다. 인도인들은 기후적인 요인으로 인해 저층을 선호한다. 실제로 외국인들이 주로 거주하는 델리의 바산트 비하르 지역에서도 1층이 3층보다 임대료가 비싼 것이 일반적이다.

연소득 30~100만 루피인 중상층을 기준으로 조사한 2009년 나이트프랭크리서치의 2사분기 보고서에 따르면 NCR 지역의 중상층 거주지 선호 규모는 700~1,000제곱피트인 것으로 조사되었으며, 뭄바이 지역은 750~900제곱피트로 나타났다.

NCR 지역 거주자들은 주거지 선택 시 이동의 편의성을 가장 선호하는 것으로 나타났으며, 개발 잠재력 역시 중요한 요소로 작용했다.

표 4-9 인도 중상층의 거주지 선호(2008)

(단위: 제곱피트)

요소	지역	
	수도권지역(NCR)	뭄바이
선호하는 규모	700~1,000	750~950
선호하는 층	1~2층 저층(높은 기온으로 고층 비선호)	

자료: Knight Frank Research Q2 2009, 현지 언론 재구성

NCR 지역 내에서 가장 각광받는 지역은 노이다, 가지아바드, 구르가온으로 최근 점차 선호도가 증가하고 있는 추세다. 노이다 지역의 경우 노이다 국도(The Greater Noida Expressway) 93단지(A · B), 105단지, 119단지, 137단지, 151단지가 통과하기 때문인 것으로 분석되었으며, 구르가온 지역은 입주 시 8번고속도로(NH8), 수샨드 로크(Sushant Lok 2, 3), 골프코스로드(Golf Course Road), 소나로드(Sohna Road)와 같이 이동성이 좋은 지역이 선호되고 있다. 가지아바드 지역은 인디라뿌람과 바순다라, 바이샬리의 연장선으로 노이다의 상업 중심지인 62단지와 인접해 있어 선호도가 높은 것으로 나타났다.

인도의 서부권인 뭄바이 역시 거주지 선정 시 이동의 편의성이 가장 중요한 요소로 꼽혔고, 잘 갖춰진 인프라 시설이 두 번째로 선택되었다. 반면 NCR 지역과 달리 개발 잠재력에 대한 요건은 부가적인 것으로 나타났다. 또한 뭄바이 역시 NCR과 마찬가지로 친구 · 친인척과 근접한 지역은 중요한 요소가 아닌 것으로 나타났다.

뭄바이 지역 응답자들이 선호하는 주거지는 타네, 나브뭄바이, 까르가르 지역인 것으로 조사되었다. 나브뭄바이는 개발 잠재력이 높은 지역으로 뿌네와 연결되는 뭄바이-뿌네 고속도로(The Mumbai-Pune Expressway)가 인접해 있으며 좋은 인프라 시설과 최근 승인받은 새로운 공항으로 각광받고 있는 것으로 나타났다. 뭄바이 서부권 교외 지역인 바사이, 미라로드(Mira Road), 비랄, 다히살, 보리발리, 칸디발리, 나이가온은 거주지로 가장 선호되고 있다. 칸디발리, 보리발리, 다히살은 도시 경계선에 위치하고 미라로드, 나이가온, 바사이, 비랄은 서쪽 근교 교외 지역에 속한다. 뭄바이 근교의 주요 중심지로는 파우이, 돔비발리가 선호되고 있다.

업무 및 상업 부동산 시장

세계적인 부동산 리서치 기관인 Jones Lang LaSalle의 2011년도 3사분기 인도 부동산 보고서에 따르면 경제 중심지인 뭄바이의 오피스 임대료가 홍콩, 도쿄, 상하이에 이어 아시아에서 네 번째로 비싼 것으로 분석되었다. 임대 가격은 1제곱미터당 약 688달러로 서울보다 높다.

2008년 기준 NCR의 상업 오피스 공급량은 약 1억 4,100만 제곱피트다. 그러나 최근에는 높은 임대료 때문에 주요 공급 지역이 중심업무지구(Central Business District, 이후 CBD)에서 교외로 이동하고 있는 것으로 나타났다. 주요 교외 공급 지역으로는 구르가온(53퍼센트)과 노이다(39퍼센트)가 있다. 2008년 하반기 리먼사태로 부동산 경기가 전 세계적으로 침체되어 있었기 때문에, 2009~2011년 상반기 자료를 인용하기보다는 인도가 본격적으로 경제 발전을 이루기 시작한 2005~2008년 사이의 자료가 더 적합하다고 판단된다.

뭄바이 지역의 주요 공급은 교외권역인 반드라(2억 3,400만 제곱피트), 안데리(2억 1,400만 제곱피트), 말라드(1억 8,000만 제곱피트)에 집중되는 것으로 나타났다. 한편 CBD 지역과 Off CBD 지역은 과도한 임

표 4-10 아시아 주요 도시 오피스 임대 가격

(단위: 미터당 면적, PSM)

도시	임대 가격
홍콩	1,739
동경	1,096
상하이	722
뭄바이	688
호치민	498
서울	481
델리	460
자카르타	181
벵갈루루	141
첸나이	120

자료: Jones Lang LaSalle India,2011

대료와 토지 부족으로 인해 상대적으로 새로운 공급이 발생하지 않은 것으로 나타난다.

뭄바이 지역의 사무실 공급은 2008년 기준 절반 이상인 55퍼센트가 상업지역으로 구분되며, 그 중에서도 IT 산업이 전체의 28퍼센트를 차지하고 있다. 그밖에 IT SEZ도 17퍼센트를 차지하고 있어 IT 관련 사무실 공급 현황이 총합 45퍼센트로 큰 비중을 차지하고 있다.

인도 주요 지역의 업무시설 임대료는 2006년 이후 IT 산업과 금융서비스업의 발전으로 지속적인 상승을 경험하면서 주변 지역에도 영향을 끼쳤다. 주요 지역 CBD의 높은 임대료와 공간 부족 현상은 인

도 경제의 활황으로 더욱 가속화되었으며, 특히 다국적기업에 의한 고급 오피스 임대 수요가 이 상황을 더욱 부추겼다. 최근 정부의 자유화 정책으로 부동산 개발업이 호황을 이루면서 본격적인 오피스 개발 프로젝트가 진행되어 공급량이 늘어나고 있으나 지금까지도 뭄바이나 뉴델리는 초과 수요에 시달리고 있다.

산업단지 부동산 개발

인도 정부는 전역에 기능성 산업단지를 조성하고 있다. 우리나라 기업들 중 LG전자와 삼성전자가 NCR 지역의 노이다 공단에 위치해 있는 것이 대표적인 경우다. 인도에서는 대기업이 공장을 건설하고 나면 그 주변에 협력업체들이 입주한다. 그 중에서도 인도 정부가 집중적으로 개발하는 것이 SEZ다.

인도는 외국인직접투자 유치, 수출 및 국제경쟁력 증진 등을 통한 경제 성장과 고용 창출의 일환으로 2000년 처음 SEZ제도를 도입했다. 초기에는 취약한 인프라 시설, 노동법과 법안 등 실질적인 혜택이 미약해 2003년까지 실적이 저조했다. 인도 정부는 2005년 6월 SEZ 설치 및 입주 기업에 다양한 인센티브를 제공하고 입주 요건 완화를 주요 내용으로 하는 경제특구법(Special Economic Zone Act)을 발효했다. 이어 2006년 2월 경제특구시행령(Special Economic Zone Rules)을 발효해 SEZ 설립에 실효성을 두고자 했다. 이에 따라 2006년 이후

표 4-11 분야별 SEZ 추진 현황(2009)

분야	정식승인 (건)	원칙승인 (건)	SEZs에 명시(건)	총합 (건)	비중 (%)
항공 · 우주항공	1	2	–	3	0.3
IT · ITES · 하드웨어 · 반도체	354	10	205	569	54.4
섬유 · 의복 · 울	20	13	12	45	4.3
제약 · 화학	22	2	17	41	3.9
석유화학 · 석유	4	0	1	5	0.5
복합 제품	23	55	12	90	8.6
건자재 · 금속	1	2	–	3	0.3
광물 · 금속	3	0	2	5	0.5
생명공학	32	1	14	47	4.5
세라믹 · 유리	1	–	1	2	0.2
엔지니어링	24	9	16	49	4.7
복합 서비스 · 서비스	17	13	7	37	3.5
야금공학 엔지니어링	1	–	–	1	0.1
전력 제품	3	4	3	10	0.9
자동차 관련	3	5	1	9	0.9
신발 · 가죽	7	2	5	14	1.3
보석 · 장신구	11	4	4	19	1.8
전력 · 대체 에너지	4	2	1	7	0.7
자유무역 저장고 지역	8	8	2	18	1.7
금속 · 염료 · 강철 · 명반 · 파운데리	9	4	5	18	1.7
식품가공	5	2	4	11	1.0

비전통적 에너지	5	–	3	8	0.8
플라스틱 처리 공정	–	1	–	1	0.1
수세공	4	1	2	7	0.7
농업	5	4	2	11	1.0
복합 제품을 다루는 항구	7	–	2	9	0.9
복합 제품을 다루는 공항	2	2	–	4	0.4
출판 · 제지 공장	2	–	1	3	0.3
총합	578	146	322	1046	100.0

자료: SEZ India, 2009.06, 재구성

경제특구의 신청건수 역시 급속도로 증가하기 시작했다.

인도는 절대적인 인프라의 부족 때문에 기업들이 산업단지가 아닌 곳에 공장을 건설하는 것이 거의 불가능하다. 따라서 주 정부의 산업단지 개발 건설에 따른 부동산 시장의 흐름을 잘 분석해야 한다. 실제로 인도의 주요 도시 내부에는 더 이상 산업단지를 조성할 공간이 없고 존재한다 해도 분양가격이 매우 높다. 예를 들어 델리 주변 수도권 지역의 공단들은 이미 포화 상태인 것으로 파악되며, 현재 공단이 델리를 중심으로 100킬로미터에 이르는 지역까지 확대되고 있는 추세다. 델리에서 80킬로미터 정도 떨어져 있는 바왈공단은 5년 전만해도 비어 있었지만 지금은 빈자리를 찾기 힘들다. 이곳에 포스코의 코일센터와 LS전선이 이미 공장을 가지고 있다.

보통 우리나라 기업들이 인도에 진출하기 위해 사업계획을 세우고 실행하는 데 3년 정도 걸린다고 할 때, 부동산 임대나 구매 시기는 어쩌면 가장 우선적으로 결정해야 하는 부분 중 하나일 것이다. 인도의 부동산 시장은 경제개발과 연동할 수 있도록 정부에 의해 철저히 관리되고 있다. 즉 외국인이 단순한 부동산 투기로 수익을 올리기 어려운 구조다. 그러나 인도의 부동산정책이 우선적으로 국내기업들의 사업계획과 잘 연동한다면 좋은 성과를 거둘 수 있다. 기업들이 5~10년 정도의 개발계획을 세우고 사무실 임대나 공장 부지를 설계한다면 인도의 부동산 시장은 국내기업에 또 하나의 호재가 될 수 있을 것이다.

더 읽을거리

맥스틴인도자문(주),《한국전용산업단지 보고서》, 2010.

Department of Commerce, *SEZ INDIA*, 2009.

IBEF, *Real Estate Report*, 2011.

Jones Lang LaSalle India, *Real Estate Report*, 2011.

Knight Frank Research, *Real Estate Report Q2*, 2009.

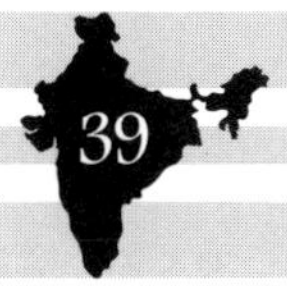

경제 전망

정무섭•

제2의 중국으로 부상하는 인도

인도 경제의 전망과 관련해서 가장 중요한 사실은 인도가 향후 20여 년 내에 세계에서 가장 성장 잠재력이 높은 나라라는 것이다. 2010년 현재 인도의 GDP 규모는 명목 달러 기준 1조 7,000억 달러 정도로 전 세계 GDP의 약 2.7퍼센트 수준이다. 이는 러시아와 캐나다보다 큰 규모로 한국의 약 1.7배이며, 이탈리아 다음으로 세계 9위를 차지하고 있다. 현재로서는 다른 여러 주요국 중 하나 정도 수준으로, 구미 선진국이나 일본, 브라질보다 작은 규모이기 때문에 큰 주목을 받지

• 삼성경제연구소 수석연구원, moosup.jung@samsung.com

못하는 것이 사실이다.

중요한 것은 향후 10~20년이다. 여러 전망기관들은 10여 년 후면 인도의 GDP가 중국과 미국에 이어 세계 3위로 부상할 것이라고 전망하고 있다. 막대한 인구 대국인 인도의 소득 수준이 조금씩 올라가면 이러한 변화가 현실화될 가능성이 매우 높다. 글로벌인사이트의 최근 전망에 따르면 2022년 인도의 경제 규모는 전 세계 GDP의 5.8퍼센트를 차지해 5.3퍼센트의 일본을 추월한다. 그 후로도 경제 비중은 꾸준히 증가해 2032년에는 전 세계 GDP의 10.2퍼센트를 차지하며, 2030년대 말경에 미국의 규모를 추월할 것으로 예상된다.

골드만삭스 또한 2000년대 초에 2020년이 되면 인도가 세계 3위의 경제대국이 될 것이라는 전망을 내놓은 바 있으며, 최근 모건스탠리도 2015년이 되면 인도의 경제성장률이 중국을 앞지를 것이라고 전망했다. 한편 미국 CIA의 산하기관인 NIC(National Intelligence Council)에서도 2025년 국력(State Power) 순위를 미국 〉 중국 〉 유로 지역 〉 인도 순으로 분석했다.

OECD의 데이터에 따르면 인도는 1세기부터 18세기까지 세계 전체 생산의 20퍼센트 이상을 차지하던 거대 경제권이었다. 15세기 이전에는 세계 GDP에서 차지하는 비중이 가장 높은 국가로 평가되었을 정도다. 그러나 산업화와 개방화에 뒤처지면서 그 비율이 급격히 낮아졌다. 이는 긴 역사적 관점에서 볼 때 일시적인 현상으로 판단될 수 있으며, 향후 산업화 과정을 거칠 경우 세계경제에서 차지했던 위상을 회복할 수도 있을 것으로 전망된다. 중국도 세계사적 위상 회복

움직임을 통해 빠르게 발전하고 있으며 인도가 그 뒤를 잇고 있는 것이다.

인도의 잠재력

인도는 실제로 경제에 대한 장밋빛 전망을 실현할 잠재력을 가지고 있을까? 답은 긍정적이다. 이미 인도 경제는 2003년 이후 8퍼센트가 넘는 성장을 지속해왔다. 글로벌 금융위기 기간에도 인도경제는 큰 타격을 입지 않았고 충격에서 빠르게 벗어나는 모습을 보여주었다. 2008년에는 경제성장률 7.5퍼센트, 2009년에는 6.7퍼센트를 달성했고, 2010년에는 8.2퍼센트를 기록했다. 2011년 이후 유럽발 재정위기로 성장률이 다소 둔화되고 있으나 대외경제 여건이 개선될 경우 다시 8퍼센트 이상의 고도성장 궤도에 진입할 것으로 보인다. 특히 2011년에는 선진국들의 경제위기로 글로벌 경기가 침체된 가운데서도, 인도로 유입되는 외국인투자는 오히려 100퍼센트 이상 증가했고, 증가세는 2012년에도 꾸준히 지속되고 있다. 또한 2012년 이후 시작된 12차 경제개발 5개년 계획의 인프라 투자 확대와 산업화의 진전을 통한 수출 확대는 인도의 성장 잠재력의 회복을 견인할 것으로 예측된다.

전반적으로 인도 경제는 2000년대 초반 이후 개방과 함께 산업화를 통한 고도성장 단계에 진입했고, 산업화는 이제 초기 단계를

그림 4-4 GDP 대비 투자율 및 저축률 추이

(단위: %)

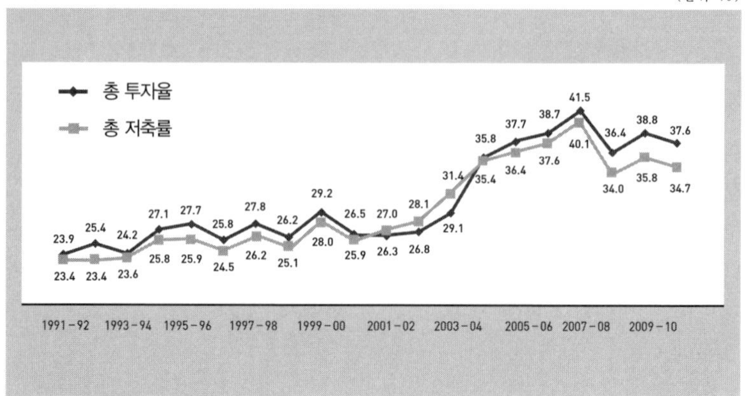

자료 : Database on Indian Economy, RBI(http://dbie.rbi.org.in)

지나 본격적인 부상을 준비하는 상황이다. GDP 대비 총 고정자본 형성, 즉 총 투자 비율은 2000년대 초반부터 급상승하면서 30퍼센트 수준을 넘어섰다. 이후 지속적으로 증가해 금융위기 이전인 2007~2008년도에는 그 비율이 42퍼센트까지 늘어났고, 금융위기로 다소 낮아지는 듯했으나 다시 40퍼센트대에 육박하는 수준까지 증가했다. 높은 투자율로 인한 투자의 성장기여도 역시 지난 7년간의 소비기여도를 지속적으로 상회하고 있다. 2002~2003년부터 2008~2009년까지의 성장기여율 평균은 투자가 66.7퍼센트이며, 소비 44.1퍼센트, 정부지출 11.9퍼센트, 수출 −22.7퍼센트 순으로 나타났다. 향후 인도 경제가 투자 주도의 고성장을 지속할 것이라고 판단되는 대목이다.

투자 주도의 고도성장은 정부의 인프라 건설과 기업의 설비 및 사

업장 투자, 외국인투자 확대 등으로 구체화된다. 물론 이러한 공급 요인의 이면에는 만성적인 인프라 부족과 산업화의 혜택을 보지 못하고 있는 막대한 규모의 소비부족 인구 등 수요 측면의 요인이 있다. 따라서 국내외의 자본과 기술, 인적자원을 효율적으로 조달하고 형성하는 공급역량만 갖춰진다면 인도 경제의 장기적 고도성장의 걸림돌은 상대적으로 크지 않을 전망이다. 현 정부는 2012년 4월부터 시작되는 12차 경제개발 5개년계획에서도 15년간 총 1조 달러 규모의 대규모 인프라 투자를 실시할 것을 계획하고 있으며, 걸림돌이 되는 자금부족 문제를 해결하기 위해 외자 및 민간자금을 동원하는 사업방식(PPP 방식)을 강력하게 추진하고 있다.

장기적 경제 전망의 바탕에는 2028년경 중국을 제치고 세계 최대의 인구대국으로 성장할 것으로 예상되는 빠른 인구 성장 동력이 있다. 개방된 글로벌 환경의 이점을 이용해 전 세계로 확산된 인구는 본토를 중심으로 글로벌 인적 네트워크, 사업 네트워크, 자금 이전 네트워크를 형성하고 있다. 매년 막대한 규모의 자금이 개인 이전소득의 형태로 해외 거주 인도인에 의해 인도로 송금되며, 그 규모는 GDP의 3퍼센트 이상을 차지한다. 2010~2011년 해외에 거주하는 인도인이 국내로 송금한 개인 이전소득 금액은 총 559억 달러이다.

이는 마치 과거 중동에 나간 건설노동자들이 송금한 돈이 한국의 경제 발전에 기여한 것과 흡사하다. 인도인들 역시 중동 등지에 건설노동자로 대거 진출하고 있으며, 고급 인력들은 미국과 유럽 지역으로 진출해 벌어들인 막대한 소득을 인도로 송금한다. 즉 인도는 자국

산업에서 소화해내지 못하는 막대한 잉여인력을 전 세계로 수출하는 대규모 인력수출국인 것이다. 이러한 이전소득 자금은 인도의 무역수지 적자를 메우는 데 결정적으로 기여하고 있으며, 앞으로도 그 증가세가 이어질 전망이다.

도시화의 진전 또한 긍정적이다. 인구 100만 이상인 42개 도시의 전체 인구는 지난 8년 사이 2.5퍼센트 증가했다. 이는 인도 전체 인구 성장률인 1.5퍼센트에 비해 월등히 높은 수준이다. 앞으로도 도시 인구의 성장 잠재력은 매우 높을 것으로 예상된다. 인구가 100만 명 이상인 도시의 총인구는 1억 500만 정도로 전체 인구의 약 9퍼센트 정도에 불과해 향후에도 도시화는 상당 기간 지속될 전망이다.

신경제 부문의 대두

산업구조 면에서 인도는 아직도 많은 부분을 생산성이 낮은 구경제에 의존하고 있다. 하지만 2000년대 들어 급성장하고 있는 신경제 부문 기업과 산업의 성장은 구경제 부문을 빠르게 대체할 것으로 전망된다.

구경제의 전형인 비조직화 부문에 속하는 노동자는 전체 노동자의 92.4퍼센트에 달하며, 제조업 전체 생산의 33퍼센트를 담당하고 있다. 비조직화 부문은 비공식 부문이라고도 불리며, 주로 개인 또는 가족 단위의 전통 가내수공업 형태의 사업 단위를 의미한다. 인도통계청(Central Statistical Organization, CSO)은 전력을 사용하지 않는 경우에는 종업원 20인 미만, 전력을 사용하는 경우에는 10인 미만의 기업을 비조직화 부문으로 정의하고 있다. 반면 신경제 부문에 속하는 산업은 대규모 기업이 주도하고 있는데, 화학, 제약, 제철 등의 제조업과 통신, 금융 및 사업서비스 등의 서비스업이 이에 해당한다. 특히 1990년대 초 경제개혁 이후에는 대기업과 대량생산 방식을 채택한 신경제 부문 산업이 급속도로 부상하고 있다.

TCS, 인포시스, 위프로 등 세계적인 경쟁력을 지닌 기업으로 대표되는 신경제 부문은 평균 이상의 성장을 보이며, GDP에서 차지하는 비중 역시 급속도로 증가했다. 금융, 부동산, 사업서비스는 1980년 7.5퍼센트에서 2008년 14.8퍼센트로 GDP 비중이 두 배나 증가해 제조업 전체 GDP 비중과 비슷하다. 통신업은 역시 2000년대 들어 연평균 25.5퍼센트의 성장세를 보이며, GDP 비중이 2000년 1.9퍼센트에서 2007년 5.7퍼센트로 확대되었다. 신경제 부문의 확대는 향후 대규모 글로벌 기업들의 경쟁력 강화와 세계화와 함께 지속될 것으로 보이며, 구경제 부문과의 격차가 점차 줄어들 것이 확실시되고 있다.

진출 전략

그렇다면 급부상하는 인도 경제를 어떻게 활용할 것인가? 다행스럽게도 지리적·문화적 거리와 산업구조의 차이를 고려할 때 인도 경제의 부상으로 인한 위협 요인은 중국에 비해 크지 않으며, 시장 확대나

자원 조달 등의 기회로 작용할 가능성이 높다. 중국과 우리나라와의 관계가 점점 더 확대되고 있는 상황에서 중국 경제가 불안해질 경우 받을 수 있는 부정적인 영향에 대비하기 위해서라도 인도와의 경제관계 확대는 매우 중요하다.

따라서 정부·기업 차원의 대인도 관계 확대전략 수립이 필요하다. 정부는 인적 교류와 기술 교류, 상호 투자 등 양국 간 경제협력 확대를 위해 노력하고, 우리 기업의 인도 진출과 인도 기업의 국내 투자 유치를 적극 지원해야 할 것이다. 민간기업 차원에서도 상생의 기반 위에서 현지 기술 개발과 고소득층 및 중저소득층 시장을 동시에 공략해 인도의 신경제와 구경제를 모두 활용하는 현지맞춤형 전략을 추진할 필요가 있다.

한편 12차 경제개발 5개년계획에 의거해 인프라 투자가 빠르게 확대될 전망이므로 이에 대한 진출 역시 확대해야 한다. 인도는 11차 경제개발 5개년계획 당시 인프라 사업에 총 5,000억 달러 규모의 예산을 투자함으로써 많은 개선을 이루었다. 그러나 아직도 전력, 도로 등 기초적인 인프라 수준은 턱없이 부족한 것이 사실이다. 정부는 12차 경제개발계획에서 민간자본을 활용해 11차의 두 배에 달하는 1조 달러 규모의 인프라사업 투자계획을 발표했다. 특히 델리-뭄바이와 델리-콜카타 간에 세계에서 가장 긴 고속철의 건설을 추진하는 등 발전·교통 분야에만 5,000억 달러의 투자를 계획하고 있다.

가장 큰 걸림돌인 정부의 예산 부족 문제는 11차 때 이미 활용된 바 있는 민간자본을 통해 해결하려 하고 있다. 인도 정부는 민간자본

활용 비율을 현재 약 30퍼센트에서 50퍼센트까지 확대할 계획이다. 2014년에 있을 총선을 고려할 때, 이러한 투자는 2012년 하반기부터 역동적으로 실시할 가능성이 크다. 인프라 투자의 성공 여부는 인도 경제가 장기적으로 이룩하기 위한 핵심 요소라고 할 수 있다. 따라서 한국 정부와 기업은 국가적 차원의 인프라 구축 성공 경험을 인도에 전수하기 위해 힘을 모아야 할 것이다.

더 읽을거리

삼성경제연구소·KOTRA, 《인도경제를 해부한다》, 삼성경제연구소, 2006.

아마티아 센 지음, 이경남 옮김, 《아마티아 센, 살아있는 인도》, 청림출판, 2008.

정무섭 외, "인도시장의 부상과 한국기업의 진출전략", 《CEO Information》 제793호, 2011.

______, "2030 인도, 일본 추월한 제3위 경제대국 된다", 《친디아저널》 9월호, 포스코경영연구소, 2010.

______ 외, "인도경제의 이중구조와 활용방안", 《Issue Paper》, 삼성경제연구소, 2009.

______, "한국의 대인도 직접투자 현황과 시사점", 삼성경제연구소, 《SERI 경제포커스》 제258호, 2009.

한국수출입은행, 《인도 국가현황 및 진출방안》, 한국수출입은행, 2010.

KOTRA 글로벌윈도 www.globalwindow.org/wps/portal/gw2

글로벌인사이트 www.ihs.com/products/global-insight

Ministry of Finance: Department of Economic Affairs: Economic and Financial Data Special Data Dissemination Standard(SDDS) National

Summary Data Page(NSDP)

www.finmin.nic.in/stats_data/nsdp_sdds/index.html

Reserve Bank India: Database on Indian Economy RBI's Data Warehouse

dbie.rbi.org.in/InfoViewApp/listing/v

강경선 한국방송통신대학교 법학과 교수. 인도 헌법을 주제로 서울대학교에서 박사 학위를 취득하고, 1996년과 2007년 인도 델리대학교 방문교수를 역임했다. 인도 헌법의 연구과정에서 동인도회사의 활동에 관심을 가지고 영국의 의회 발달과 민주주의 역사를 공부하면서 서구와 아시아의 관계를 생각하게 되었다.

권기철 부산외국어대학교 경제학과 교수. 부산대학교에서 수학했으며, 석사 및 박사과정에서 경제학사, 특히 고전파 경제학을 주제로 한 논문으로 학위를 받았다. 부산외국어대학교에 재직한 이래 인도 경제에 관심을 갖고 책, 논문, 보고서를 써왔다. 대표적인 저서로는《인도의 경제발전: 개혁·지역·이주》가 있다. 인도의 경제자유화, 지역과 이주문제, IT 산업의 발전을 중점적으로 연구하고 있다.

김경학 전남대학교 인류학과 교수. 인도 자와할랄 네루대학교(Jawaharlal Nehru University)에서 인류학으로 박사 학위를 받고, 인도 농촌

사회의 카스트와 종교를 주제로 인류학적 현지 조사를 수행해왔다. 최근 10여 년 동안은 해외 인도인 사회를 대상으로 초국가주의, 디아스포라를 연구하고 있다. 주요 저서로《국제이주와 인도인 디아스포라》,《터번의 문화정치: 시크의 초국가적 민족주의》,《글로벌 시대의 인도사회: 초국가주의, 디아스포라, 인권》 등 다수가 있다.

김봉훈 (주)맥스틴인도경영자문 대표. 한양대 경제학과를 졸업하고 미국 플로리다대학교에서 국제경제학 석사 및 박사 학위를 받았다. 포스코경영연구소 지역연구센터 인도전문 연구위원과 대통령자문 국민경제자문회의 인도전문가를 역임했다. 국내 기업계에서 실제적인 이론에 정통한 인도전문가로 손꼽히며, 주요 저서로는《인디아 코드 22》가 있다.

김응기 인도 관련 컨설팅 기업인 (주)비티엔의 대표이사. 부산외국어대학교 러시아인도통상학부 겸임교수를 지냈고, 현재 무역협회의 무역아카데미 인도강좌 강사, 중소기업진흥공단, 중소기업중앙회, 경기도 중소기업지원센터 인도수출자문위원, KOTRA 글로벌인재사업 자문위원 그리고 Cyber SERI 인도포럼 운영자로 활동 중이다. 저서로는《인도는 지금》,《인도진출, 20인의 도전》(공저) 등이 있다.

김태훈 삼일회계법인 이사. 국내 회계사 최초로 2006~2009년 PwC India Korea Business에 파견되어 삼성전자, 포스코, 현대자동차, 한국서부발전 등 약 80여 개 한국 기업의 인도 진출을 자문했다. 자문 분야는 인수 합병부터 세무까지 다양하다. 현재 삼일회계법인에서 인도 투자를 총괄하며 원-스탑 솔루션을 제공하고 있다. KOTRA, 인도경제연구소 등에서 인도 관련 강의를 담당했으며, 저서로는《인도진출, 20인의 도전》(공저)이 있다.

박정석 목포대학교 인류학과 교수. 경북대학교 고고인류학과에서 학사 및 석사과정을 마치고, 인도 하이드라바드대학교 대학원에서 인류학 박사 학위를 받았다. 주요 저서로는《카스트를 넘어서》,《외사촌 누이와 혼인하는 사람들》,《파리아의 미소: 한 불가촉천민의 인생사》(번역) 등이 있고, 주요 논문으로는 "드라비다 친족 용어와 혼인 체계", "두바이의 힌두 신디 상인 디아스포라: 이주 양상과 고향 의식을 중심으로" 등이 있다.

박현재 전남대학교 경영학부 교수. 성균관대학교에서 경영학 박사 학위를 받았다. 인도에 많은 애증을 가지고 있으며, 인도인처럼 'Now & Here'를 인생의 모토로 삼고 오직 현재(오늘)만 보고 살아가는 하루살이다. LG생명과학 인도법인장을 역임했으며, 현재 광주시 빛고을중소기업지원단 위원, SERI 인도포럼 운영위원장으로 있다. 주요 저서와 논문으로는《인도의 이해》(공저), "해외 자회사 인재 선발 전략", "한국 가전산업의 인도시장 경쟁전략" 등이 있다.

박홍윤 한국교통대학교 행정학과 교수. 서울대학교 대학원에서 행정학 박사 학위를 취득하였고, 대학에서 기획협력처장, 기획연구처장 등을 역임하였다. 2007~2008년 인도 델리대학교에 방문교수로 있으면서 경험하고 생각한 것을 《멈추어 인도를 바라보다》로 정리하여 출간했다. 인도와 관련하여 정치적 할당제, 대표관료제, 지방행정체제로 빤짜야뜨 라즈 등에 관심을 가지고 있다.

백좌흠 경상대학교 법학과 교수. 서울대학교 법학과와 동대학원, 그리고 인도 델리대학교 법학과에서 수학했다. 현재 외교통상부 정책자문위원으로도 활동 중이다. 인도 델리대학교 방문교수, 경상대학교 법과대학 학장 및 한국인도학회장을 역임했다. 저서로는 《인도의 선거정치》, 《내가 알고 싶은 인도》(공저), 《카스트》(공저) 등이 있다.

서대교 건국대학교 사회과학대학 경제학부 교수. 캔자스 주립대학교에서 경제학 박사 학위를 받았다. 보험연구원 및 예금보험공사에서 근무했고, OECD 보험 및 사적연금위원회 정부대표단을 역임했다. 주요 논문으로는 "인도예금보험제도의 문제점과 개선과제: 선진국형 예금보험제도와의 비교를 통하여", "The

Impact of Incentive Regulation on Productivity in the U.S. Telecommunication Industry: A Stochastic Frontier Approach" 등이 있다.

신진영 부산외국어대학교 러시아인도통상학부 강사. 인도 국립네루대학교에서 사회학 박사 학위를 받았다. 주요 논문으로는 "다국적 기업에서 문화적 중재자의 유형과 역할: 인도 수도권 진출 한국 기업들의 사례 연구", "인도 철강사의 노동 유연화 전략 및 시사점: 타타스틸과 SAIL 사례를 중심으로" 등이 있다.

오화석 글로벌경영전략연구원장 및 인도경제연구소 소장. 미국 하와이대학교 대학원에서 경제학 석사 및 박사 학위를 취득했다. 매일경제 등에서 언론인으로 활약했고, 자와할랄 네루대학교(JNU)에서 객원교수로 경제학을 가르쳤다. 주요 저서로는《슈퍼코끼리 인도가 온다》,《부자들만 아는 부의 법칙》,《인도진출, 20인의 도전》(공저),《차이나쇼크》(공저) 등이 있다.

이광수 부산외국어대학교 러시아인도통상학부 교수. 인도 델리대학교 대학원 역사학과에서 석사 및 박사 학위를 취득했다. 현재 아시아평화인권연대 공동대표로 있다. 주요 저서로는《역사는 핵무기보다 무섭다》,《암소와 갠지스》,《침묵의 이면에 감춰진 역사: 인도 분단에서 듣는 여러 목소리》(번역) 등이 있고, 주요 논문으로는 "고대 힌두교에서 지존위 쉬바와 우빠니샤드 이데올로기", "가락국 허왕후 도래 설화의 재검토: 부산-경남 지역 불교 사찰 설화를 중심으로" 등이 있다.

이순철 부산외국어대학교 러시아인도통상학부 조교수. 미국 오클라호마대학교 대학원에서 경제학 박사 학위를 받고, 인도 응용경제연구원 초빙연구원을 역임했다. 주요 저서로는《해외시장조사론》이 있고, 주요 논문으로는 "인도경제의 지역불균형 성장과 공간적 요소의 효과에 관한 실증 분석", "로짓분석을 통한 국내 중소기업의 한-인도 포괄적 동반자 협정에 대한 인식 연구", "한-인도 포괄적 경제동반자협정의 관세 철폐 및 인하 효과에 대한 평가: 상품 양허안 중심으로" 등이 있다.

정무섭 삼성경제연구소 글로벌연구실 인도 경제 담당 연구원. 서울대학교 경영학과를 졸업하고 동대학원 경제학부에서 박사 학위를 취득했다. "인도경제의 이중구조와 활용방안" 등 다수의 인도 관련 연구보고서를 작성했으며, 현재 사이버 SERI 인도포럼, 인도사회학회 등에서 활동하면서 인도 거시경제의 전망과 인도 기업의 경쟁력, 인도 진출 전략 등에 대해 연구하고 있다.

정호영 인도 자다뿌르대학교 사회학과 박사과정. 해외무역 업무로 첫 사회생활을 시작했다. 이후 콘텐츠 기획자와 비즈니스 기획자, 방송 엔지니어 등의 경험을 쌓으며《맨땅에 헤딩하리라》(공저)《섹스 피스톨즈 조니 로턴》(번역),《한대수의 침묵》(번역),《양방향 TV를 위한 디지털컨텐츠 매니지먼트》(공저),《디지털TV 핸드북》(번역) 등을 출간했다. 인도와 관련된 책으로는《인도는 울퉁불퉁하다》,《마하트마 간디 불편한 진실》(번역),《인도 독립의 불꽃 바가트 싱》(번역) 등이 있다.

조충제 대외경제정책연구원 인도남아시아 팀장. 한국외국어대학교에서 경제학 박사 학위를 취득하고, 서울경제 기자와 대우경제연구소 연구위원을 역임했다. 주요 저서로는《한인도 CEPA 이후 대남아시아 통상정책》(공저),《인도 주별 성장패턴 전망과 정책 시사점》(공저),《인도의 권역별 특성과 활용전략》(공저),《인도 진출 한국기업 경영실태 및 성과분석》(공저) 등이 있고, 주요 논문으로는 "인도경제의 서비스화 요인 실증분석", "인도경제의 서비스화가 경제성장에 미치는 영향" 등이 있다.

최준석 주간조선 편집장. 조선일보 정치부 차장과 뉴델리 특파원, 인터넷뉴스 부장을 지냈다. 영산대 인도비즈니스학과에서 겸임교수로 인도 정치와 역사를 가르쳤다. 특파원 근무로 알게 된 인도를 재밌어 하며, 한국에 인도를 알리는 일을 하고 싶어 한다. 주요 저서로는《간디를 잊어야 11억 시장이 보인다》,《함두릴라, 알 카히라》,《뜨는 인도》(번역)가 있다.

인도 정치·경제·사회의 모든 것

1판 1쇄 인쇄 2012년 8월 20일
1판 1쇄 발행 2012년 8월 30일

지은이 한국인도사회연구학회
펴낸이 최준석
책임편집 정현주
디자인 이장규

펴낸 곳 한스컨텐츠(주)
주소 (우 121-894) 서울시 마포구 서교동 375-36 운복빌딩 3층
전화 02-322-7970 팩스 02-322-0058
출판신고번호 제313-2004-000096호 신고일자 2004년 4월 21일

ISBN 978-89-92008-53-2 (03300)

* 책값은 뒤표지에 있습니다.
* 잘못 만들어진 책은 구입하신 서점에서 교환해드립니다.